KB047144

이슬람의 금기
샤리아로 풀다

명지대학교중동문제연구소
키타불히크마HK총서 04

이슬람의 금기
샤리아로 풀다

임병필 지음

모시는사람들

일러두기

1. 이 책에서는 아랍어로 된 전문용어, 인명, 지명의 한국어 표기가 많이 사용되고 있다. 이에 대한 표기법은 한국아랍어 · 아랍문학회 주관으로 2016년 2월 3일, 한국외국어대학교에서 개최된 "아랍어의 한국어 표기법에 관한 워크샵"에서 논의된 사항들을 중심으로 하였으나, 이 책의 표기법에 대한 부분은 순전히 필자의 책임임을 밝혀둔다. 가장 큰 특징은 아랍어 자음 하나에 하나의 한국어 표기를 적용하였으며, 된소리(경음)를 사용하였다는 점이다.

2. 아랍어 자음의 한국어 대표음 표기는 다음과 같다.

자음	한국어 표기	자음	한국어 표기	자음	한국어 표기	자음	한국어 표기
ا	ㅇ	د	ㄷ	ض	ㄷ	ك	ㅋ
ب	ㅂ	ذ	ㄷ	ط	ㄸ	ل	ㄹ
ت	ㅌ	ر	ㄹ	ظ	ㅈ	م	ㅁ
ث	ㅆ	ز	ㅈ	ع	ㅇ	ن	ㄴ
ج	ㅈ	س	ㅅ	غ	ㄱ	ه	ㅎ
ح	ㅎ	ش	ㅅ	ف	ㅍ	و	ㅇ
خ	ㅋ	ص	ㅆ	ق	ㄲ	ي	ㅇ

3. 관용이란 이름으로 사용되고 있는 용어들 또한 최대한 이상의 원칙에 따라 표기할 것이다. 그러나 위의 원칙에 따르면 이슬람의 성서는 '꾸르안'으로, 예언자의 언행록은 '하디쓰'로 표기해야 하지만, 이미 관행으로 확고히 정착되었다는 점을 감안하여 '코란'과 '하디스'라는 용어를 사용할 것이다.

이슬람법이라는 의미로 사용되는 샤리아는 '마실 수 있는 물의 원천(으로 가는 길)'이라는 뜻이다. 대부분의 땅이 사막인 곳에서 양떼를 몰던 베두인의 삶을 살았던 아랍인들에게 물은 생명과 같은 존재였을 것이다. 이들에게 물은 생명이고 삶을 지탱하는 가장 큰 의미이며 목표였음에 틀림없다. 이런 아랍인들이 자신들의 예언자 무함마드를 통해 알라의 계시를 받고 이를 코란으로 기록했다.

예언자 무함마드가 살던 아라비아반도는 아랍 역사에서 '무지와 야만의 시대'라고 일컫는 '자힐리야'의 상황이었다. 척박한 사막에서 자신과 부족의 생명을 연명하기 위해 하루도 거르지 않고 계속되었던 약탈과 복수의 전쟁…. 아랍 역사가들은 이를 '아랍인들의 날들'이라고 기록했다. 살인, 술, 도박이 사방천지에서 목격되던 시대였다. 온갖 돌과 나무, 하늘, 별, 달, 해가 신으로 숭배되던 시대였다. 부족이 필요로 하는 수 이상의 갓 태어난 여자아이가 가문과 부족의 수치가 될 것이 두려워 생매장을 하던 시대였다. 왜냐하면 부족 간의 전투에서 진 부족의 남자들은 모두 살해되었으며 여자들과 여자 아이들은 노예가 되었기 때문이다.

이런 야만의 시대에 아랍인들을 '올바른 길'로 인도하는 코란과 예언자 무함마드의 순나(말, 행동, 결정사항)는 온몸을 달구는 강렬한 태양 아래서 양떼를 몰던 베두인들을 '마실 수 있는 물의 원천(지로 가는 길)'으로 안내하는 것이었다. 이렇게 아랍인들은 코란과 예언자의 순나를 자신들의 샤리아로 받아들였다.

이슬람법으로서의 샤리아는 4가지 법의 원천, 즉 법원(法源)을 가지고 있다. 제1법원은 알라의 말씀인 코란이고, 제2법원은 예언자 무함마드의 말과 행동뿐만 아니라 그의 침묵까지를 포함하는 결정사항인 순나이며, 그 다음 법원은 합의(이즈마으)와 이성에 의한 유추(끼야스)이다. 이렇게 법원의 순서가 정해져 있다. 즉 어떤 사안이 발생하고 이에 대한 법적 판단을 해야 할 경우 우선 제1법원인 코란을 찾아보고 말씀이 있으면 그대로 적용한다. 만일 코란에 판단과 적용의 말씀이 없으면 제2법원인 예언자의 순나를 찾아보고 언급이 있으면 그대로 적용한다. 만일 예언자의 순나에서도 판단과 적용의 근거를 발견하지 못할 경우 코란과 순나에 정통했던 예언자의 교우들과 학자들이 코란과 순나의 말씀을 근거로 합의나 이성적 유추를 통해 최선의 법적 견해(파트와)를 생산하고 이를 통해 사안을 판단하고 결정한다.

잘 알려져 있듯이 이슬람은 생활의 종교이고 샤리아는 삶의 지침이다. 이런 점에서 보면 이슬람의 핵심은 샤리아에 있다고도 볼 수 있다. 샤리아는 무슬림들의 삶 곳곳에 뿌리내리고 있다. 신앙고백, 예배, 자카트, 단식, 순례와 같은 신앙의 중심에서부터 먹고 자고 일하는 삶의 모든 곳에 샤리아가 자리 잡고 있는 것이다. 무슬림들의 모든 삶의 행위에는 원칙이 있으며 그 결과에는 대가가 있다. 이슬람이 바라는 행위를 한 경우에는 현세와 내세의 보상이 있는 반면, 이슬람의 원칙에 반하는 행위를 한 경우에는 현세의 처벌과 내세의 처벌이 있다. 이럴 때 무슬림들의 행위에 대한 옳고 그름을 가늠하는 것이 샤리아이다. 행위가 발생하면 코란에서 찾아보고 기록된 말씀대로 보상이나 처벌을 하게 되며, 코란에서 발견하지 못하면 예언자의 순나를 찾아보고 언급된 말씀대로 처리한다. 만일 코란과 순나에서도 발견하지 못하면 교우들과 이슬람 학자들의 합의와 유추에 의한 결정을 따르게 된다. 무슬림들의 모든 행위가 이와 같은 절차에 따라 판단되고 처리된다. 결국 무슬림들은 알라의 말씀인 코란과 예언자 무함마드의 순나, 코란과 순나에 정통한 학자들의 합의와 유추가 닦아 놓은 '마실 수 있는 물의 원천(으로 가는 길)'이며 '올바른 길'인 샤리아를 따라 하루하루의 삶을 살아가고 있는 것이다. 무슬림들의 모든 삶에는 샤리아가 있다고 할 수 있다.

이에 무슬림들의 모든 행동과 사고방식, 즉 그들의 생활과 삶을 이해하는 수단으로서의 샤리아를 이야기하고자 한다. 한국에 살고 있는 우리들에게 알려진 이슬람과 무슬림에 대한 정보는 그들에게서 나온 것이 아니라 대체로 그들과 적대 관계에 있는 사람들에게서 또는 무슬림들의 삶을 제대로 공부하지 않은 어쭙잖은 지식인들에 의해 전해진 것이다. 적대 관계에 있는 대상에 대한 이야기가 얼마나 진실될 수 있으며, 잘 알지 못하는 대상에 대한 이야기가 얼마나 올바를 수 있을까…. 개관적이지도, 사실적이지도 않을 가능성이 훨씬 더 클 것이다.

코란은 배교, 간통(간음), 위증(중상모략), 절도, 술, 강도, 국가반역을 이슬람을 해치는 중범죄로 명시하고 있다. 이와 같이 코란에 행위와 처벌이 명시되어 있는 범죄를 저지른 경우 핫드형(고정형)에 처하게 되는데, 통치자를 비롯한 어떠한 간섭과 외압도 통하지 않고 코란에 규정된 대로의 처벌을 가하게 된다. 예언자 무함마드는 "내 딸인 파띠마라 하더라도 절도를 한 경우 손을 절단하겠다."는 의지를 보임으로써 샤리아가 불가침의 절대 신법(神法)임을 천명한 바 있다.

이 글은 코란에서 중범죄로 규정된 핫드형 중에서 술, 동성애, 절도를 포함하여 돼지(고기), 음악, 시(시인)에 대한 샤리아의 규범들을 7개 장에 걸쳐 다룰 것이다. 제1장은 돼지(고기)에 대한 샤리아의 금지 이유와 근거를 다룬다. 제2장은 술에 대한 다룬다. 제3장은 술에 대한 순니 4대 법학파들과 현대 이슬람 법학자들의 금지 이유와 근거를 다룬다. 제4장은 동성애에 대한 샤리아의 금지 이유와 근거를 다루고, 제5장은 절도에 대한 샤리아의 금지 이유와 근거를 다룬다. 제6장은 음악과 악기에 대한 샤리아의 금지 이유와 근거를, 제7장은 시와 시인에 대한 샤리아의 금지 이유와 근거를 다룬다. 무엇보다 이 글은 코란, 순나(하디스), 합의와 유추에 의한 법학자들의 법적 견해를 통해 각 사안들(돼지고기, 술, 동성애, 절도, 음악, 시)에 대해 금지의 이유와 근거가 하나의 규범으로 제정되는 과정과 절차를 다룬다. 이러한 점이 선행연구들과의 차별성이라 할 수 있다.

대체로 하나의 금지법은 7세기에 계시된 코란과 예언자의 말씀인 순나를 바탕으로 9-10세에 활동했던 순니 4대 법학파(하나피, 말리키, 샤피이, 한발리)들을 거치면서 완성되었다고 볼 수 있다. 한국의 입법 과정과 절차, 기간과 비교해 볼 때 샤리아의 입법 단계는 200년 이상의 기간 동안 다수의 저명한 법학자들에 의해 입안 되고 통치자들에 의해 적용되는 과정을 거쳐 완성되었다고 할 수 있다. 즉 샤리아 규범 속에는 다양한 절차와 오랜 시간 동안 단련된 그들만의 원칙과 지혜가 담겨 있다고 생각된다. 따라서 무슬림들의 삶의 본질을 제대로 이해하기 위해서는 샤리아가 필요하다. 샤리아를 통해서만이 이슬람문화를 제대로 이해할 수 있는 것이다.

필자는 이슬람법 샤리아 전공자는 아니다. 모든 인간을 이롭게 하겠다는 샤리아의 정신을 공부하고 샤리아의 내용이 매우 합리적이라는 것을 인정하며, 샤리아를 통해서만이 이슬람문화를 제대로 이해할 수 있을 것이라고 믿는 사람이다. 부디 이 글이 필요할 때마다 자신들이 원하는 부분만을 발췌하여 소개해 온 이슬람문화의 한계와 왜곡을 바로잡는 데 조금이나마 도움이 되기를 바란다.

2016년 7월

임병필

이슬람법이라는 의미로 사용되는 샤리아는 '마실 수 있는 물의 원천(으로 가는 길)'이라는 뜻이다. 대부분의 땅이 사막인 곳에서 양떼를 몰던 베두인의 삶을 살았던 아랍인들을 '올바른 길'로 인도하는 코란과 예언자 무함마드의 순나(말, 행동, 결정사항)는 온몸을 달구는 강렬한 태양 아래서 양떼를 몰던 베두인들을 '마실 수 있는 물의 원천(지로 가는 길)'으로 안내하는 것이었다. 이렇게 아랍인들은 코란과 예언자의 순나를 자신들의 샤리아로 받아들였다.

불결한 돼지고기, 먹지도 사용하지도 말라
- 샤리아의 돼지(고기) 금지 이유와 근거

이슬람은 코란, 순나(하디스), 이슬람 법학지를 통해 '돼지는 불결하다'는 이유를 돼지(고기) 금지의 일관된 이유로 주장하고 있지만, 위반에 대한 처벌이 없다. 그럼에도 불구하고 돼지(고기) 금지 의무를 준수하는 것은 알라의 명령에 무조건 복종해야 한다는 이슬람에 대한 종교적 신념과 무슬림이라는 정체성의 실천을 의미하기 때문이다.

* 이 글은 『한국중동학회논총』 제35권 제2호에 "이슬람의 돼지 금지와 샤리아의 근거"라는 제목으로 게재된 논문의 내용과 형식을 일부 수정, 보완한 것이다.

1. 머리말

현대에 들어 이슬람은 돼지[1]의 해로움에 대한 많은 의학적 증거들을 제시하고 있지만,[2] 코란은 이미 7세기에 돼지를 하람(금지, 금기)으로 지정하였다.[3] 돼지와 마찬가지로 코란에 하람으로 규정되어 있는 술은 행위와 처벌이 명백히 규정되어 있는 핫드형(고정형)[4]인 데 반

---

1 일반적으로 '돼지', 그 자체보다는 '돼지고기'라는 의미로 많이 쓰이지만 돼지의 고기, 털, 가죽, 부위들을 별도로 언급해야만 하는 경우가 있어, 전체를 의미할 때는 '돼지'를, 명백히 '고기'라는 의미일 때는 '돼지고기'라는 용어를 사용하였다.

2 돼지, 그 자체로부터 또는 그것을 식용했을 때 치명적인 질병을 유발하기도 하는 다양한 기생충들은 비대흡충, 회충, 십이지장충, 폐흡충, 간흡충(간디스토마), 돼지단독, 유구조충, 일본주혈흡충, 옴, 살모넬라 콜레라 수이스, 톡소포자충 등이 있다(محمد محيى الدين الأصفر، 24-34).

3 돼지고기가 금지 식품이 된 것은 이슬람 출현 훨씬 이전부터이다. 기원전 1800년경만 하더라도 돼지고기는 금지 대상이 아니었다가, 그 후 돼지 혐오문화가 중동인들 사이에 서서히 정착했다고 한다(엄익란 2011, 55-57).

4 핫드형은 코란에 행위와 처벌이 명백히 규정되어 있는 것으로 배교죄, 간통(간음)죄, 음주 및 주류 생산 죄, 위증(중상모략)죄, 절도죄, 강도죄, 국가반역죄(흉폭한 불법 행위) 등이다(최영길 1995, 165; 이원삼 2002, 54; 엄남호 2000, 15). 그러나 배교나 흉폭한 행위와 더불어 음주 및 주류 생산죄는 코란에 언급은 되어 있으나 명확한 처벌이 없어 일부 법학자들은 핫드형(고정형)이 아니라 판사의 재량권이 인정되는 타으지르형(교정형)으로 보기도 한다 ("Islamic law Sharia and Fiqh": 이원삼 2002, 54).

해,[5] 돼지는 코란에서 처벌에 관한 어떠한 언급도 발견할 수 없다. 그렇다면 코란은 돼지를 왜 하람으로 규정한 것일까?[6] 예언자의 순나와 그 이후의 법학자들은 돼지를 어떠한 시각으로 보고 있으며, 금지를 위반할 시의 처벌에 대한 어떠한 규정이나 견해를 제시하였을까?

이러한 문제의 해답을 찾기 위해 우선 돼지에 대한 코란 구절을 살펴보고, 그 의미와 금지의 이유를 발견하려 노력하였다. 다음으로 순나(하디스)에 나타난 관련 구절들을 정리하고, 코란 구절과의 관계[7]를 살펴보았다. 뒤이어 순니 4대 법학파들(하나피, 말리키, 샤피이, 한발리)[8]

---

5 최영길 1995, 165; 이원삼 2002, 54; 엄남호 2000, 15.
6 모든 셈족에게는 금기로 알려진 돼지를 구약성서가 법으로 금하는 이유에 대해, 돼지가 더럽다는 이유로 혐오하게 되었다는 위생 이론, 신성한 동물이기 때문에 금지되었다는 토템 이론, 이방인들이 선호하는 신의 제물이었기 때문에 거부했다는 신의 음식이론, 돼지가 정상적인 분류 질서를 교란시키기 때문에 금지되었다는 분류학 이론, 돼지가 중동의 문화와 생태계를 위협하기 때문에 금지되었다는 환경 이론과 같은 다양한 이론이 제기되었다. 그러나 하나의 원인이 하나의 금기를 낳지 않는다는 점에서 복잡한 원인들이 복합적으로 작용했을 것이다.(최창모 외 2008, 28-42).
7 법 규범 측면에서 볼 때, 순나는 코란 구절에 대해 다음 3가지의 관계 속에 놓여 있다. 즉 순나가 코란에서 제시한 규범을 확인하는 경우, 코란에서 제시한 규범을 해설하고 제약하고 한정하는 경우, 코란이 제시하지 않은 규범을 순나가 제정하는 경우(이원삼 2002, 77-78). 이후 법학자들의 독자적 노력(이즈티하드)에 의해 생산된 파트와 또한 2대 법원(코란과 순나)에 대해 위의 3가지 관계(확인, 해설·제약·한정, 제정) 속에 놓여 있다고 할 수 있다.
8 일반적으로 이슬람 법학파란 순니 4대 법학파인 하나피, 말리키, 샤피이, 한발리 법학파를 말한다. 하나피 법학파는 중앙아시아, 터키, 인도, 파키스탄 등지의 공식 법체계로서 논리와 이성의 역할을 중시하며 "견해의 추종자들"로 불렸다. 말리키 법학파는 서부 아랍권과 이베리아반도, 아프리카국가들에서 신봉되며 메디나 관습을 "생생한 순나"로 생각하여 가장 중시한다. 샤피이 법학파는 이집트, 이라크, 레바논, 팔레스타인, 예멘, 인도네시아, 말레이지아 등에서 신봉되고 법리학의 계층적 질서(코란-하디스-합의-유추)를 주장하며 "순나의 보호자", "하디스의 추종자들"로 알려져 있다. 한발리 법학파는 사우디아라비아와 카타르의 공인 법학파로서 매우 엄격하고 보수적이며 순나를 코란만큼 중시한다. 각 법학파는 다른 법학파를 정통으로 인정하며, 일반적으로 무슬림 개개인은 하나의 법학파를 따른다(http://en.wikipedia.org/wiki/; Martin 2004, 417-418). 그 외 순니 법학파

과 현대 이슬람 법학자들의 관련 파트와[9]를 정리하였다. 이렇듯 코란, 순나(하디스), 순니 4대 법학파, 현대 아랍·이슬람국가들의 법학자들로 이어지는 문헌학적 방법을 통해 돼지의 금지가 어떻게 샤리아[10] 규범으로 자리 잡게 되었는지 파악하려 시도하였다.[11]

2. 코란의 돼지 금지

코란은 이슬람법 샤리아의 제1 법원으로서 이곳에 기록된 내용들은 절대적인 권위와 구속력을 갖는다. 따라서 코란에 게시된 돼지 관

에 대한 더 자세한 정보와 쉬아(시아) 법학파, 이바디 법학파에 대한 자료는 임병필(2015), "8개 이슬람 법학파의 특성과 이크틸라프 원칙" 참조.

9 파트와는 무프티가 법원을 통해 질문자에게 법적인 판단을 설명하는 것이며(عبد الله بن عبد العزيز الدرعان, 2008.19), 일반적으로 특정한 사안에 대한 대답으로써 이슬람 법학자의 추론이 상세히 포함된다. 파트와는 개인의 의견이 아니라 성서를 기초로 하기 때문에 종교법으로 여겨지기도 한다. 파트와가 효력을 인정받으려면 무엇보다 코란과 순나로부터 추론된 적합하고 합법적인 증거들과 일직선 상에 있어야 하며, 지식과 인품이 뛰어난 사람으로부터 나오고, 개인적인 기회주의와 정치적인 구속으로부터 자유로우며, 시대의 요구와 필요성에 부합해야만 한다(http://en.wikipedia.org/wiki/Fatwa).

10 샤리아는 '마실 수 있는 물의 원천(으로 가는 길)'이라는 뜻과 '올바른 길'이라는 두 가지 뜻을 가지고 있다. 즉 믿음과 행동(실천)의 범주를 아우르는 의미이지만(이원삼 2002, 19-20), 이글에서는 실제 행동 법규, 즉 이슬람법이라는 협의의 개념으로 사용하였다.

11 '돼지가 하람'이라는 내용을 언급한 선행 연구들은 무수히 많다. 그러나 왜 그런지, 그 근거가 무엇이며, 처벌이 무엇인지를 종합적으로 다룬 선행 연구는 찾아보기 어렵다. 무엇보다 이 글은 돼지 금지가 법으로 정착하는 과정을 샤리아 제정 과정을 통해 다루고 있다는 점에서 독창성을 확보하고 있다. 그럼에도 불구하고 최근에 발표된 김종도의 "신앙과 음식: 이슬람 음식법에 관한 연구-꾸란을 중심으로"(2014)는 코란과 하디스의 관련 내용을 언급함으로써 돼지 금지의 샤리아 근거를 제시하였다는 점에서, 『유대교와 이슬람, 금기에서 법으로』는 지금까지 제기되었던 돼지 금지의 이론적 근거를 종합하였다는 점에서 참고할 만하다. تحريم/لحم الخنزير 라는 제목의 국외 연구는 돼지가 원인이 되는 다양한 질병들과 다른 종교들에 나타난 돼지 금지에 대한 상세한 내용을 정리해 놓았다.

런 구절들은[12] 금지의 절대적 근거가 되어 금지 이유의 타당성에 관계 없이 반드시 준수해야만 하는 규범이 되고 있다. 관련 구절들을 계시 순서대로 정리하면 다음과 같다.[13]

"말하라. 내게 계시된 것에서 죽은 고기, 흘린 피, 실로 불결한 돼지, 알라 외에 다른 것에 바쳐진 불경한 것을 제외하고는 먹어도 금지되는 것은 없다. 그러나 어쩔 수 없이 먹은 반항적이거나 공격적이지 않은 자에게 그대의 주는 관용과 자비의 분이시다."(제6장 145절)

"그는 죽은 고기, 피, 돼지, 알라 외에 다른 것에 바쳐진 것을 금지하였다. 그러나 어쩔 수 없이 먹은 반항적이거나 공격적이지 않은 자에게 그대의 주는 관용과 자비의 분이시다."(제16장 115절)

"그는 죽은 고기, 피, 돼지, 알라 외에 다른 것에 바쳐진 것을 금지하였다. 그러나 어쩔 수 없이 먹은 반항적이거나 공격적이지 않은 자에게는 죄가

---

12 코란에 나타난 돼지에 관한 구절은 온라인 웹사이트(http://quran.com)에서 '돼지'라는 키워드를 입력하여 조사하였고, 코란 구절의 한글 번역은 최영길 역(1997), 『성 꾸란: 의미의 한국어 번역』과 김용선 역(2002), 『코란』을 참조하였으며, 필요한 경우 Ali Quli Qara'I trans(2003), The Qur'an을 참조하였다.
13 계시의 순서를 살펴보면, 제6장(메카장)은 55번째, 제16장(메카장)은 70번째, 제2장(메디나장)은 87번째, 제5장(메디나장)은 112번째로 계시되었다(공일주 2008, 158-62). 계시 순서에 따른 특별한 목적과 의미가 있다기보다는 돼지 금지에 대한 지속적이고 강력한 메시지로 이해된다.

없다."(제2장 173절)

"죽은 고기, 피, 돼지, 알라 외에 다른 것에 바쳐진 것, 목 졸라 죽인 것, 때려서 죽인 것, 떨어져서 죽은 것, 서로 싸우다 죽은 것, 다른 야생이 일부를 먹어버린 나머지, 우상에 제물로 바쳤던 것, 화살내기로 분배한 것은 너희들에게 금지되어 있다. 그 모든 것은 죄이다."(제5장 3절)

위의 코란 구절들에서 언급된 고기들 간에는 차이가 있다. 돼지는 그 자체로 금지이며 독자적인 이유로 금지인 데 반해, 다른 고기들은 이례적인 조건이나 상황 때문에 금지이다. 그것이 죽지 않았다거나 다른 신의 이름으로 도살되지 않았다면 할랄(허용)이다. 그러나 돼지는 '불결하다'라는 타당한 이유 때문에 금지이다.[14]

코란 구절들은 돼지를 불결한 것으로 보고 식용을 금지하고 있다. 그러나 어쩔 수 없는 경우, 필요에 의한 경우, 알지 못하고 식용한 경우에 대해서는 죄악이 아니라고 규정하고 있다. 한편 코란 구절 어디에서도 돼지 금지를 위반했을 경우의 처벌에 대한 언급은 발견되지 않는다. 결국 '불결하다'는 이유를 들어 돼지를 금지하면서도 처벌에 대한 언급이 없다는 점과, 다양한 해석이 가능한 예외의 사항들(어쩔

---

14 2-3.ه3013 عادل الصغدي

수 없는 경우, 필요에 의한 경우, 알지 못하고 섭취한 경우)이 포함된 금지의
모호성과 불명확성으로 인해 후대의 통치자들과 법학자들은 순나(하
디스)에서 돼지 금지의 좀 더 명확한 근거를 찾으려고 노력했다.

3. 순나(하디스)[15]의 돼지 금지

우선 예언자의 언행록인 하디스에서 발췌한[16] 돼지 관련 구절들을
정리하고 이를 '코란과 순나의 관계'에 따라 분석하였다. 관련 구절들
은 언급의 직·간접 여부에 따라 '직접적인 금지'와 '간접적인 언급'으
로 분류하여 정리하였다.

1) 직접적인 금지

"알라께서 술과 그 대가를 금지하셨고, 죽은 고기와 그 대가를 금지하셨
고, 돼지와 그 대가를 금지하셨다."(아부 다우드본[17] 3485)

---

15 하디스는 무함마드의 말과 행동 및 침묵까지를 서술한 매체나 경로를 뜻하며, 순나는 하디
  스를 통해서 표현된 것과 같은 예언자 무함마드(570년경-632)의 행동모델을 의미한다(이
  종택, 2000, 12). 이 글에서는 구체적인 구절의 출처를 언급할 때는 '하디스'라는 용어를 사
  용하고, 무함마드의 언행(言行) 일체를 뜻할 때는 '순나'라는 용어를 사용하였다.
16 관련 구절들은 하디스 6서를 다루고 있는 웹사이트(http://sunnah.com/)에 '돼지'라는 키워
  드를 입력하여 도출된 구절들을 하디스들 간의 유사한 내용들을 통합하여 정리하였다.
17 하디스의 명칭들을 한국어로 정리하기 위해서는 우선 몇 가지 용어에 대한 이해가 필요하
  다. '싸히흐'는 '순수한, 사실의, 진본의'란 뜻이며, '수난'은 '예언자의 언행'을 뜻하는 '순나'

"알라와 그의 사도가 술의 판매와 죽은 고기와 돼지와 우상을 금지하셨다. 알라의 사도가 '죽은 고기의 지방을 배(船)에 얇게 바르고 가죽의 윤을 내며 불을 밝히는 데 사용된다는 것을 아시나요?'라는 질문을 받았을 때 그는 '안 됩니다. 그것은 하람입니다.'라고 말했다. 그리고 사도는 '알라께서는 그것의 지방 사용을 금지하였는데, 그들이 그것을 녹이고 팔아 대가를 받았기 때문에 (알라께서) 유대인들을 파괴하였습니다.'라고 말했다."(무슬림본 1581a, 부카리본 2236, 티르미디본 1297, 나사이본 4296 · 4669, 아부 다우드본 3486, 이븐 마자본 2251)

돼지에 대한 직접적인 금지를 다루고 있는 하디스 구절들은 코란의 4구절(제2장 173절, 제5장 3절, 제6장 145절, 제16장 115절) 모두에서 공통적으로 언급하고 있는 "돼지를 먹지 말라."는 규범의 확인이면서 동시에 그것을 해설 · 제약 · 한정하는 경우이다. 특히 코란 구절의 포괄적인 금지를 '돼지와 그 대가'[18]로 금지의 폭을 제약하고 한정하여 구체적으로 설명하였다. 또한 '죽은 고기의 지방이 실생활에 유용한

의 복수형이고, '자미으'는 '수집가, 집합체, 모음집'이라는 의미이다(최영길 편 1989, 158-161). 그런데 이와 같은 의미를 적용하여 '부카리 진본, 무슬림 진본, 나사이 순나, 아부 다우드 순나, 티르미디 순나, 이븐 마자 모음집'이란 명칭을 사용하는 것 또한 순나의 우열에 대한 혼란을 초래할 우려가 있어 이 글에서는 '부카리본(本), 무슬림본, 나사이본, 아부 다우드본, 티르미디본, 이븐 마자본'이란 명칭을 사용하였다.
18 '돼지와 그 대가'라는 의미는 돼지 그 자체뿐만 아니라 돼지와 관련된 일이나 직업을 통해 얻은 모든 수익을 의미한다.

부분이 있음에도 하람'이라는 해설을 통해 돼지의 경우에 설사 인간에게 유용한 부분이 있다 하더라도 결국에는 하람이라는 코란 규범을 확인하고 있다.

2) 간접적인 언급

"나르다시르[19]를 하는 사람은 돼지와 그 피에 손을 물들인 것과 같다."(무슬림본 2260, 아부 다우드본 4939, 이븐 마자본 3763)

"마르얌(마리아)의 아들(예수)이 너희들 가운데 공정한 판관으로 내려와, 돼지를 죽이고 지즈야[20]를 폐지하고 돈이 어느 누구도 받아들이지 못할 정도로 쏟아질 것이다."(무슬림본 155a, 부카리본 2222 · 2476 · 3448, 티르미디본 2233, 무슬림본 155c, 아부 다우드본 4324)

"히샴이 '예언자는 당신들 중 한 사람이 겉옷 없이 예배를 할 때 개, 당나귀, 돼지, 유대교인, 조로아스터교인, 여자가 예배를 중단시킬 경우 그들

---

19 주사위놀이.
20 이슬람세계의 '인두세(人頭稅)'를 뜻한다. 무슬림들은 정복된 이교도들에게 종래의 신앙을 허용하는 대신 인두세인 지즈야나 토지세(土地稅)인 카라지라는 세금을 징수하였다. 지즈야는 불신자들에 대한 양면적 도구, 즉 종교적 관용과 사회적 차별로 사용되었으며 모욕과 경멸의 의미가 담겨 있었다. 일부 법학자들은 죽음을 면한 데에 대한 보상 또는 무슬림 땅에 살 수 있게 된 데에 대한 보상으로 해석한다(황의갑 2011, 60, 62, 64).

이 돌을 던질 정도의 거리를 떨어져 지나갔다면 충분하다.'고 말했다고 전했는데, 내가(아부 다우드) 생각하기에 그(히샴)가 실수한 것 같다."(아부 다우드본 704)

"우리는 성서의 백성들(기독교인, 유대교인)과 이웃하고 살았는데, 그들은 솥에다가 돼지고기를 요리하고 그릇에다가 술을 마셨다. 그래서 예언자는 '당신들이 다른 것을 발견했다면 그것에다 먹고 마셔라. 만일 다른 것을 발견하지 못했다면 그것들을 물로 씻어 먹고 마셔라.'라고 말했다."
(아부 다우드본 3839)

"'어떤 가죽이라도 무두질을 하면 깨끗해진다.' 이것은 좋은 순나이며, 대부분의 학자들이 그렇게 했고 죽은 동물의 가죽을 무두질하면 깨끗해진다고 말했다. 아부 이사는 '죽은 고기의 가죽을 무두질하면 깨끗해지는데 개와 돼지는 예외이다.'라고 말했다. 예언자의 교우들 중 일부 학자들은 무두질을 하더라도 포식자들의 가죽을 싫어했으며, 압둘라 빈 알무바라크나 아흐마드, 이스하크는 그것들을 착용하거나 그 속에서 기도를 하지 않았다. 이스하크 빈 이브라힘은 '가죽을 무두질하면 깨끗해진다는 예언자의 말씀은 고기를 먹을 수 있는 동물들의 가죽에 해당하는 말입니다.'라고 말했다."(티르미디본 1728)

"이븐 아부 아므라 알안싸리는 '그것은(임시결혼) 이슬람 초기에 죽은 고기와 돼지와 그 피를 먹는 것처럼 어쩔 수 없는 상황에 처한 사람에게 허용되었던 것이며, 알라께서 그의 종교를 강화하면서 금지하였다.'라고 말했다."(무슬림본 1406k)

위의 하디스 구절들에 나타난 돼지는 '도박의 금지, 예수의 재림과 심판, 예배의 중단 및 무효, 기독교인들이나 유대인들과의 식사 시 유의점,[21] 동물 가죽의 무두질을 통한 정제와 예외, 임시결혼의 금지'와 같은 주제에 금지의 보기로 등장한다. 즉 돼지를 직접적으로 금지한다는 내용은 아니지만 다양한 금지의 주제를 통해 돼지가 하람이라는 것을 분명히 파악할 수 있다. 따라서 '간접적인 언급'에 제시된 구절들 또한 코란의 돼지 금지에 대한 확인이면서 금지의 내용을 다양한 보기를 통해 설명하고 제약하고 한정하는 경우로 볼 수 있다.

하디스에서도 코란에서와 마찬가지로 돼지의 식용이나 사용 또는 이용의 금지를 위반할 경우의 처벌에 대한 언급은 발견되지 않았다.

---

21 위의 순나로 보면 유대인들과 기독교인들이 돼지고기를 먹는 것으로 볼 수 있으나, 기본적으로 "돼지는 굽이 갈라져 쪽발이로되 새김질을 못하므로 너희에게 부정하니 너희는 이러한 고기를 먹지 말고 그 주검도 만지지 말라. 이것들은 너희에게 부정하니라."(레위기 11:7-8)라는 가르침에 따라 유대인들은 돼지고기를 먹지 않는다. 그 외에도 힌두교, 조로아스트교, 사비교, 불교, 유교에서도 돼지고기 식용을 금지하고 있다(36-40, الأصف الدين محيي محمد). 한편 기독교인들은 사도 바울이 토라에서 하람이었던 것을 할랄로 바꾸면서 돼지고기를 식용으로 허용하고 있다(김종도 외 2014, 190).

4. 순니 4대 법학파들의 돼지 금지

여기서는 예언자 무함마드 사망 이후 9-10세기에 본격적으로 활동했던 순니 4대 법학파들의 돼지 금지에 관한 견해들을 살펴보았다. 이들 법학파들의 견해는 이슬람사회의 통치 기본이 된다는 점과 영향력이 그들의 시대뿐만 아니라 현재에 이르기까지 지속되고 있다는 점에서 매우 중요하다. 이슬람 법학파들은 다양한 사안들이나 상황들에 대해 경우에 따라서는 서로 다른 견해를 제시하기도 하고 공통의 목소리를 내기도 하였다.

우선 법학파들에 의해 제시되었던 돼지에 관한 다양한 견해들을 정리하였다.[22]

1) 돼지의 불결성

하나피, 샤피이, 한발리 법학파는 돼지가 가장 불결한 것이라고 보았다. 그래서 어떤 경우에도 돼지의 모든 부분의 식용, 이용, 사용을 금지했다. 하나피 법학파는 반드시 필요한 경우에만 돼지 털의 사용

---

22 돼지(고기)에 관한 법학파들의 견해들을 체계적으로 정리한 자료를 수집하는 것은 쉽지 않아 곳곳에 산재되어 있는 내용들을 정리하였다. 주요 참고 자료로는 .(2008)سعد سمير محمد حمد الخبائث وحكمها في الفقه الإسلامي33-32/الموسوعة الفقهية الكويتية الجزء20,25-22.를 들 수 있다.

을 허용했다. 돼지는 가죽을 무두질했을 때조차도 깨끗해지지 않으므로 사용해서는 안 된다. 동물들은 원래 깨끗한데 돼지를 포함해서 세 가지는 예외이며, 돼지는 개보다 더 나쁘고 더러움에서 첫 번째 가는 것이다. 어떤 상황에서도 돼지를 사는 것은 허용되지 않지만 사냥이나 보호를 위해 개를 사는 것은 허용된다. 돼지를 죽이는 것은 장려행위[23]이며 그에 대한 보상이 주어진다. 돼지가 불결하다는 언급은 "실로 불결한 돼지(고기)…(…أو لحم خنزير فإنه رجس أو)"처럼 코란 제6장 145절에 명시되어 있다. 한편 개의 불결함에 대해서는 코란에 언급되어 있지 않다.

　말리키 법학파는 일반적으로 돼지는 깨끗하다고 보았다. 그들은 살아 있는 모든 것은 깨끗하며, 설사 돼지나 개[24]나 불결하게 태어난 것이라 하더라도 죽지 않았다면 불결하지 않다고 보았다. 이처럼 말리키 법학파는 살아 있는 모든 동물은 깨끗하다고 주장했다.

---

23 이슬람은 인간의 행위를 의무행위(와집), 장려행위(만둡), 금지행위(무하르람), 기피행위(마크루흐), 허용행위(무바흐)로 구분하였다(이원삼 2002, 169, 182).

24 하나피 법학파는, 개는 본질적으로 불결한 것은 아니지만 그 분비물과 침은 불결하다고 보았다. 말리키 법학파는 모든 것은 본질적으로는 깨끗하며, 개나 돼지라고 하더라고 살아 있다면 깨끗하지만 죽은 뒤의 알, 콧물, 눈물, 침은 불결하다고 보았다. 샤피이와 한발리 법학파는 개를 본질적으로 불결하다고 보았다(الموسوعة الفقهية الكويتية الجزء 35، 94-104). 개 혐오문화는 이슬람교가 도래하기 이전부터 아랍문화에 존재하고 있었다. 아랍인은 개(특히 검은 개)를 악마의 화신으로 여겼고, 이후 무슬림들은 개가 있는 집에는 천사가 들어오지 않는다고 믿는다(엄익란 2011, 66-68).

2) 돼지 가죽의 무두질

법학파들은 공통적으로 돼지의 가죽을 무두질했다고 해서 깨끗해지는 것은 아니라고 보기 때문에 가죽의 사용을 허용하지 않는다. 돼지는 가장 불결한 것이기 때문이다. 말리키 법학파는 무두질하는 것이 돼지의 가죽을 깨끗하게 만들지 못하기 때문에 가죽의 사용을 허용하지 않는다. 한발리 법학파도 죽은 동물의 가죽은 무두질한다고 해서 깨끗해지지 않는다고 보았지만, 지방이 용해되지 않게 무두질을 한 뒤에 사용하는 것은 허용한다. 그러나 건조하였다고 하더라도 지방이 용해가 되었다면 그것의 사용을 허용하지 않는다. 일부 학자들은 무두질을 하면 돼지 가죽도 깨끗해지며 다른 동물의 가죽처럼 건조가 되었든 물기가 있든 사용할 수 있다고 보았다.

3) 돼지의 분비물

샤피이, 하나피, 한발리 법학파는 돼지의 본질이 가장 불결한 것이기 때문에 분비물들, 그의 침조차도 불결하다고 보았다. 샤피이와 한발리 법학파는 돼지가 혀로 핥은 그릇을 깨끗이 하기 위해서는 일곱 번을 씻어야 하는데, 한 번은 흙으로 닦아 내야 한다고 주장했다. 이는 "개가 물을 마신 그릇을 씻을 때는 일곱 번을 씻어야 한다."라는 전승이나 "개가 핥은 그릇을 깨끗이 하기 위해서는 일곱 번을 씻어야 하는데, 한 번은 흙으로 닦아내야 한다."라는 전승에 따른 것이다.[25] 이런 상황이 개에게 확정적이라면 돼지는 그보다 더 확정적이다. 돼지가 개보다 더 나쁜 상황이며 더 확실한 금지이기 때문이다. 또한 돼지는 어떤 상황에서도 구매할 수 없으며 돼지를 도살하는 것이 권장되는데, 이는 "돼지는 불결하다."라는 코란 구절을 통해 금지가 명시되었기 때문이다. 따라서 돼지가 핥은 것은 적극적인 방식으로 씻어야만 한다. 하나피 법학파는 돼지가 핥은 그릇을 세척할 때는 세 번을 씻어야만 한다고 주장한다. 말리키 법학파는 돼지의 분비물은 불결하지 않으며 돼지의 침도 깨끗하다고 본다. 개가 핥은 그릇을 열심히 씻어야 한다고 해서 돼지에게 적용되는 것은 아니라고 보았다.

4) 돼지의 털

법학파들은 공통적으로 돼지의 털은 불결하므로 그것의 사용은 허용되지 않는다고 보았다. 샤피이 법학파는, 돼지의 털에 신발이 찔렸다면 물로 씻거나 흙으로 문지른다고 해서 찔린 장소가 깨끗해지지

---

[25] 돼지가 핥거나 물을 마신 도구 또는 쥐가 죽은 그릇은 소량의 물을 사용할 경우에는 7번을 씻어야 한다. 그 그릇을 흙으로 닦는 것이 의무는 아니지만 예방을 위해서는 흙으로 닦아야 한다(Shirazi, 2008, 19, 31).

않고 제거되지도 않으며, 그러한 재난을 포용하기 위해서는 의무 예배와 여분의 노력을 해야만 한다고 보았다. 한발리 법학파는 돼지 털이 찌른 곳은 집중적으로 씻어야 하며, 건조한 털로 만든 체의 사용은 허용된다고 보았다. 그러나 습기로 인해 불결함이 전이되는 젖은 상태에서의 사용은 허용하지 않았다. 하나피 법학파는 어쩔 수 없는 경우에는 돼지 털의 사용을 허용하였다. 말리키 법학파는 돼지 털은 깨끗한 상태라고 보았으며, 죽은 돼지의 털을 가위로 잘라 사용하는 것은 가능하다고 보았다. 털은 생명이 머물지 못하는 것이며, 생명이 머물지 못하는 것은 죽음 때문에 불결해지지 않기 때문이다.[26] 그러나 그것이 깨끗한지 더러운지가 의심스럽다면 세척하는 것이 좋다고 보았다. 한편, 뽑은 털은 깨끗한 것이 아니라고 보았다.

5) 돼지의 부위들을 약으로 사용하는 것

법학파들은 공통적으로 불결하고 금지된 돼지의 모든 부위들을 약으로 사용하는 것은 허용하지 않는다.[27]

---

26 생명이 없는(죽은) 동물의 털, 뼈, 이빨과 같은 부분들은 깨끗한 상태인데, 개와 돼지는 예외이다. 개와 돼지는 불결하며 그들의 털, 뼈, 발과 그들로부터 나온 수분조차도 불결하다 (Shirazi, 2008, 19, 21).

27 법학파들은 공통적으로 금지된 것과 불결한 것을 약으로 사용하는 것을 허용하지 않는다. 이는 "알라는 금지한 것에 대한 치료약을 만들지 않았다."라는 순나를 근거로 하고 있다 (الموسوعة الفقهية الكويتية الجزء 11، 84-85). 하나피 법학파는 치료약이 없다는 조건하에서는 불결하고

6) 돼지의 본질 변화

하나피와 말리키 법학파는 돼지의 본질적인 불결함은 다른 본질로 변하면 할랄이 되며, 소금으로 돼지의 본질을 바꾸면 깨끗해진다고 보았다. 그러나 샤피이와 한발리 법학파는 본질적인 불결함은 술이나 죽은 고기의 가죽과 달리 변한다고 해서 깨끗해지지 않는다고 보았다.[28]

7) 돼지의 대가

법학파들은 공통적으로 무슬림들이 돼지의 대가를 취하는 것은 정당하지 않다고 보았다. 돈은 어쩔 수 없는 경우가 아닌 때에 합법적으

금지된 것도 약으로 사용하는 것을 허용한다. 한발리 법학파는 금지된 것과 불결한 것을 약으로 사용하지 않는다는 규정을 모든 불결한 것과 금지된 것으로 확대하여 적용하였다. 샤피이 법학파는 깨끗한 것을 발견할 수 없다면 불결한 것을 약으로 사용하는 것을 허용한다. 왜냐하면 복지와 안전의 이득이 불결함의 회피 이익보다 더 크기 때문이다. 한발리 법학파는 금지된 것과 불결한 것에 동물의 오줌과 같이 나쁜 모든 것을 추가했다. 그러나 낙타의 오줌은 약으로 허용했으며, 먹거나 마시지 않는다면 금지된 것과 불결한 것을 약으로 허용한다(5-10.2013, رمضان حمدون علي).

28 하나피 법학파는 본질적인 불결함도 변화를 통해 불결함이 제거되고 깨끗해진다고 보았다. 말리키 법학파는 좋음으로 변화한 것은 깨끗하며, 나쁨으로 변화한 것은 불결해진다고 보았다. 샤피이 법학파는 불결한 것은 변화로 깨끗해지지 않으며, 그래서 불결한 똥의 재는 불결하다고 보았다. 한발리 법학파는 불결한 것은 변화를 통해 깨끗해지지 않지만, 술이 완전한 식초로 바뀐다거나 돼지를 소금에 절이면 깨끗해진다고 보았다(رمضان حمدون علي 14-16.2013).

로 사용이 가능한 것인데, 돼지는 가장 불결하고 거리에서 판매하는 것이 금지된 것이기 때문이다. 법학파들은 돼지의 판매에는 합법성이 없다고 보았다. 이에 대한 근거로는 "알라께서 술과 그 대가를 금지하셨고, 죽은 고기와 그 대가를 금지하셨고, 돼지와 그 대가를 금지하셨다."(아부 다우드본 3485)라는 순나를 들 수 있다.

8) 딤미의 돼지 판매

법학파들은 딤미[29]가 돼지를 소유하는 것은 허용하지만, 공개적으로 드러내는 것이나 무슬림들에게 판매하는 것은 금지한다. 공개적으로 드러나면 파괴하며 배상하지 않는다. 특히 샤피이 법학파는 무슬림들 사이에서 딤미들을 격리시킴으로써 그들이 돼지를 공개적으로 강하게 드러내지 못하도록 제한했다. 그들을 격리하면 그들을 거부하지 못하는 무슬림들이 그들과 섞이지 않게 된다는 것이다. 샤피

---

29 이슬람세계에는 법적으로 규정된 상이한 권리와 의무를 가지는 네 개의 집단이 있다. 첫째는 무슬림 자유민, 둘째는 해방민 또는 피보호민인 마왈리, 셋째는 협약민인 딤미, 넷째는 노예이다. 마왈리는 페르시아인들이나 터키인들처럼 비아랍 무슬림들을 말한다. 딤미는 기독교도, 유대교도, 조로아스터교도를 포함하며 그들의 지위는 무슬림 공동체와 비무슬림 공동체 사이에 존재하는 딤마, 즉 협약에 의해서 결정되었다(김호동 역 2003, 52-54). 한편, 이슬람 초기에 딤미들은 의복에 특별한 표시를 하거나, 탈 수 있는 동물에 제한을 받았으며, 무기를 소지할 수 없었고, 자신들의 종교의식에서 소음을 피해야 했으며, 건물의 신축에 제한을 받았고, 공중목욕탕에서 목욕하는 것을 제한받는 등 사회적 · 법적 금지조치와 차별을 받았다(황병하 2007, 52).

이 법학파는 성서의 백성들에게 돼지 식용의 중단을 강요했는데, 그것이 혐오스런 것이기 때문이다. 그러나 말리키 법학파는 성서의 백성들에게 돼지의 금지를 강요하지는 않았다.

9) 돼지의 절도나 상해

법학파들은 공통적으로 소유 · 구매 · 판매가 허용되지 않는 무슬림 소유의 돼지에 대한 절도나 상해에 대해서는 어떠한 금지나 배상도 없다고 본다. 그러나 하나피와 말리키 법학파는 딤미의 돼지를 상해하거나 절도하는 사람은 그것을 배상해야 한다고 본다. 이는 "그들과 그들이 소유하는 것을 내버려두어라."라는 순나에 근거하고 있으며, 그들이 돼지의 소유권을 가지고 있기 때문이다.[30] 샤피이와 한발리 법학파는 무슬림들이 딤미의 돼지를 강제로 빼앗았다면 배상을 해야 하지만, 그것을 파괴했다면 배상하지 않는다고 보았다. 그것은 공개적으로 드러나든 아니든 다른 불결한 것들처럼 가치가 없고 합법적인 배상권이 없기 때문이다. 그러나 그들이 공개적으로 드러내지 않았는데도 돼지를 파괴하였다면 죄가 된다고 보았다.

---

30 술과 돼지와 같은 물건들은 불결하고 금지된 것이기 때문에 비무슬림들은 소유할 수 있지만 무슬림들은 소유할 수 없다. 따라서 정해진 처벌은 비무슬림들이 소유하고 있는 물건들이 절도를 당했을 경우에만 부과된다(Peter 2005, 56).

10) 어쩔 수 없는 경우

한발리 법학파는 개고기 식용을 금지하지 않기 때문에 어쩔 수 없는 경우에 개고기를 돼지고기보다 먼저 먹을 수 있다고 보았다. 또한 어쩔 수 없는 경우에 코란에서 섭취를 금지하고 있는 돼지고기보다는 돼지의 지방, 신장, 간의 식용이 우선된다고 보았다. 말리키 법학파는 죽은 고기가 돼지보다 우선되어야 한다고 보았다. 돼지는 그 자체가 하람이지만 죽은 고기는 필수적이지는 않기 때문이다.

이상 법학파들은 코란과 순나를 통해 언급되었던 돼지 금지의 내용을 보다 세분화하여 제시함으로써 포괄적인 금지로 인해 발생하는 모호함과 불명확함을 해결하려 노력하였다. '돼지의 불결성, 돼지의 부위들을 약으로 사용하는 경우, 어쩔 수 없는 경우'에 대한 부분들은 코란의 내용을 확인하고 설명 · 제약 · 한정하는 경우이며, '가죽을 무두질하는 경우, 돼지의 대가'에 대한 부분은 순나의 내용을 확인하고 설명 · 제약 · 한정하는 경우이다. 그 외 '돼지의 분비물, 돼지의 털, 돼지의 본질 변화, 딤미의 돼지 판매, 돼지의 절도나 상해'에 관한 내용은 코란과 순나에는 언급되지 않았던 경우로, 법학파들이 코란과 순나를 근거로 합의나 유추를 통해 만들어낸 독자적인 법 해석으로 볼 수 있다.[31] 법학파들의 법적 견해에서도 코란과 순나에서와 마찬가지로 돼지 금지를 위반할 시의 처벌에 대한 규정은 발견되지 않았다.

5. 현대 아랍 · 이슬람국가의 돼지 금지

코란과 순나(하디스)는 본질적인 불결함을 이유로 돼지에 대한 포괄적인 식용 · 이용 · 사용을 금지하였다. 이후 9-10세기의 법학파들 또한 다양한 상황들과 경우들에 대해 공통적으로나 각자의 독자적인 견해를 통해 시대와 환경의 변화에 대한 샤리아의 적용 요구를 충족시키고자 노력하였다. 그런데 현대에 들어 무슬림들은 이전에는 경험하지 못했던 또 다른 상황과 문제들에 직면하게 되었으며, 이는 샤리아의 현대적 유연성을 요구하고 있다. 이에 아랍 · 이슬람국가들은 공신력 있는 파트와 기관을 설립하여 현대 무슬림들의 고민을 해소하려 노력하고 있다.

우선 주제와 관련되어 수집이 가능한 아랍 · 이슬람국가들의 파트

---

31 어떠한 사안에 대한 법학파들의 견해를 이해하기 위해서는 몇 가지에 대한 사전 이해가 필요하다. 첫째, 각 개별 법학파의 공식적인 태도는 그 법학파 내의 권위자에 의한 공식적인 선언이 아니며, 법학파 내에서도 이견이 있다. 둘째, 각 법학파의 견해는 이슬람의 보편적인 태도가 아니라 다양한 법적 견해들 중의 하나이다(http://www.faithology.com/topics/homosexual-practices-in-individual-schools-of-islam).

와를 현대 생활에서 발생할 수 있는 상황, 즉 '금지와 관련된 직접적인 의문'과 '일상생활과 관련된 고민'으로 분류하여 정리하였다.[32] 이를 통해 현대를 살아가는 무슬림들의 관심사를 엿볼 수 있을 뿐만 아니라, 7세기에 제정되고 9-10세기 법학파들에 의해 세분화·구체화되었던 돼지(고기) 금지가 현대에 알맞게 확장되고 심화되어 가는 샤리아의 유연성을 확인하고자 하였다.

1) 금지와 관련된 직접적인 의문

질문 : 왜 그리고 언제 술과 돼지가 금지되는가?

답변 : 우선 무슬림은 알라의 명령과 금지에 복종해야만 하며, 이것은 명령이나 금지 이면에 있는 지혜를 이해하느냐의 문제가 아니다. 무슬림은 알라가 종들에게 최고의 이익을 주기 위해 명령을 하고 해가 되는 것을 금지한다는 것을 확실하게 믿어야만 한다. 알라는 마음에 심각한 해를 끼치기 때문에 술을 금지했고, 돼지는 불결하기 때문에 금지했다. 의학자들에 의하면 돼지를 식용한 사람의 배에 기생충이 생기고, 인간의 명예를 약화시키며 순결을 파괴한다고 한다. 이러

---

32 아랍·이슬람국가의 파트와를 발췌한 출처는 다음과 같다.: 사우디아라비아 (http://www.alifta.net/), 아랍에미리트(http://www.awqaf.ae/), 카타르(http://fatwa.islamweb.net/fatwa/index.php?page=aboutfatwa), 쿠웨이트(http://islam.gov.kw/Pages/ar/ Fatwa.aspx).

코란 구절들은 돼지를 불결한 것으로 보고 식용을 금지하고 있다. 그러나 어쩔 수 없는 경우, 필요에 의한 경우, 알지 못하고 식용한 경우에 대해서는 죄악이 아니라고 규정하고 있다. 한편 코란 구절 어디에서도 돼지 금지를 위반했을 경우의 처벌에 대한 언급은 발견되지 않는다.(사진: 코란, 사우디 아라비아 리야드 국립박물관)

한 것이 사실이든 아니든 무슬림은 알라의 판단에 완전히 복종해야만 한다. (사우디아라비아 파트와 3056)

질문 : 무엇이 할랄 고기인가?

답변 : 알라에 의해 금지된 것이 아닌 모든 종류의 고기는 할랄이다. 금지된 것은 죽은 고기, 피, 돼지, 알라 외의 신(우상)에게 제물로 바쳐진 동물, 알라 외 다른 신의 이름으로 도살된 동물, 포식동물과 육식조(肉食鳥), 건강에 해롭다고 알려진 모든 종류의 고기이다. (사우디아라비아 파트와 18773)

질문 : 젤라틴은 비합법적인가? 그리고 돼지 레닛(우유를 치즈로 만들 때 사용되는 응고 효소)으로 만들어진 치즈는 어떤가?

답변 : 젤라틴이 돼지의 살, 뼈, 가죽과 같은 비합법적인 물질로부터 만들어진 것이면 비합법적이다. 이슬람 학자들은 돼지의 지방이 하람이라는 데 의견의 일치를 보이고 있다. 만일 젤라틴이 비합법적인 물질로 만들어진 것이 아니면 전혀 문제가 없다. 돼지처럼 부분적으로라도 금지된 물질을 포함하고 있는 음식은 무슬림들에게 하람이다. (사우디아라비아 파트와 8039)

질문 : 무슬림 국가로 돼지를 수입할 수 있나? 돼지나 그 제품을 다른 제품과 함께 상점에 제공할 수 있으며, 분리된 장소에 두어야만 하나? 돼지와 그 제품의 수입을 금지하는 것이 무슬림 국가에 살고 있는 비무슬림들의 자유를 제한하는 것인가?

답변 : 돼지를 무슬림 국가에 수입하는 것은 허용되지 않는다. 돼지와 그 제품은 술이나 금지된 것들과 마찬가지로 폐기되어야 한다. 수입을 제한하는 것이 무슬림 국가에 살고 있는 비무슬림의 자유를 제한하는 것이 아니다. 무슬림들에게 합법적인 음식과 음료가 비무슬림을 충족시키기에 충분하기 때문이다. (사우디아라비아 파트와 3231)

질문 : 돼지고기를 포함하여 죽은 고기의 가루나 살을 먹여서 키운 닭은 하람인가? 하람이라면 그 계란은 어떤가?

답변 : 법학자들 간에 이견이 있는데, 말리키 법학파는 그 닭고기와 계란은 허용된다고 본다. 불결한 음식이 고기와 계란으로 변화되면 깨끗해진다고 보기 때문이다. 다른 학자들은 그것들이 적어도 3일 동안 깨끗한 음식을 먹지 않는다면, 고기나 계란, 우유는 하람이라고 본다. (사우디아라비아 파트와 3628)

질문 : 적절한 절차에 따라 무두질을 한 돼지 가죽으로 안감을 댄 신발을 파는 것은 어떤가?

답변 : 돼지 가죽을 사용한 신발을 파는 것은 허용되지 않는다. 그것은 본질적으로 불결하기 때문이다. (사우디아라비아 파트와 21113)

질문 : 소나 돼지와 같은 동물의 지방인 젤라틴을 포함하고 있는 가루 제품으로 만든 음식을 먹거나 비누와 같은 제품을 사용하는 것이 가능한가?

답변 : 돼지나 그의 지방 또는 그 어떤 것도 먹는 것은 허용되지 않

으며, 그 가루를 어떤 음식에 넣거나 미용을 위해 사용하는 것도 허용되지 않는다. 돼지는 가장 불결한 것이기 때문이다. (쿠웨이트 파트와 10121)

질문 : 쿠웨이트 아이들의 우유를 만들 때 돼지에서 추출된 효소를 사용하는데, 그것은 우유 속의 단백질을 분해하는 기능을 한다. 최종 제품에는 이러한 효소의 영향이 전혀 없다고 하는데 어떤가?

답변 : 돼지의 추출물을 넣은 우유는 불결하며, 이후에 제거한다고 해도 깨끗해지지 않기 때문에 이를 마시는 것은 허용되지 않는다. (쿠웨이트 파트와 8859)

질문 : 돼지에서 추출된 것들을 인공세포막과 골 이식에 사용하는 것이 가능한가?

답변 : 긴급한 필요성과 공정한 무슬림 의사의 처방이 없다면 허용되지 않는다. 그것은 어쩔 수 없는 경우에만 허용된다. (쿠웨이트 파트와 8688)

질문 : 돼지의 지방으로 치료를 하는 것은 하람인가, 할랄인가?

답변 : 어떤 이유로든 돼지의 부위들을 약으로 사용하는 것은 허용되지 않듯이 돼지의 지방으로 하는 치료는 허용되지 않는다. 돼지는 가장 불결한 존재이기 때문이다. 그러나 허용된 약이 없다는 조건하에서 치료를 위해 어쩔 수 없는 경우에 믿을 만한 의사가 이 약이 병에 효과가 있다고 할 때는 예외이다. (카타르 파트와 6104)

질문 : 무슬림들이 돼지고기를 먹는 것은 왜 금지인가? 금지의 이유가 무엇인가?

답변 : 알라가 그것을 금지했고 무슬림에게 그 섭취를 허락하지 않은 불결한 것이다. 샤리아에는 "그것은 불결하다."는 언급 외에 돼지 금지에 대한 특별한 설명은 없다. 또한 "알라는 사악한 것들을 그들로부터 금지했다."라는 구절에서 알 수 있듯이 돼지고기와 금지된 음식들처럼 인간의 건강, 재산, 도덕을 해치는 것들을 금지했다. 과거 무슬림들은 돼지의 사악함과 금지의 원인을 상세히 알려고 하지 않았으며, 돼지가 질병들의 요인이며 치명적인 바이러스의 비밀이라는 것은 현대에 이르러서야 발견되었다. (쿠웨이트 파트와 9791)

질문 : 돼지의 지방이 함유된 치약과 비누를 사용하는 것이 가능한가?

답변 : 돼지는 불결하다는 이유로 코란과 순나와 합의에 의한 절대적인 금지이다. 치약이든 비누든 돼지의 지방이 함유된 것은 그 무엇이든 사용과 구매가 허용되지 않는다.[33] (카타르 파트와 31415)

질문 : 무슬림이 비무슬림들에게 팔기 위해 돼지를 키울 수 있나?

답변 : 이는 허용되지 않는다. (아랍에미리트 파트와 17616)

---

33 세제와 비누의 성분이 돼지(고기) 또는 샤리아에 따라 도살되지 않은 동물의 지방을 포함하고 있을 경우, '이와 같은 변화가 본질적으로 불결함을 깨끗함으로 만들 수 있는가?'라는 질문에 대해, 변화가 일반적으로 수용된다면 깨끗해진다는 파트와를 제시했다(Shirazi 2008, 19, 47).

질문 : 돼지로부터 추출된 성분이 함유된 미용 제품을 사용할 수 있나?

답변 : 돼지의 지방이나 다른 부위같은 불결한 성분이 함유된 미용 제품이나 기타 제품의 사용은 허용되지 않는다. 불결한 물질이 깨끗한 물질이나 화학 작용으로 완전히 변화되었다면 새로운 물질이 되어 깨끗하므로 사용이 가능하다. (아랍에미리트 파트와 16692)

질문 : 가죽으로 만든 가구를 사는 것은 가능한가? 천연가죽인지 인공가죽인지를 알 수 없는 것을 사는 것은 가능한가?

답변 : 인공가죽의 경우에는 판매 · 구매 · 이용이 가능하다. 천연가죽의 경우는 무두질한 가죽은 깨끗하므로 판매 · 구매 · 이용이 가능하지만, 무두질을 하지 않은 경우에는 허용되지 않는다. 그러나 개와 돼지의 가죽은 무두질로 깨끗해지지 않는다. (아랍에미리트 파트와 9158)

질문 : 돼지털로 만든 침대를 사서 사용하는 것은 가능한가?

답변 : 돼지는 털, 피부, 고기, 지방, 뼈 등 모든 것이 가장 불결한 동물이므로 그것을 이용하거나 사용하는 것은 허용되지 않는다. (아랍에미리트 파트와 128)

질문 : 술과 돼지고기를 파는 유럽 국가의 어떤 식당에서 일하는 것이 가능한가?

답변 : 그 일은 허용되지 않으며, 즉시 다른 일자리를 찾아봐야 한

다. (쿠웨이트 파트와 12633)

위의 내용들은 돼지 금지에 대한 근본적인 의문과 더불어 현대 생활에서 발생하는 모호하고 다양한 상황들에 대한 법 적용의 고민들을 다루고 있다. '돼지가 왜, 언제 금지되었는가? 무엇이 할랄인가?'와 같은 질문들은 이슬람법에 대한 무지보다는 근본적인 의문으로 볼 수 있다. 그런데 '젤라틴이나 돼지 레닛의 식용, 돼지의 수입, 사료로의 사용, 신발과 같은 가죽제품, 비누나 치약과 같은 생활용품, 인공세포막이나 골 이식과 같은 의료용품, 미용 제품, 침대와 같은 가구, 식당 업무'와 같이 현대 생활에서 접하게 되는 다양한 고민들은 법 적용의 어려움으로 인한 고민이라 할 수 있다. 이에 대한 이슬람 법학자들의 답변들은 코란, 순나, 법학파들에 의해 언급되었던 내용들을 확인하거나 설명 · 제약 · 한정하는 경우로 볼 수 있다.

2) 일상생활과 관련된 고민

질문 : 우리는 뉴질랜드에 살고 있는 무슬림인데, 신선하거나 통조림이거나 냉동한 돼지고기를 파는 식품점을 경영하고 있다. 돼지고기를 팔지 않으면 장사가 되지 않기 때문에 이윤을 남기지 않고 원가에 팔고 있는데, 이것은 허용된 것인가?

답변 : 이윤을 남기지 않는다고 하더라도 돼지고기를 파는 것은 허용되지 않는다. 왜냐하면 돼지와 그 대가는 하람이기 때문이다. (사우디아라비아 파트와 20808)

질문 : 나는 돼지고기를 취급하는 요르단의 피자 가게에서 일 년 동안 배달 운전수로 일했는데, 이 일은 가능한가? 내가 운전수로 일해서 번 돈은 하랄인가, 하람인가?

답변 : 돼지고기를 취급하는 식당에서 일하는 것은 하람을 취급하는 일이므로 허용되지 않는다. 죄와 적대감에 협조하는 것은 코란에 금지되어 있기 때문이다. 그러한 일로부터 받은 급여는 하람의 대가이기 때문에 허용되지 않는다. (쿠웨이트 파트와 6397)

질문 : 내가 가죽 제품을 사려고 주인에게 가죽의 종류를 물었는데, 그가 알지 못할 경우 제품을 사도 되는가?

답변 : 그것이 돼지 가죽이라는 것이 확실하지 않다면 사도 무방하다. (쿠웨이트 파트와 13591)

질문 : 지금 우리는 미국에 살고 있으며, 남편이 돼지고기를 사용하는 샌드위치를 파는 회사의 관리팀장으로 일하고 있다. 그는 직접적으로 물건을 파는 일을 하지 않는데 이것도 하람인가?

답변 : 이 일은 하람이며, 당신의 남편은 적은 보수를 받더라도 다른 일을 찾아보아야만 한다. (쿠웨이트 파트와 7887)

질문 : 나는 치료를 위해 미국에 와 있는데, 먹는 게 문제이다. 내가

식당에서 그들의 음식을 먹을 때 요리하는 기름이 돼지나 소나 양에서 나온 것인지를 묻지 않고 먹는 것이 가능한가? 또한 어느 곳엔가 이슬람 식당이 있다는 것을 알면서도 물어보지도 않고 그들의 고기를 먹는 것은 어떤가?

답변 : 성서의 백성들이 도살한 것은 독을 먹인 것이 아니라면 확실히 합법적이다. 그러나 그들이 목을 졸라 죽인 것이라면 먹어서는 안 된다. 돼지의 살이나 지방이 들어 있는 음식은 허용되지 않으며, 가능하다면 이슬람 식당이 아닌 곳에서 먹지 않는 것이 좋다. (쿠웨이트 파트와 7825)

질문 : 나는 34살의 당뇨병 환자인데, 하루에 2개의 인슐린 주사를 맞는다. 그런데 인슐린은 돼지로부터 추출된 성분으로 만든 호르몬이라고 한다. 금지된 것을 약으로 사용하는 것도 금지라고 알고 있지만 나는 어쩔 수가 없는 상황이다. 어떠한가?

답변 : 언급한 주사가 돼지나 합법적으로 도살되지 않은 동물이나 죽은 동물이나 인간으로부터 추출된 것을 함유하고 있다는 것이 확실하다면 약으로 사용하는 것은 하람이다. 그러나 그것을 대신할 방법이 없는 어쩔 수 없는 경우라면 허용된다. (카타르 파트와 55626)

질문 : 나는 대학생이며 고기, 특히 돼지고기의 건조에 소금이 미치는 영향에 관한 연구를 하는 모임에 속해 있다. 이러한 연구를 하는 것이 가능한가?

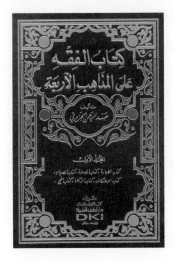

코란과 순나(하디스)는 본질적인 불결함을 이유로 돼지에 대한 포괄적인 식용·이용·사용을 금지하였다. 이후 9-10세기의 법학파들 또한 다양한 상황들과 경우들에 대해 공통적으로나 각자의 독자적인 견해를 통해 시대와 환경의 변화에 대한 샤리아의 적용 요구를 충족시키고자 노력하였다. (사진: 순니 4대 법학파들의 법리론 모음집)

답변 : 이러한 연구는 움마(이슬람공동체)에 유익하므로 깨끗한 고기가 없다면 돼지(고기)로 실험하는 것은 가능하다. (카타르 파트와 37855)

질문 : 내가 호텔의 주방에서 일하는 것은 하람인가, 할랄인가?

답변 : 상황에 따라 다른데, 주방에서 무슬림에게 허용되지 않는 돼지와 같은 고기를 요리하는 것이 아니라면 호텔 주방에서 일하는 것은 금지되지 않는다. (요르단 파트와 668)

질문 : 나는 직업상 어쩔 수 없이 돼지를 만지는데, 그것은 죄가 아니라고 들었다. 손에 장갑을 끼고 돼지를 만지는 것이 죄가 되는지?

답변 : 돼지를 만지는 것이 금지된 것은 아니다. 많은 학자들이 살

아 있는 것은 깨끗하다고 판단했기 때문이다. 특히 당신은 장갑을 끼고 있으니 괜찮다. (아랍에미리트 파트와 10349)

질문 : 아내가 유럽 국가에 체류하고 있는데, 임신 8개월 째이다. 임신 초기부터 의사의 처방으로 임신용 비타민을 복용하고 있으며, 비타민이 돼지의 효소로 구성되어 있다는 것을 알고 비타민 복용을 중단했는데 어떠한가?

답변 : 당신의 부인이 대체제가 없는 어쩔 수 없는 치료를 위해 이 약을 복용했다면 허용된다. 어쩔 수 없는 경우에는 금지된 것들도 허용되기 때문이다. (아랍에미리트 파트와 5986)

질문 : 내가 돼지 털로 만든 솔을 구입했는데, 그것을 사용하는 것이 허용되나?

답변 : 돼지는 가장 불결하기 때문에 그것의 털, 피부, 고기, 지방, 뼈도 불결하므로 이들을 사용하고 이용하는 것이 허용되지 않는다. 따라서 돼지 털로 만든 칫솔을 사용하는 것은 허용되지 않는다. 왜냐하면 그것이 사람의 신체, 침, 입에 닿기 때문이다. (아랍에미리트 파트와 128)

위의 내용들은 다양한 지역(뉴질랜드, 미국, 요르단, 유럽 등), 다양한 직업, 직장, 장소(식품점 운영, 피자가게 배달 운전수, 회사 관리팀장, 호텔 주방 종업원, 대학 실험실 등), 다양한 상황(판매 및 구매, 식사, 치료, 실험, 접촉, 복용, 사용 등)의 경우처럼 일상생활에서 만나게 되는 고민들을 다루고 있다. 이에 대한 이슬람 법학자들의 답변들은 코란, 순나, 법학파들에 의해 언급되었던 내용들을 확인하거나 설명 · 제약 · 한정하는 경우이다. 이때 순니 4대 법학파들의 견해와 다른 현대 법학자들의 파트와가 생산되는 것은 파트와의 독립성에 기인한다고 볼 수 있다. 즉 동일한 사안에 대해서도 코란과 순나의 근거들 중 어느 것을 법원으로 참조했는가에 따라 다소 다른 결과가 도출될 수 있기 때문이다. 이런 경우 결과가 다른 두 개의 파트와들은 근거가 믿을 만하다면 모두 유효한 파트와로 본다.

6. 맺음말

코란은 4개의 구절들(제2장 173절, 제5장 3절, 제6장 145절, 제16장 115절)을 통해 돼지가 본질적으로 불결하다는 이유를 들어 금지를 선언했으며, 이에 대해 순나에서는 직접적인 구절들이나 간접적인 구절들을 통해 코란의 금지를 확인하거나 해설 · 제약 · 한정하였다. 이후 9-10세기에 활동했던 순니 4대 법학파들은 당시에 직면했던 다양한 상황(불결성, 무두질, 분비물, 털, 부위의 약용, 대가, 판매, 절도나 상해, 어쩔 수 없는 경우)에 대해 코란과 순나(하디스)를 통해 언급되었던 돼지 금지의 내용을 합의나 유추를 통해 독자적인 법적 견해(파트와)로 제시함으로써 포괄적인 금지로 인해 발생하는 모호함과 불명확함을 해결하려 노력하였다.

한편 21세기를 살아가는 현대 무슬림들은 예언자나 법학파들이 활동하던 시대가 경험하지 못했던 또 다른 상황과 문제들에 직면하게 되었으며, 이에 대해 법학자들은 샤리아의 현대적 유연성을 보여주고 있다. 사실 현대 이슬람 법학자들의 파트와는 법적인 구속력을 갖는다기보다는 샤리아에 대한 분명하고 풍부한 지식을 갖추지 못한 현대 무슬림들의 고민을 해결해주고 모호함을 분명하게 해주는 안내자로서의 역할을 한다고 볼 수 있다.

주목할 점은 이슬람법 샤리아의 법 제정 과정이라 할 수 있는 코란, 순나(하디스), 순니 4대 법학파들과 현대 법학자들의 파트와를 통해 '돼지는 불결하다.'는 것을 금지의 일관된 이유로 주장하고 있다는 점이다. 또한 샤리아 어디에서도 돼지 금지를 위반할 시의 처벌에 대한 언급이 발견되지 않았다는 점이다.

일반적으로 금지에는 처벌이 따르기 마련이다. 그런데 이슬람의 돼지 금지[34]가 '불결하다'는 이유로 제정되었고 위반 시의 처벌이 없다는 점은 금지의 제약력을 매우 약화시켰을 것이 틀림없다. 그럼에

---

34 돼지 금지를 위반할 시의 처벌에 대해서는 유일하게 아랍에미리트 형법 제5장 312조에 명시되어 있다. "다음의 범죄들을 위반하는 모든 이에게는 금고형과 벌금 또는 둘 중의 하나로 처벌한다.: 1. 이슬람의 성지나 성소를 훼손하는 행위, 2. 공인된 계시종교를 모독하는 행위, 3. 불복종, 불복종의 선동이나 선전, 그것의 위반을 선동하는 어떠한 행위를 찬양하는 행위, 4. 알면서도 돼지고기를 섭취하는 행위. 이러한 범죄들이 발생했을 경우에는 1년을 넘지 않는 구금이나 벌금에 처해야 한다."

도 불구하고 이슬람세계에서는 핫드형을 집행하는 술 금지보다 아무
런 처벌이 없는 돼지 금지가 신자들이나 비신자들 모두에게도 관심
의 대상이 되고 있다. 이는 돼지 금지를 준수하는 것이 알라의 명령에
무조건 복종해야 한다는 이슬람에 대한 종교적 신념과 정체성의 유
지나 실천으로 나타나기 때문으로 보인다. 무엇보다 21세기 현재적
관점에서 보면 돼지 금지의 복합적 요인들(위생 이론, 토템 이론, 신의 음
식 이론, 분류학 이론, 환경 이론)이 무색해졌음에도 불구하고 돼지에 대
한 금기를 지키려는 것은 타 종교와의 차별성과 이슬람이라는 집단
적인 자기 동일성을 강화하려는 의미로도 해석할 수 있다.

술의 죄악은 효용보다 크다
- 코란과 하디스의 술 금지 이유와 근거

샤리아의 제1법원인 코란은 제2장 219절, 제4장 43절, 제47장 15절, 제5장 90-1절을 통해 술의 해악과 음주 행위를 사탄의 행위로 언급하였다. 그러나 이러한 구절들이 술과 음주 행위에 대한 완전한 금지로 보기 어렵고, 음주에 대한 처벌이 전혀 언급되지 않았다.(사진: 아랍에서 판매되고 있는 맥주)

* 이 글은 『중동문제연구』 제13권 1호에 "코란과 순나를 통해 본 샤리아의 금주 근거와 법 제정 논리"라는 제목으로 게재된 논문의 내용과 형식을 일부 수정, 보완한 것이다.

1. 머리말

이슬람에서 술은 현세에서는 하람(금지)이지만 내세에서는 할랄(허용)이다. "그 두 곳(술과 도박)에는 큰 죄악과 인간에 유용한 것이 있으나 그 둘의 죄악은 효용보다 크다."[35]는 것이다. 그러면서도 "천국에는 … 술이 흐르는 강이 있으니 마시는 이들에게 기쁨을 주며 …"[36]라고 한다. 결국 이슬람은 술에 대해 현세에서는 해로운 점이 많다는 이유를 들어 금지하고, 술을 마신 이에게는 공개적으로 태형을 가하는 강경한 제재를 요구하고 있다. 그러나 천국에 가서는 마음껏 마셔도 좋다는 허용의 태도를 취하고 있다.

우리는 '이슬람세계에서는 술을 마시면 안 돼.'라는 경고만 기억할 뿐 이슬람이 말하는 술이 무엇인지, 술이 왜 금지인지에 대해서는 구

---

35 코란 제2장 219절.
36 코란 제47장 15절.

체적으로 알지 못한다. 이 글은 바로 다음과 같은 의문에서부터 시작되었다. 술의 의미와 종류는 무엇인지, 술은 왜 금지되었는지, 술을 금지한 근거는 무엇인지, 술을 먹은 이에 대한 처벌 규정은 무엇인지….

샤리아에 나타난 술에 관한 구절들을 텍스트 해석과 분석 방법을 이용해 정리하였다. 우선 샤리아의 제1 법원인 코란에 나타난 술에 대한 구절들을 계시 순서대로 정리하고, 그에 대한 견해들을 다루었다. 다음으로 샤리아의 제2 법원인 하디스(순나)에 수록된 구절들을 주제별로 분류하여 정리하고 분석하였다.

이를 통해 이슬람세계의 절대 금기 중 하나인 술과 금주에 대한 이슬람의 믿음과 실천의 포괄적인 이해를 시도하였다. 또한 법 규범을 도출해내는 코란과 순나의 관계를 통해 이슬람의 금기 생산과 규범 도출의 과정에 대한 구체적인 근거 자료를 확보하고자 하였다.

2. 샤리아의 금주 근거와 법 제정 논리

이슬람법 샤리아의 4대 법원으로는 코란, 하디스(순나), 합의, 유추가 있으며[37], 이후 법학자들이 이와 같은 법원을 근거로 하여 다양한

---

37 Hallaq 2009, 14-30.

법 해석 노력(이즈티하드)[38]을 하였다. 따라서 샤리아의 범주에는 4대 법원 외에도 순니 4대 법학파(하나피, 말리키, 샤피이, 한발리)와 쉬아(시아)의 법적 견해[39]뿐만 아니라, 어떠한 사안에 대해 이슬람 법학자가 내놓은 견해인 파트와까지를 포함한다고 할 수 있다.

이 글에서는 코란과 하디스의 내용을 중심으로 '금주 근거와 법 제정 논리'라는 측면을 집중적으로 다루었다.

1) 코란의 관련 구절과 의미

코란은 다양한 사안에 대한 응답이나 또는 많은 문제들에 직면한 예언자 무함마드(570-632)를 지원하기 위해 23년 동안 점진적이고 간헐적으로 계시되었다. 한편, 코란의 여러 장에 걸쳐 술과 음주에 관한 구절이 계시되었다는 것은 이슬람 이전 시대(450-622, 자힐리야 시대)와 예언자 시대에 음주 관습이 아랍사회에 널리 퍼져 있었다는 증거이

---

38 '열심히 일하다'라는 뜻의 아랍어 동사 '이즈타하다'의 동명사로 "노력함, 분투함"이라는 뜻이다. 이슬람법학에서는 법해석에서 이성적인 판단을 하는 것을 의미하고, 특히 유추하는 방법을 통해 이성적인 해석을 시도하는 것을 말한다. 이 외 더 자세한 내용은 박현도 "이즈티하드의 문 폐쇄에 대하여"(2015) 참조.

39 쉬아(시아)의 주요 법학파는 자으파리 법학파로서 무함마드의 하디스는 물론 칼리파 알리와 12이맘들의 하디스(언행록)를 토대로 하고 있다. 그 외에도 하나피 법학파와 자으파리 법학파의 견해들을 통합한 자이디 법학파가 있다(Esposito edited. 2009, 397-398; Glasse 2002, 233-234, 490).

기도 하다.[40]

　코란에는 '술'이란 어휘[41]를 통해 검색된 것이 6개 구절인데,[42] 그 중 주제와 관련된 구절은 아래에 제시된 4개 장(2:219, 4:43, 5:90-91, 47:15)이다.[43] 또한 '술에 취한'이란 어휘를 통해 검색된 것이 2개 구절인데, 주제와 관련된 것은 1개 구절(4:43)이다.[44] 만연된 사회악을 근절하기 위해서 이슬람은 교육과 연습이 필요하다고 보고[45] 점진적인 계시를 통한 단계적인 금지의 방법을 택하였다.[46] 이들 관련 구절들

---

40 이는 법의 기본이 집단에 관련된 일을 제도화한다(이원삼 2002, 40)는 점에서도 증명된다. 즉 술과 음주에 관한 코란 구절이 있다는 것은 당시의 음주 폐해가 심각한 상태였다는 것을 말해준다. 한편 이슬람 이전 시대에 음주 관습이 만연해 있었다는 또 다른 증거로는 술에 관한 어휘가 100여 개에 달하고 있으며, 술과 음주 모임을 찬양하는 많은 시를 발견할 수 있다는 점이다("The lawful and prohibited in Islam", 1; 최영길 2012, 86). 술을 찬양하는 소위 '주시(카므리야트)'는 이슬람 이전 시대뿐만 아니라 이후의 전 이슬람 시대에 걸쳐 발견되고 있기 때문에(김능우 2004, 88-121 참조) 시대, 의미 등을 포괄하는 별도의 후속 연구가 필요하다.

41 아랍어 '카므르'는 일반적으로 '술(alcohol, wine)'로 번역이 되는데, 동사 '카마라'가 '덮다, 숨기다; 정신적인 혼란을 불러일으키다, 마음을 어지럽히다'이기 때문에 '카므르'는 '사람의 정신과 마음을 덮고 어지럽히는 모든 것'이라는 광범위한 의미로 이해할 수 있다.

42 관련 구절들은 코란 웹사이트(http://quran.com)에서 주요 어휘들을 입력하여 조사하였다. 그 외에도 최영길외 2005, 340-341; 최영길 1997을 참고하였다.

43 나머지 두 구절은 다음과 같다: "제가 술을 짜는 꿈을 꾸었습니다."(제12장 36절), "두 동료여 너희 둘 중 한 사람은 술로 주인의 갈증을 식혀줄 것이며…."(제12장 41절). 이 구절들은 선지자 요셉이 감옥에 갇힌 다른 두 명의 꿈을 해몽하는 과정에서 언급된 것으로 이 글의 내용과는 직접적인 관련이 없는 구절들이다.

44 나머지 한 구절은 심판의 날 모습을 묘사한 것으로, "그날 그대들은 지켜보리니 모든 유모가 젖먹이는 것을 잊을 것이며, 임신한 모든 여성이 유산하도다. 그대는 술 취한 사람들을 볼 것이나 그들은 취한 것이 아니라 하나님의 징벌이 무서웠기 때문이다."(제22장 2절)이다.

45 유숩 카르다위 2012, 86-87.

46 15-16 ."فتاوى الخمر والمخدرات، 69-70 ; "الجريمة والعقاب في الإسلام"

을 계시된 순서대로 정리해보면 다음과 같다.[47]

"그들이 술[48]과 도박(마이시르)[49]에 관하여 그대에게 물을 때 일러 가로되, 그 두 곳에는 큰 죄악과 인간에 유용한 것이 있으나 그 둘의 죄악은 효용보다 크다 ….".(제2장 219절)

"믿는 신앙인들이여, 술에 취해 예배하지 말라. 너희가 무엇을 말하고 있는지 알 때까지라 ….".(제4장 43절)

"의로운 자들에게 약속된 천국을 비유하사 그곳에 강물이 있으되 변하지 아니하고 우유가 흐르는 강이 있으되 맛이 변하지 아니하며 술이 흐르는 강이 있으니 마시는 이들에게 기쁨을 주며 꿀이 흐르는 강이 있으되 순수하고 깨끗하더라. 그곳에는 온갖 과일이 있으며 주님의 자비가 있노라. 이렇게 사는 자들이 지옥에 살며 끓는 물을 마셔 그들의 내장이 산산조각이 되는 그들과 같을 수 있느뇨."(제47장 15절)

---

47 "Revelation Order of the Qur'an".
48 술과 관련된 코란 구절들이 계시된 625년경 메디나에는 포도나무가 없었다. 따라서 당시 '술'이란 개념은 대추야자와 그 외의 것들로부터 만들어지는 취하는 것을 의미했다(أبو المجد 25.أحمد حرك).
49 머리와 깃털이 없는 화살을 도살된 낙타의 말뚝을 향해 던지는 고대 아랍인들의 행운 게임.

"술과 도박과 우상숭배와 점술은 사탄이 행하는 불결한 것이거늘 그것을 피하라. 그리하면 너희가 번성하리라."(제5장 90절)

"사탄은 너희 가운데 적의와 증오를 유발시키려 하니 술과 도박으로써 하나님을 염원하고 예배하려 함을 방해하려 하도다. 너희는 단념하지 않겠느뇨."(5장 91절) [50]

이상의 술 관련 구절들은[51] 모두 메디나에서 계시가 되었는데,[52] 계시 순서[53]를 관찰해보면 언급의 강도가 점점 강화되고 있다[54]는 것을 알 수 있다. 술에는 이로움보다는 해악이 많다는 제2장을 통해 술이 금지는 아니지만 하지 않는 것이 좋다는 권고를 하고, 술에 취해

---

50 이 외에도 코란 제16장 67절("과일 중에는 종려나무 열매와 포도나무가 있어 그로부터 마실 것과 일용할 양식을 얻나니 실로 그 안에는 지혜가 있는 백성을 위한 예증이 있노라.")을 술과 관련된 구절로 보기도 한다("Alcohol and Islam: an overview"). 그러나 이 구절은 메디나에서 술을 금지하기 전에 메카에서 계시된 것이기 때문에 '발효된 술'을 의미하는 단어에도 불구하고 '마실 것'으로 보는 것이 타당하다(최영길 1997, 488).

51 이상의 구절들 외에도 제2장 195절과 172절, 제4장 2절과 29절, 제5장 88절, 제23장 51절도 '술'이나 '술에 취한'이란 낱말이 포함되어 있지 않지만 술의 금지와 관련되어 계시된 장들이다(عبد الرحمن الجزيري 1999, 40-41).

52 코란은 모두 114장으로 구성되어 있는데, 계시된 지역에 따라 메카장과 메디나장으로 구분된다. 메카장은 86개이며 메디나장은 28개이다. 메카장은 예언자 무함마드가 최초의 계시를 받은 610년부터 히즈라(622) 이전까지이며 주로 기본신앙을 강조하는 내용이다. 메디나장은 히즈라 이후부터 그의 사망(632) 시기까지에 해당하며, 이슬람공동체의 통치에 관한 내용이 주를 이루고 있다(공일주 2008, 13-14, 158-162).

53 한편 계시가 점진적으로 이루어졌다는 데에는 동의하지만, 그 순서에 대해서는 제4장-제2장-제5장이라는 주장 또한 제기되었다("Quranic Laws", 105-106).

54 "Alcohol and Islam: an overview".

예배하는 것을 금하는 제4장을 통해 모든 경우에는 아니지만 제한된 경우에는 금지임을 밝힘으로써 술을 금지하려는 의도를 드러내고 있다. 제47장을 통해 천국에 기쁨을 주는 술의 강이 있음을 알림으로써 현세에 금주하는 이들에 대한 내세의 보상을 약속하고 있다. 마지막 단계로 제5장의 2개 구절들(90절과 91절)을 통해 음주를 사탄의 행위로 규정하고 피할 것과 단념할 것을 명령하고 있는데, 이 구절들이 술에 대한 완전한 금지를 명시하고 있는지에 대해서는 논쟁이 많다.[55]

즉 위의 코란 구절들은 술에 대한 완전한 금지의 규정으로 보기 어렵고[56], 무엇보다 음주에 대한 처벌을 명시하지 않았다[57]는 점에서 후대의 통치자들과 이슬람 법학자들은 예언자 무함마드의 순나에서 보다 확실한 금지와 처벌의 근거를 발견하려 노력했다.

---

55 규범 제정과 관련된 코란 구절들은 명령의 형태, 금지의 형태, 일반적 형태, 무제약적 형태 등 다양하며, 명령은 의무를, 금기는 금지의 형태를 취하고 있다. 샤리아에서 의무와 금기는 정의 실천과 인간 복리 보전을 추구하기 위함이다. 특히 복리는 이슬람에서 죄를 처벌하기 위한 기본 원칙들 중 하나이다(이원삼 2002, 25, 52-53). 코란에서 금지를 나타낼 때는 "…이 너희들에게 금지되었다." 또는 "그것에 대한 보상은 영원한 지옥"과 같은 특별한 문구를 사용한다. 따라서 이러한 특정한 문구가 없다는 사실, 천국의 술을 언급하고 있다는 사실, 술에 취한 상태로 예배하지 말라는 것이지, 술을 금지한 것이 아니며, 술이 아닌 사탄을 회피하라는 구절이라는 등의 이유를 들어 술에 대한 금지 구절이 아니라고 보았다("Alcohol in the Qur'an"). 그러나 위의 구절들은 술과 도박, 우상숭배와 점술을 금지하고 있으며(Peters 2005, 64), 특히 '무서운, 끔찍한'이란 용어는 코란이 극도로 저속하거나 사악한 행위를 언급할 때 사용하는 용어("The lawful and prohibited in Islam", 1-2)라는 견해 또한 있다.

56 위의 코란 구절들이 '하람'을 가리키고 있는지에 대한 논쟁이 있을 뿐만 아니라 많은 순나가 생산되었다는 점을 볼 때, 필자는 위의 코란 구절들이 술에 대한 명확한 '하람'을 명시했다고 보기에는 강도가 부족하다고 생각된다.

57 Hallaq 2009, 36.

---

2) 순나의 금주 근거와 법 제정 논리

통치자들과 이슬람 법학자들은 샤리아의 제1법원인 코란에서 음주의 명확한 금지와 처벌을 발견하지 못하자, 순나에서 그 근거와 논리를 탐구하기 시작했다.[58] 이처럼 무슬림들은 자신들의 규범 제정을 위해 예언자 무함마드의 언행과 결정사항을 수집해, 그것을 전승과정별로 분류하여 법원으로 활용하고 있다. 순나로부터 도출된 규범은 코란에서 도출된 규범과 마찬가지로 모든 무슬림들이 반드시지켜야 하는 의무 사항이다.[59]

이슬람세계의 6개 공인 하디스인 6서에는 '술'과 관련된 구절들이 190여 개에 달하고 있다.[60] 한편, 방대한 하디스 구절들을 효과적으로 이해하기 위해 이들을 '술의 의미와 종류, 금주법 제정 과정, 처벌'

---

58 샤리아는 사회와 환경의 변화와 필요에 따라 입안-입법예고-심의-의결-공포와 같은 입법절차를 거쳐 새로운 법을 만드는 실정법과 달리 하나님의 계시로부터 기원하고 있다. 샤리아는 기본 논리와 법칙이 변하지 않는 영원한 것이며 보편적이고 유연한 법칙이므로, 사회와 환경의 변화와 필요에 따라 법학자들이 원전의 포괄적인 판결을 해석하고 적용하게 된다. 이때 규범을 만드는 샤리아 법원은 코란, 순나, 합의, 유추의 순이다. 즉 어떤 사안이 발생했을 때 먼저 코란에서 찾아본 후 코란에서 발견되면 그대로 집행하며, 코란에서 규범을 발견하지 못하면 순나에서 찾아본다. 이 경우, 규범을 찾게 되면 그대로 집행하며, 순나에서 규범을 발견하지 못하면 합의, 유추 순으로 같은 방법이 진행된다(이원삼 2002, 30-31, 59-60).

59 이원삼 2002, 74.

60 하디스 6서를 다루고 있는 웹사이트(http://sunnah.com/)에 '술'이라는 키워드를 입력하여 도출된 구절들을 번역하고 정리하였다. 부카리본에는 31개, 무슬림본에는 38개, 나사이본에는 54개, 아부 다우드본에는 34개, 티르미디본에는 17개, 이븐 마자본에는 22개의 '술' 관련 구절들이 발견되었다.

에 대한 규정들로 분류하여 정리하였다.[61]

이렇게 분류한 구절들은 법 규범 측면에서 본 코란과 순나의 관계, 즉 순나가 코란에서 제시한 규범을 확인하는 경우인지, 코란에서 제시한 규범을 해설하고 제약하고 한정하는 경우인지, 코란이 제시하지 않은 규범을 순나가 제정하는 경우인지[62]를 바탕으로 분석하였다.

(1) 술의 의미와 종류

예언자 무함마드는 술의 의미를 '취하게 하는 모든 것'[63]이라고 정의했으며, 칼리파 우마르(634-644 재위)는 '이성을 빼앗는 것'이라고 정의했다. 따라서 취하게 하거나 이성을 빼앗는 모든 것은 양이 많든 적든 하람이며, 그 어떤 이름으로 불리건 하람이다.[64] 또한 그것의 재료

---

61 '술'에 대한 하디스 구절들을 구체적으로 분류하고 정리한 선행연구는 국내·외를 통틀어 전무하며, 따라서 관련 내용을 보다 효과적이고 명료하게 정리하기 위해 임의대로 항목을 정하고 정리하였다. 한편, 총 190여 개의 구절들 중 많은 부분은 전승자들만 다를 뿐 그 내용이 동일하거나 매우 유사한 것이 많이 있다. 중복된 구절에 대해서는 하나의 구절만 제시하고 출처는 공동으로 제시하였다. 또한 술에 관한 언급을 포함하고 있다고 하더라도 이 글의 논지와 다를 경우 생략하였다.

62 이원삼, 2002, 77-78.

63 이슬람이 술을 금지하게 된 배경에는 전쟁 전야에 일부 병사들이 술에 취해 곤드라진 채 발견되었다거나 무함마드의 삼촌이었던 함자의 만취와 예언자를 향한 실언 때문이라고 알려져 있는데, 가장 중요한 것은 술로 인한 이성의 상실이라고 할 수 있다(엄익란 2011, 58-59).

64 이러한 원칙에 의거해서 마리화나, 코카인, 아편 같은 마약은 금지된 술의 범주에 포함된다. 왜냐하면 이러한 것들은 이성과 판단력을 마비시키기 때문이다(유숩 카르다위 2012, 93-94). 이러한 물질들을 복용하는 것은 '취하든 취하지 않든' 범죄로서 처벌을 받지만, 그 처벌이 핫드형인지 타으지르형인지를 구분 짓는 중요한 요소는 '취하느냐 취하지 않느냐.'

가 무엇이건(수수, 포도, 대추야자, 꿀, 밀, 보리, 포도 시럽, 건포도) 취하게 하는 것이면 모두 술이고 하람이며, 하물며 술을 짜고 남은 찌꺼기조차도 하람이다. 특히 술이 약의 용도로 사용되는[65] 것조차도 "그것은 약이 아니라 질병이다."라는 말로 일말의 여지도 남겨두지 않았다.

"취하게 하는 모든 것은 술이며 취하게 하는 모든 것은 하람이다."(무슬림본 2003b, 나사이본 5584 · 5586 · 5699 · 5582 · 5585 · 5700 · 5583)

"예언자가 술과 마이시르(도박)와 쿠바[66]와 수수로 만든 술을 금지하면서 말하길 '취하게 하는 모든 것은 술이다.'"(아부 다우드본 3685)

"한 남자가 이븐 우마르에게 와서 '우리 가족이 밤에 술을 만들었고, 아침에 그것을 마셨습니다.'라고 말하자, 예언자가 말하기를, '나는 양이 적든 많든 취하게 하는 것을 금지했다. 그리고 알라께 맹세코 양이 적든 많든

이다(29, ابو المجد أحمد حرك).

65 초기 문명들은 발효 음료를 생산했으며, 중국과 메소포타미아, 그리고 이집트에서는 이러한 음료들이 한방약을 관리하기 위해 사용되기도 하였다. 그리스에서는 약초에 술을 섞는 관행이 히포크라테스 이전에 시작되었으며, 중국에서는 기원전 9세기에 증류 과정이 발견되었다. 중동에서는 8세기와 9세기에 증류술이 발달해 술을 농축해 마취제로 사용하기도 하였다("The importance of alcohol in medicine").

66 사전에는 '술잔, 붉은 색 심장 모양이 그려져 있는 트럼프 패의 하나, 우드와 유사한 악기' 등의 의미가 제시되어 있는데, 여기서는 '악기'라는 의미로 사용되었다. 결국 예언자는 음악을 금지하였는데, 음악은 쾌락적인 생활과 사치에 대한 취미와 결부되었고, 여자들이 참가하고 춤이 가미되었으며, 거기에 술까지 등장함으로써 경박함과 감각주의를 의미하는 것처럼 인식되었기 때문이다(김호동 역 2003, 256).

취하게 하는 것을 금지했다. 알라께 맹세코 카이바르[67]의 백성들은 이런 저런 것으로 술을 만들었고 이런 저런 이름을 붙였지만, 그것은 술이다. 파닥[68]의 백성들도 이런 저런 것으로 술을 만들어 이런 저런 이름을 붙였지만 그것은 술이다.'"(나사이본 5581 · 5658)

"예언자께서 설교를 하면서 술에 대한 구절을 인용하였는데, 한 남자가 '예언자여, 미즈르에 관해 어떻게 생각하시나요?'라고 물었다. '미즈르가 무엇인가?'라고 예언자가 묻자, 그가 '예멘에서 생산되는 곡식입니다.'라고 말하자, '취하는 것인가?'라고 예언자가 물었고, 그가 '그렇습니다.'라고 대답했다. 그러자 예언자가 '취하게 하는 모든 것은 하람이다.'라고 말했다."(나사이본 5605)

"내 움마의 어떤 무리는 낮이나 밤이나 다른 이름으로 부르는 술을 마시고 있다."(이븐 마자본 3509 · 3510)

"우마르가 말하길, '여러분 술에 대한 금지가 계시되었습니다. 술은 포도,

---

67 카이바르는 사우디아라비아 메디나에서 북쪽으로 약 95마일 정도 떨어진 오아시스의 이름으로, 원래 유대인 집단 거주지였으나 무함마드에 의해 628년 아랍지역으로 복속된 곳이다.
68 사우디아라비아 메디나에서 약 30킬로미터 떨어져 있으며, 무함마드가 카이바르 전투에서 유대인들에게 승리하면서 전리품으로 받은 오아시스 도시이다.

대추야자, 꿀, 밀과 보리의 5가지로부터 만들어집니다. 술은 이성을 빼앗는 것입니다.'"(나사이본 5578, 아부 다우드본 3669)

"술은 포도 시럽, 건포도, 대추야자, 밀, 보리, 수수로부터 만들어지며, 나는 너희들에게 취하게 하는 모든 것을 금지시켰다."(아부 다우드본 3677)

"술의 찌꺼기에도 취하게 하는 것이 있다."(나사이본 5745)

"그것은 깨끗함이 사라지고 걱정과 슬픔이 남기 때문에 술이라 불려졌다. 알라께서는 술 찌꺼기를 짜서 만든 모든 것을 싫어하신다."(나사이본 5746)

"수와이드 빈 타리크가 예언자에게 술에 관해 묻자, 예언자는 그것을 금지하였다. 그래서 그가 '우리는 그것을 약으로 사용합니다.'라고 하자, 예언자는 '그것은 약이 아니라 질병이다.'라고 말했다."(무슬림본 1984, 티르미디본 2182, 아부 다우드본 3873)

'취하게 하는 모든 것은 술'이라는 의미와 함께 하디스에는 술의 종류 또는 재료들에 대한 언급들이 등장하고 있다. 건포도, 대추야자, 밀, 보리, 꿀, 포도, 덜 익은 대추야자, 마른 대추야자, 익은 대추야자,

신선한 대추야자와 같이 술을 만들 수 있는 여러 가지의 과일들과 곡물들 또는 재료들을 구체적으로 언급하고 있다. 술과 같은 과정을 통해 생산되는 식초에 대해서는 하디스의 여러 구절에서 할랄 식품으로 규정하고 있다.[69] 그러나 술을 식초로 사용한다거나 술을 이용해 식초를 만드는 것은 금지하고 있다. 결국 어떠한 재료들을 이용하든 알코올이 조금이라도 함유된 발효 음료는 그 이름이 무엇이든 하람이다.

"예언자께서 말씀하시길 '건포도와 대추야자는 술이다.'"(나사이본 5546)

"술은 대추야자, 밀, 보리, 꿀, 포도의 다섯 가지로부터 만들어진다."(나사이본 5580 · 5579)

"덜 익은 대추야자와 마른 대추야자를 마시는 것이 금지되었을 때 술은 금지되었다."(나사이본 5543)

"술은 두 나무, 대추야자 나무와 포도 나무로부터 나온다."(무슬림본 1985a · b · c, 나사이본 5573 · 5572, 이븐 마자본 3503, 티르미디본 1875, 아부 다우드

---

69 "식초는 매우 훌륭한 양념이다."(티르미디본 1839), "먹으십시오. 식초는 매우 훌륭한 양념입니다."(나사이본 3796), "가장 훌륭한 양념은 식초이다."(무슬림본 2051a) 등("The Blessings of Vinegar, (the Seasoning of Prophets) and health benefits").

"아나스 빈 말리크가 전하길, '예언자께서 갓 딴 신선한 대추야자와 덜 익은 대추야자를 혼합해서 마시는 것을 금지하셨다. 그것은 술이 금지될 당시 가장 일반적인 술이었기 때문이었다.'"(무슬림본 1981)

"내가(아나스 빈 말리크) 아부 딸하, 아부 두자나, 아부 수하일 빈 알바이다에게 덜 익은 대추야자와 익은 대추야자를 섞은 술을 대접하고 있었는데, 그때 술이 금지되었다. 나는 그들에게 술을 대접하는 사람이고 가장 나이가 어렸지만 그것을 던져버렸다. 그때 우리는 그것을 술이라고 생각했다."(부카리본 5600)

"예언자에게 '술이 식초로 사용될 수 있습니까?'라고 묻자 '안 됩니다.'라고 대답하셨다."(티르미디본 1294)

"예언자가 식초를 만드는 술에 관해 질문을 받았을 때 '안 됩니다.'라고 말했다."(무슬림본 1983)

"아부 사이드가 말하길, '우리는 고아에게 속한 술을 가지고 있습니다.' 코란 제4장이 계시되었을 때 예언자에게 '그것은 고아에게 속한 것입니다.'

라고 말하자, 예언자는 '그것을 쏟아버려라.'라고 말했다 … 또한 '일부 지식인들도 식초를 만들기 위해 술을 이용하는 것을 좋아하지 않으며, 그들이 싫어하는 유일한 것은 무슬림들이 식초가 될 때까지 술을 집에 두는 것이다.'라고 말했다."(티르미디본 1263)

"파이루즈(압둘라 알다이라니의 아버지)가 예언자에게 와서 '우리는 포도밭의 주인들인데, 알라께서 술을 금지하는 계시를 내리셨습니다. 우리는 무엇을 만들까요?'라고 말하자 예언자가 '그것으로 건포도를 만드세요.'라고 말했다. '그럼 건포도로 무엇을 만들까요?'라고 묻자, 예언자가 '그것을 점심때 (물에) 담구었다가 저녁에 마시고, 저녁에 담구었다가 아침에 마시세요.'라고 말했다. '그럼 그것이 더 강해질 때까지 늦추지 않아야 하나요?'라고 묻자 예언자가 '그것을 항아리에다 넣지 말고, 가죽 부대에다가 넣으세요. 늦추어지면 식초가 된답니다.'라고 말했다."(나사이본 5735)

"내가 이브라힘에게 '술 찌꺼기나 틸라으[70]를 깨끗이 씻은 뒤 그 속에 건포도를 3일 동안 담가 두었다가, 걸러서 숙성될 때까지 두었다가 마셨다.'고 말하자, 그가 말하길 '그것은 마크루흐(권장되지 않는 사항)이다.'"(나

---

70 페인트; 화장품; 요리된 포도주스, 진한 포도주스.

사이본 5749)

"사람들이 이븐 압바스에게 술의 판매·구매·거래에 관해 물었다. 그러자 이븐 압바스가 그들에게 '무슬림인가요?'라고 물었고, 그들이 '그렇습니다.'라고 대답했다. 그러자 그가 '그렇다면 그것의 판매·구매·거래는 허용되지 않습니다.'라고 말했다. 그러자 그들이 포도주에 관해 묻자 그는 '예언자가 여행을 나갔다가 돌아왔고 예언자의 동료들이 녹색 항아리, 속이 빈 나무그릇, 박에다 포도주를 준비했다. 예언자는 그것을 쏟아버리라고 명령했고, 그들은 그렇게 했다. 예언자는 물을 담는 가죽 부대에 포도주와 물을 담으라고 명령했다. 그것은 밤에 준비가 되었고, 아침이 되자 그것을 마셨고, 그날도 그 다음날도 3일째 되는 날까지 그것을 마셨다. 그리고 아침이 되자 남아 있는 것을 쏟아버리라고 명령했다.'고 말했다."(무슬림본 2004e)

"내가(아나스 빈 말리크) 가장 어려서 우리 부족의 아저씨들에게 술을 대접하고 있었는데, 한 남자가 와서 술이 금지되었다고 말하자, 그들이 '아나스, 그것을 쏟아버리게.'라고 말해 그것을 쏟아버렸다. 술라이만 타이미가 말하길, '내가 아나스에게 그것이 무엇인가?'라고 물었고, 그가 '그것은 덜 익은 대추야자와 익은 대추야자로 만든 것입니다.'라고 말했다. 아부바크르 빈 아나스는 '그것이 그 당시 그들의 술입니다.'라고 말했다."(무

슬림본 1980c · b, 나사이본 5542)

"우리가 틸라으에 관해 토론을 하고 있었는데, 압두라흐만 이븐 가남이 와서는 아부 알말리크 알아셔아리에게서 들었는데 예언자가, '나의 움마 사람들 중에 다른 이름으로 부르면서 술을 마시는 사람들이 있다.'고 말하였다."(아부 다우드본 3688 · 3689)

이상에서 본 '술의 의미와 종류'에 관한 하디스 구절들은 코란과 순나의 관계 중 두 번째 경우(순나가 코란에서 제시한 규범을 해설하고 제약하고 한정하는 경우)에 해당된다. 앞에서 제시한 코란 구절에서는 '술'이라는 이름만 언급했지, 그 의미와 종류에 대해서는 아무런 설명도 하지 않았다. 이처럼 순나에서 해설과 제약과 한정을 하는 것은 코란에서 제시한 규범의 의도를 설명하기 위한 것이다. 왜냐하면 예언자 무함마드는 설명의 권한을 부여받았기 때문이다.[71] 따라서 순나에서는 술을 '많든 적든, 이름이 무엇이든, 재료가 무엇이든 취하게 하는 모든 것'이라고 규정했다.

---

71 이에 대한 근거로는 코란 제16장 44절("우리(하나님)는 인간들에게 내려진 것들을 그들에게 잘 설명하기 위해 너에게 훈계를 내리니라.")에 나타나 있다(이원삼 2002, 77).

(2) 금주법의 제정 과정

이슬람 초기의 음주 문화는 사회적 현상으로 자리 잡고 있었으며, 이를 일거에 금지하고 퇴출시키는 것은 거의 불가능한 일이었다. 이러한 상황으로 인해 코란의 술 관련 구절들은 점진적으로 계시되었으며, 예언자의 순나 또한 일정한 단계를 거칠 수밖에 없었을 것이라는 가설하에 금주법 제정 과정을 '경고 및 약속 → 계시 및 선전 → 법 제정 선언과 실천 명령'으로 분류하였다.[72] 특히 이 과정은 코란 구절과 밀접한 관련이 있어 보이며, 순나가 코란의 구절을 구체화하는 과정으로 볼 수 있다.

① 술의 해악 언급과 금주의 충고, 천국의 약속과 지옥의 위협을 통해 경고와 약속을 병행하였다. 이 과정은 '금주법의 제1단계'로서, 사회에 만연하고 있는 음주 문화와 관습을 약화시키기 위한 비난, 충고, 경고, 약속 등의 내용을 포함하고 있다. 제1단계의 하디스 구절들은 코란의 음주 관련 구절들을 구체적으로 설명하거나 예시하는 내용들이라 할 수 있다. 술의 해악에 대한 언급들은 코란 제2장 219절의 '술

---

72 하디스의 음주 관련 구절들은 상황과 순서에 대한 언급과 정보가 나타나 있지 않다. 음주에 대한 불승인은 최종적인 금지를 이끌어내기 위한 예비 준비 과정(경고와 최종적인 법 제정 선언)을 거쳐서 시행되었다(엄남호 2000, 56)는 언급을 바탕으로, 금주법이 제정되는 과정을 3단계로 설정하였다. 관련 구절들을 명확히 구별하는 것이 쉽지 않지만 최대한 근접된 범주로 분류하였다.

의 해악'과 제5장 90절-91절의 '사탄의 행위'를 구체적으로 제시하고 있다. 즉 술은 모든 악의 모체이며 열쇠이고, 우상숭배나 도박과 같이 사탄이 하는 행위로써 움마를 타락하게 만드는 것이다.

"칼리파 우쓰만(644-656 재위)이 말하길, '술을 피하라. 왜냐하면 술은 모든 악의 모체이기 때문이다. … (한 남자가 술을 마시고 사악한 여성과 관계를 갖고 소년을 살해하였다.) … 그러니 술을 피하라. 신앙과 술은 공존할 수 없다.'"(나사이본 5666 · 5667)

"그가 말하기를, '내가 안싸르와 무하지룬[73]이 모여 있는 곳에 왔더니, 그들이 말하기를, '이리 오게. 우리가 자네에게 술을 주겠네.' 그때는 술이 금지되기 전이었다. 나는 정원에 있는 그들에게 갔는데, 그곳에는 구운 낙타 머리와 술이 담겨 있는 가죽 부대가 있었다. 나는 그들과 함께 먹고 마셨고, 안싸르와 무하지룬 간에 논쟁이 벌어지고 있었다. 그래서 나는 '무하지룬이 안싸르보다 더 나은 것 같다.'라고 하자 한 사람이 낙타 머리의 한 부분을 들고 내 코를 쳤다. 그래서 예언자에게 가서 그 상황을 말하니 알라께서 술에 관한 계시를 내리셨다. '술과 도박과 우상들과 아즐람[74]

---

73 안싸르는 히즈라(622) 이후 메디나에서 예언자 무함마드와 이슬람을 지지한 집단을 말하며, 무하지룬은 히즈라 때 예언자와 함께 메디나로 이주했던 이슬람 신자들이다. 메디나의 이슬람공동체 움마는 안싸르와 무하지룬의 연합체였다.
74 점을 치기 위해 사용하는 머리와 깃털이 없는 화살.

은 사탄이 하는 더러운 행위들이다.'"(무슬림본 1748c)

"아부 다르다가 전하길, 예언자가 충고하기를 '술을 마시지 마라. 그것은 모든 악의 열쇠이기 때문이다.'"(이븐 마자본 3496 · 4034)

"술을 조심하라. 그것의 죄가 다른 죄들을 압도하기 때문이다. 그것의 나무(포도나무)가 다른 나무들을 압도하는 것과 같다."(이븐 마자본 3497)

"술에 중독된 자는 우상을 숭배하는 자와 같다."(이븐 마자본 3500)

"예언자가 이스라으[75]의 밤에 예루살렘에서 두 개의 잔을 받았는데, 한 잔에는 술이, 다른 잔에는 우유가 들어 있었다. 예언자가 두 개의 잔을 바라보고는 우유가 들어 있는 잔을 들자, 가브리엘 천사가 말하길, '올바른 천성으로 인도하신 알라를 찬양하라. 네가 술잔을 집었다면 너의 움마는 타락했을 것이다.'"(부카리본 3394 · 3437 · 3888 · 5576 · 5610, 무슬림본 168b · 168, 나사이본 5676)

---

75 이슬람 전승에 의하면 예언자 무함마드가 이슬람력 7월(라잡) 16-17일 밤에 천마 부라크를 타고 메카의 하람성원에서 '가장 먼 곳의 모스크'라는 뜻을 가진 예루살렘의 아끄싸사원으로 밤하늘을 여행하였다. 이 밤 여행을 '이스라으'라고 하며, 아끄싸사원에서 7층 하늘을 승천한 것을 '미으라즈'라고 한다. '미으라즈'는 '사다리'라는 뜻이다.

따라서 '술은 악의 모체이고, 사탄의 행위'이므로 예배를 할 때는 술을 피해야 한다. 이러한 내용들은 코란 제4장 43절의 구절을 반복하거나 그에 대한 신앙과 내세의 처벌을 언급하고 있다. 즉 술을 마신 사람이 예배를 할 경우 40일 동안 그의 기도가 수용되지 않으며, 이를 반복할 경우 지옥의 술을 먹여 사리분별을 못하게 만들거나 지옥에 가게 된다.

"알리 빈 아비 딸립이 말하길, '안싸르의 한 사람이 술이 금지되기 전에 그와 압두라흐만 빈 아우프를 초대했는데, 알리가 마그립 예배에서 그들을 인도하면서 '불신자들이여, 말하라.'고 말했고 그것이 그를 당황스럽게 만들었다. 그래서 '네가 말하는 것을 이해할 때까지 술 취한 상태에서 예배에 접근하지 말라.'는 계시가 내려왔다."(아부 다우드본 3671)

"믿는 이들이여, 술에 취해 예배에 접근하지 마시오. 술과 도박에 관해 당신에게 묻거든, 그 두 가지에는 커다란 죄와 사람들을 위한 이로움이 있다고 말하시오."(아부 다우드본 3672)

"중독성이 있는 모든 것은 술이며, 취하게 하는 모든 것은 하람이다. 술을 취하게 마신 사람은 그의 예배가 40번의 아침 동안 무시된다. 그가 회개를 하면 알라께서 그의 회개를 받아주신다. 그가 네 번 반복을 하면 알라께서 진실로 그를 카발[76]의 진흙으로 된 술을 먹일 것이다. '예언자여, 카발의 진흙이 무엇입니까?'라는 질문을 받자, 예언자가 '그것은 불의 백성들(지옥 거주자)의 고름이며, 그것을 조금이라도 먹은 사람은 하람과 할랄을 알지 못하게 된다. 알라께서는 진실로 카발의 진흙을 그에게 먹일 것이다.'"(나사이본 5670, 아부 다우드본 3680, 이븐 마자본 3502, 티르미디본 1862)

"술을 마신 사람은 그가 취하지 않았다고 하더라도 배와 정맥에 그 중 조금이라도 남아 있는 한 그의 예배는 받아들여지지 않고, 그가 죽었다면 불신자로 죽게 된다. 그가 중독되었다면 그의 기도는 40밤 동안 받아들여지지 않으며, 그 사이에 죽으면 그는 불신자로 죽게 된다."(나사이본 5664 · 5665 · 5668 · 5669)

한편 코란 제47장 15절의 '천국에 있는 술의 강'에 대한 언급은 현세의 금주자에 대한 천국의 약속과 더불어 음주자에 대한 지옥의 위협으로 구체화되어 나타나고 있다. 천국에는 '술의 바다'가 있지만 술을 마시거나 중독된 사람은 천국에 들어갈 수도, 천국의 술을 마실 수도 없다. 뿐만 아니라 멸망한 유대인들처럼 될 것이며, 저주를 받아 원숭이나 돼지로 변형되거나 50명의 여자들을 부양하게 된다.

---

76 혼란, 무질서; 정신 이상.

"천국에는 물의 바다가 있고, 꿀의 바다가 있고, 우유의 바다가 있고, 술의 바다가 있다."(티르미디본 2771)

"부활의 날에 알라께서 바라보지 않는 세 사람이 있는데, 그들은 부모에게 불복종하는 사람, 남자같이 행동하는 여자, 바람 피우는 사람이다. 그리고 천국에 들어가지 못하는 세 사람이 있는데, 그들은 부모에게 불복종하는 사람, 술에 중독된 사람, 자신이 주었던 것의 혜택을 입는 자들이다." (나사이본 2562)

"그의 이익을 챙기거나 부모에게 복종하지 않거나 술을 마시는 사람은 어느 누구도 천국에 들어갈 수 없다."(나사이본 5672)

"술에 중독된 자는 천국에 들어가지 못한다."(이븐 마자본 3501)

"취하게 하는 모든 것은 술이며, 취하게 하는 모든 것은 하람이다. 이 세상에서 술을 마신 사람이 회개하지 않고 죽게 되면 저 세상에서는 술을 마시지 못하게 된다."(무슬림본 2003a · 2003f · 2003g, 나사이본 5671 · 5673, 아부 다우드본 3679, 티르미디본 1861, 이븐 마자본 3498 · 3499)

"알라께서 술을 금지하셨고 그것에 대한 보상을 주셨으며, 죽은 고기를 금하셨고 그것에 대한 보상을 주셨으며, 돼지고기를 금하셨고 그것에 대한 보상을 주셨다."(이븐 다우드본 3485)

"정복의 해에 자비르 빈 압둘라가 메카에 있을 때 예언자가 '하나님과 예언자가 술의 판매와 죽은 고기와 돼지고기와 우상들을 금지하였다.'라고 말하는 소리를 들었다. '예언자여, 당신은 죽은 고기의 지방으로 배에 코팅을 하고 가죽에 윤을 내고 사람들이 그것으로 불을 밝힌다는 것을 아시나요?'라는 질문을 받은 예언자는 '안 됩니다. 그것은 하람입니다. 알라께서 유대인들을 살해하였습니다. 알라께서 죽은 고기의 지방을 금지했는데, 그것을 녹이고 그것을 팔고 그 대가를 먹는 유대인들을 멸망시켰습니다.'라고 말했다."(부카리본 2236, 나사이본 4256, 이븐 마자본 2251 티르미디본 1297, 아부 다우드본 3486)

"술은 열 가지 측면에서 즉, 술 자체, 술을 짜는 사람, 짠 것을 취하는 사람, 파는 사람, 파는 것을 취하는 사람, 운반하는 사람, 운반하는 것을 취하는 사람, 술을 팔아 돈을 버는 사람, 술을 먹는 사람, 술을 대접하는 사람은 저주를 받았다."(이븐 마자본 3505 · 3506, 티르미디본 1295, 아부 다우드본 3674)

"최후의 시간에 대한 징후로는, 지식이 소멸하고 무지가 판을 치며, 성의 윤리가 타락하며, 주류 소비가 많아지며, 남성의 숫자는 줄어들고 여성

순나는 술을 그 종류나 이름이 무엇이든 많든 적든 취하게 하는 모든 것으로 규정하였으며, 음주자에 대해서는 대체로 40대에서 80대의 채찍형을 집행했다. (사진: 호텔바, 오만 무스카트)

의 숫자가 늘어나면서 한 남자가 50명의 여성을 보살피게 된다."(부카리본 80·5231·6808, 무슬림본 2671a·b, 이븐 마자본 4181, 티르미디본 2365)

"그는(아부 아미르 또는 아부 알말리크 알아셔아리) 예언자께서 '나의 움마에는 간음, 비단, 술, 음악 연주를 허락된 것으로 생각하는 사람들이 있습니다. 그들이 산 기슭에 머물러 쉬고 있을 때 길을 잃은 사람, 가난한 사람이 그들에게 와서 무엇인가를 요청하면 내일 오라고 말하는 사람들이 있습니다. 알라께서는 그들을 멸망시키고 산을 그들 위에 떨어지게 할 것입니다. 또한 알라께서는 그들을 부활의 날까지 원숭이나 돼지로 변형시킬 것입니다.'라고 말했다."(부카리본 5590)

"내 움마의 사람들이 다른 이름으로 부르는 술을 마시고, 악기들과 무희들이 그들의 머리 위로 연주된다. 알라께서 그들을 땅속으로 가라앉히고, 그들을 원숭이와 돼지로 만들 것이다."(이븐 마자본 4156)

"술에 중독되어 죽은 이는 이 세상을 떠났을 때 그의 얼굴에 끓는 물이 뿌려질 것이다."(나사이본 5675)

② 연설 및 설교[77], 소문[78] 등을 통해 음주에 대한 금지가 계시되었다는 것을 선전 · 홍보 · 계도하였다. 이 과정은 '금주법의 제2 단계'로서, 예언자의 직접적인 선언이 아닌 교우들의 연설이나 설교, 소문을

---

77 이슬람 이전 시대에는 부족의 방어와 자랑을 위해, 또는 종교적 · 도덕적 훈계나 충고를 위해 대중 집회나 장터, 결혼식장에서 연설이 행해졌다. 이슬람 이후에는 연설이나 설교가 이슬람 선교나 성전을 독려하는 수단으로써 금요예배, 축제, 순례 시에 주로 행해졌다(송경숙 외 1992, 33, 75).
78 소문(또는 가십)은 정보 전달의 기능, 재미로서의 유희 기능뿐만 아니라 영향력을 행사하는 기능이 있다. 소문은 공동체 내에서 자기들과 다른 방식으로 행동을 하는 사람들이나 자기들과 행동을 함께하려 하지 않는 사람들을 비판함으로써 집단이 공유하고 있는 규범을 인식시킨다. 이러한 과정을 통해 어떤 행위가 좋고 나쁜가를 깨닫게 만들어 개인의 집단 규범에의 동조를 강화하며, 그룹에 속한 내부인과 속하지 않은 외부인을 가르는 사회적 경계를 설정하는 도구가 되기도 한다("소문의 사회학").

통해 금주의 계시가 내려졌음을 선전하고 홍보하였다. 이러한 과정은 일반적인 법 제정 절차에서 법의 공포 기간에 해당하는 홍보 및 계도 기간이라 볼 수 있다. 이러한 구절들에는 금주 계시에 대한 언급은 있지만 그에 대한 처벌이 없다는 점이 특징이다.

"말리크가 말하길, '술이 금지되었을 때 내가 아부 딸하의 집에서 사람들에게 술을 대접하고 있었는데, 한 남자가 들어와서는 말하길, '술이 금지되었다고 무함마드의 사자가 선언했습니다.' 그래서 우리가 말하길, '이 사람이 바로 사도의 사자이군요.'"(아부 다우드본 3673)

"내가(아나스 빈 말리크) 아부 우바이다, 아부 딸하, 우바이 빈 카웁에게 설익은 대추야자와 갓 딴 신선한 대추야자로 만든 술을 대접하고 있을 때, 한 방문객이 들어와서는 '술이 금지되었습니다.'라고 말했다. 그러자 아부 딸하가 나에게 '일어나서 그것을 쏟아버리게.'라고 말했고, 나는 그것을 쏟아버렸다."(부카리본 5582 · 7253, 무슬림본 1980a)

"메카를 점령한 그 해(630년)에 메카에 있었던 자비르 빈 압둘라는 알라와 그의 사도가 술을 금지하셨다는 소식을 들었다."(부카리본 4296)

"아부 사이드 알쿠드리는 메디나에서 예언자가 연설하는 것을 들었다:

'알라께서 술에 대한 암시를 주셨고, 그것에 대한 명령을 계시할 것입니다. 그러니 그것을 가지고 있는 사람은 팔아서 이익을 취하십시오.' 전언자인 알쿠드리는 말하길 우리는 기다렸고, 예언자가 '전지전능하신 알라께서 술을 금지하셨습니다. 술을 가지고 있는 사람은 마셔도 안 되고 팔아서도 안 됩니다.'라고 말씀하였다. 전언자는 사람들이 메디나 거리로 술을 가지고 나와서는 모두 쏟아버렸다고 말했다."(무슬림본 1578)

"우마르가 예언자의 설교단에서 설교를 하기를, '술에 대한 금지 명령이 계시되었습니다. 술은 포도, 대추야자, 밀, 보리, 술의 다섯 가지로부터 만들어집니다. 술은 이성을 꼼짝 못하게 하는 것입니다.'"(부카리본 5588)

③ 최종적인 법 제정을 선언하고 법 준수와 실천을 명령하였다.

이 과정은 '금주법의 제3단계'로서, 예언자의 직접적인 선언을 통해 음주는 물론 술의 거래와 술자리에 동참하는 것도 금지하였다. 술을 쏟아버리거나 항아리를 깨부숨으로써 직접적인 실천을 강조하였으며, 금주법을 준수하지 않은 이에게는 무슬림 자격을 박탈하였다.

"제2장 마지막 구절이 계시되었을 때 예언자께서 말씀하시길, '술의 거래는 금지되었다.'"(무슬림본 1580b, 부카리본 2226, 나사이본 4665, 이븐 마자본 3507, 아부 다우드본 3490)

"술은 적든 많든 금지되었으며, 취하게 하는 모든 음료는 술이다."(나사이 본 5683 · 5684 · 5685 · 5701 · 5686)

"예언자는 두 종류의 식사를 금지하였는데, 첫 번째는 술을 먹는 식탁에 앉아 있는 것이며, 두 번째는 배를 깔고 누워서 먹는 것이다."(아부 다우드 본 3774)

"알라와 최후의 날을 믿는 이는 이자르[79] 없이는 함맘(대중목욕탕)에 가지 말고, 알라와 최후의 날을 믿는 이는 부인을 함맘에 들여보내지 말며, 알라와 최후의 날을 믿는 이는 술이 돌려지는 식탁에 앉지 마라."(티르미디 본 3031)

"이븐 압바스가 말하길, '한 남자가 예언자에게 술이 들어 있는 작은 가죽부대를 주었는데, 예언자가 그에게 '알라께서 술을 금지하셨다는 것을 알고 있는가?'라고 묻자, 그가 '아닙니다.'라고 말하고는, 곁에 있는 한 사람에게 무엇인가를 속삭였다. 그래서 예언자가 그 사람에게 '무엇이라 속삭인 것인가?'라고 묻자, 그가 '그것을 판매하라고 명령했습니다.'라고 대답했다. 그러자 예언자가 '알라께서는 그것을 마시는 것을 금지하셨고, 파

---

79 덮개; 아랫도리 가리개; 성지순례 때 입는 바느질 되지 않은 큰 털수건.

는 것도 금지하셨네.'라고 하면서, 술 가죽 부대를 열어서 그 안에 든 것을 모두 쏟아버렸다."(무슬림본 1579a, 나사이본 4664)

"아부 딸가가 '예언자여, 제가 보호하고 있는 고아들에게서 술을 샀습니다.'라고 말하자, 예언자가 '술을 쏟아버리고, 주전자를 깨버려라.'라고 말했다."(티르미디본 1293)

"우리는 성서의 백성들과 이웃하고 살았는데, 그들은 솥에다가 돼지고기를 요리하고 그릇에다가 술을 마셨다. 예언자께서 말씀하시길, '다른 그릇들을 발견한다면 그곳에다 먹고 마셔라. 만일 다른 것을 발견하지 못한다면 그것을 물로 씻고 먹고 마셔라.'"(아부 다우드본 3839)

"간음자가 간음을 할 때 더 이상 신자가 아니며, 술을 마신 자는 술을 마실 때 신자가 아니며, 도둑이 도둑질을 할 때 더 이상 신자가 아니고, 강도는 사람들이 보고 있을 때 강도를 하면 신자가 아니다."(부카리본 2475 · 6772, 나사이본 4869 · 4870 · 4872 · 5659 · 4871 · 5660, 이븐 마자본 4071, 아부 다우드본 4486)

이상에서 본 '금주법의 제정 과정'에 관한 하디스 구절들은 코란과 순나의 관계 중 첫 번째 경우(순나가 코란에서 제시한 규범을 확인하는 경우)와 두 번째 경우(순나가 코란에서 제시한 것을 해설하고 제약하고 한정하는 경우), 세 번째 경우(코란이 제시하지 않은 규범을 순나가 제정하는 경우)의 포괄적 적용에 해당된다. 이를 좀 더 구체적으로 설명하면, 제1 단계 중 술의 해악에 대한 구절들은 코란 제2장 219절과 제5장 90-91절의 내용을 구체화하고, 예배에 관한 구절들은 제4장 43절의 내용을 반복하며, 천국의 약속과 지옥의 위협에 대한 구절들은 코란 제47장 15절의 내용을 구체화하고 있다는 점에서 순나가 코란의 규범을 확인하고 구체화하는 포괄적인 적용으로 볼 수 있다. 한편 제2 단계(계시 및 선전)와 제3단계(법 제정 선언과 실천 명령)는 코란의 관련 구절들에 구체적으로 명시되지 않았던 금주 계시나 실천 명령 등이 포함되어 있다는 점에서 코란과 순나의 관계 중 세 번째에 해당된다.

(3) 처벌

코란에 술과 음주 관련 행위에 대한 처벌이 명시되지 않음으로 인해 이후 칼리파들과 법학자들은 예언자의 순나에서 그 근거를 발견하려 노력하였으며, 상당히 많은 수의 관련 구절들이 수집되었다. 이를 좀 더 구체적으로 살펴보기 위해 예언자 시대의 처벌과 정통칼리파 시대(632-661)의 처벌로 세분하였다.

① 예언자 시대 : 음주와 그 처벌에 대한 예언자의 순나에는 다양한 내용들이 존재하고 있다. 아무런 처벌도 하지 않았으며, 얼굴에 흙

을 던지기도 했고, 어떤 경우에는 한 대만 때렸으며, 또 다른 경우에는 40대를 때렸다. 그리고 음주 행위를 3-4번 반복할 경우에는 사형에 처할 것을 명령하기도 하였지만, 그런 경우가 발생하자 음주자를 사형에 처하지 않고 채찍형에 처함으로써 음주에 대한 사형을 폐지하였다.

"예언자는 술에 대한 어떤 처벌도 규정하지 않았다. 이븐 압바스가 말하길, 한 남자가 술을 마시고 취해 길에 엎어져 있다가 예언자에게 끌려왔는데, 그가 이븐 압바스의 집 맞은편에 있을 때 도망을 쳐 이븐 압바스의 집으로 들어왔고, 이븐 압바스가 그를 붙잡았다. 그 이야기를 들은 예언자가 웃으면서 '그가 그랬단 말이지?'라고 물으시고는 아무런 명령도 하지 않았다."(아부 다우드본 4476)

"사도 무함마드는 술 마신 사람을 야자나무 가지와 샌들로 한 대 때렸고, 아부 바크르는 40대를 때렸다."(부카리본 6773 · 6776, 이븐 마자본 2667)

"예언자는 술 먹은 사람을 샌들과 대추나무 가지로 40대를 때렸다."(무슬림본 1706e)

"예언자가 두 개의 신발로 40번을 때리는 처벌을 시행하였는데, 전언자들

중의 한 사람인 미스아르가 말하길, '내가 생각하기로 그것은 술에 대한 것이다.'"(티르미디본 1442)

"예언자께서 말씀하시길, '사람들이 술을 마시면 그를 채찍으로 쳐라. 사람들이 다시 술을 마시면 채찍으로 쳐라. 또 다시 사람들이 술을 마시면 채찍으로 쳐라. 그래도 사람들이 술을 마시면 그들을 살해하라.'"(나사이본 5661, 이븐 마자본 2670, 티르미디본 1444, 아부 다우드본 4482)

"예언자는 '어떤 사람이 술을 마시면 그를 때려라. 그것을 반복하면 그를 때려라. 또 다시 그것을 반복하면 그를 때려라. 그가 3번이나 4번 그것을 반복하면 그를 살해하라.'고 말했다. 술을 마신 어떤 사람이 예언자에게 끌려왔고 그를 때렸다. 그가 다시 끌려오자 그를 때렸다. 그가 또 다시 끌려오자 그를 때렸다. 그가 또 다시 끌려오자 그를 때렸다. 음주에 대한 사형은 폐지되었고 루크사[80]가 허용되었다."(아부 다우드본 4485)

"나는(압두라흐만 이븐 아즈하르) 칼리드 빈 알와리드의 야영지를 찾는 사람들 사이에 있는 예언자를 보고 있었는데, 술에 취한 한 남자가 예언자에

---

80 '경감'이란 뜻이며, 하나님이 의무 이행자에게 어쩔 수 없는 특별상황일 경우 의무를 경감시켜주는 판단, 또는 어떤 근거로 인해 금지한 것에 대해 금지의 근거가 있으면서도 그것을 허용하게 된 것을 의미한다(이원삼 2002, 192).

게 끌려왔을 때, 예언자가 '그를 때려라.'라고 말했다. 그러자 어떤 이는 샌들로, 어떤 이는 지팡이로, 어떤 이는 대추야자 나무로 그를 때렸다. 그러자 예언자는 땅에서 흙을 집어서는 그의 얼굴에다 뿌렸다."(아부 다우드 본 4487)

② 정통칼리파 시대 : 정통칼리파들은 예언자의 순나를 따르거나 음주에 대한 처벌을 강화하기도 하였다. 제1대 정통칼리파인 아부바크르(632-634 재위)는 음주자에게 40대의 채찍형을 부과했으며, 2대 칼리파인 우마르는 집권 초기에는 40대를 말기에는 80대의 채찍형을 집행했다.[81] 3대 칼리파인 우쓰만도 칼리파 우마르와 같이 40대와 80대를 적용했으나, 4대 칼리파인 알리(656-661 재위)는 40대의 채찍형을 집행했다. 한편 우마르는 음주자를 추방하는 처벌을 집행했으나 그가 기독교로 개종하는 것을 보고 추방을 금지하였으며, 알리가 이전의 두 칼리파들보다 약한 40대의 형벌을 집행한 것은 금주가 예언자의 순나에 의해 핫드형이 확정되었다고 생각했기 때문이다.[82]

---

[81] 칼리파 우마르가 음주죄에 대한 처벌로 예언자가 했던 40대와 그의 배에 해당하는 80대를 적용한 것은 음주죄가 핫드형이 아니라 재판관에게 재량권이 부여된 타으지르형이라 여겼기 때문이다(29.1999, الرحمن الجزيري عبد).

[82] 음주 및 주류 생산 죄는 배교죄, 간통(간음)죄, 위증(중상모략)죄, 절도죄, 강도죄, 국가반역죄(흉폭한 불법 행위)와 더불어 코란에 행위와 처벌이 명백히 규정되어 있는 핫드형(고정형)으로 알려져 있다(최영길 1995, 165; 이원삼 2002, 54; 엄남호 2000, 15). 일반적으로 핫드형은 공공질서, 개인 재산, 성 질서, 개인의 명예를 보호하기 위함이다. 따라서 술을 금지하는 이유는 음주로 인한 범죄 행위 유발을 억제하고 무슬림의 정체성을 유지하게 한다

예언자 무함마드가 야자나무 가지와 샌들로 한 대를 때렸고, 아부바크르는 40대를 때렸다. 우마르와 사람들이 초원과 마을 가까이 왔을 때 예언자에게 '술 마신 사람을 때리는 것에 대해 어떻게 생각하십니까?'라고 묻자, '나는 당신이 가장 가벼운 처벌로 조정해주기를 바라네.'라고 하자 우마르는 80대를 때렸다."(무슬림본 1706a, 티르미디본 1443, 이븐 다우드본 4479)

"아나스 빈 말리크가 전하길, 술을 마신 사람이 예언자에게 끌려왔을 때, 예언자는 두 개의 대추야자 나뭇가지로 40대를 때렸다. 아부바크르도 그렇게 했는데, 우마르가 칼리파가 되었을 때 사람들과 상의를 한 뒤, 압두라흐만이 가장 가벼운 처벌이 80대라고 말하자, 우마르가 그렇게 하라고 명령했다."(무슬림본 1706a)

"예언자가 후나인에 있을 때 술을 먹은 사람이 끌려오자, 그의 얼굴에 흙을 뿌렸다. 그리고는 그의 동료들에게 샌들이나 손에 들고 있는 것으로 그를 때리라고 명령했다. 얼마 후 예언자는 '그만두게.'라고 말했고, 그들이 멈추었다. 예언자가 사망한 뒤 아부바크르는 술을 마신 이에게 40대를 때렸고, 우마르는 칼리파 초기에는 40대를 말기에는 80대를 때렸으며,

---

는 점에서는 공공질서의 보호이면서, 개인의 이성 상실을 막는다는 점에서는 개인의 명예를 보호하는 것(Peters 2005, 187)이기 때문이다(عبد الرحمن الجزيري 1999, 28).

우쓰만은 80대와 40대 둘 다를 적용했으며, 무아위야[83]는 80대를 확정했다."(아부 다우드본 4488)

"우마르가 술을 마신 라비아 빈 우마이야를 카이바르로 추방했고, 히르깔[84]에 합류해 기독교인이 되었다. 그러자 우마르가 그 이후에는 무슬림을 추방하지 않겠다고 말했다."(나사이본 5676)

"나는(후다인 빈 알문디르 아부 사산) 보았는데, 파즈르(새벽) 기도에서 두 번의 라크아[85]를 했던 왈리드가 우쓰만에게 불려갔는데, 왈리드가 '당신들을 위해 예배를 증가해서 했습니다.'라고 말하는 것을 보았다. 두 명의 남자가 그에게 불리한 증언을 했는데, 두 명 중 한 남자인 후므란은 '그는 술을 마셨습니다.'라고 했고, 두 번째 남자는 그가 구토하는 것을 보았다고 말했다. 그래서 우쓰만이 '그가 술을 마시지 않았다면 토하지 않았을 텐데.'라고 말하면서, '알리, 일어서서 그를 때려주게.'라고 말했다. 그러자 알리가 '하산, 일어서서 그를 때려주게'라고 말했고 … 그러자 하산

---

83 우마이야조(661-750)의 창시자로 약 20년간(661-680) 재위하면서 아랍인 우월주의 정책을 바탕으로 한 세습 군주제를 통해 아랍이슬람제국을 통합하려 노력하였다(네이버지식백과).

84 '헤라클레스'를 뜻하는데, 지브롤터해협에 우뚝 솟아 있는 바위산(헤라클레스의 기둥) 지역이다.

85 메카를 향하여 기도의 의향을 정하고 허리를 굽히고 엎드린 다음 다시 원래 서 있는 위치로 돌아오는 일련의 동작. 파즈르(새벽)예배 때는 2 라크아, 주흐르(정오), 아쓰르(오후), 이샤으(저녁)예배 때는 4 라크아, 마그립(해질 녘)예배 때는 3 라크아를 행한다.

이 '압둘라 빈 자으파라, 일어서서 그를 때려주게.'라고 말했다. 그래서 그가 때려주었고, 알리는 40까지 세고는 멈추게 했다. 그리고는 알리가 '예언자는 40대를 때렸고, 아부바크르는 40대를, 우마르는 80대를 때렸다. 모든 것이 순나인데, 나는 이것(40대)이 더 좋다네.'라고 말했다."(무슬림본 1707a, 아부 다우드본 4480 · 4481)

"아부 다우드가 말하길, 압둘라는 우쓰만의 젖 형제였고, 왈리드 빈 우크바는 그의 어머니 쪽으로 우쓰만의 형제였는데, 그가 술을 마셨을 때 우쓰만은 그를 때렸다."(아부 다우드본 2683)

"알리가 말하길, '내가 만일 어떤 사람에게 핫드형을 부과하고 그 과정에서 그가 죽는다면 술 취한 사람이 아닐 경우 신경 쓰지 않을 것이다. 그가 죽는다면 그에게 배상금을 지불해야 하기 때문이다. 예언자께서 그것에 대해 어떠한 것도 규정하지 않았다.'"(부카리본 6778, 이븐 마자본 2666, 아부 다우드본 4486)

이상에서 본 '처벌'에 관한 하디스 구절들은 코란과 순나의 관계 중 세 번째 경우(코란이 제시하지 않은 규범을 순나가 제정하는 경우)에 해당된다. 왜냐하면 앞에서 언급한 코란 구절에서는 음주에 대한 어떠한 처벌도 명시되지 않았지만, 순나에서는 현세에서와 내세에서의 처벌

이슬람이 술을 금지한 이유가 '이성을 빼앗고, 옴마를 타락시키는 것을 막기 위함'이라고 정리할 수 있지만, 이슬람이 술을 금지한 근본적인 이유에 대한 대답은 "너희 자신을 살해하지 말 것이며"(4:29), "너희 스스로 파괴를 초래하지 말라"(2:195)라는 코란 구절에 이미 제시되어 있다.(사진: 공항 면세점, 오만 무스카트)

에 대해 매우 구체적으로 제시하고 있기 때문이다. 예언자는 음주 행위의 처벌에 대해 상습범에 대해서는 사형까지도 필요하다는 입장을 견지하면서도 그 강도에 대해서는 최대 40대의 채찍형에 머물렀다. 그에 비해 그의 후계자들은 처벌을 다소 강화하는 경향이 있었으나 대체로 예언자의 순나를 준수하려 노력하였다.

3. 맺음말

인간의 행위에 대한 규범을 도출할 때 사용되는 가장 중요한 법원은 코란과 순나(하디스)이다. 이 두 개의 법원은 무슬림들에게 가장 완벽한 지침서 및 법원으로 간주되고 있다. 따라서 여기에서 찾아 낸 근거들은 무슬림들에게 가장 완벽한 증거이므로 이를 근거로 결정된 규범은 반드시 따라야 한다.[86]

이에 코란은 음주 행위에 대해 해악이 많음을 지적하고[87], 술에 취해 예배하는 것을 금하거나[88], 천국의 술을 금주하는 이들의 보상으로 약속하고[89], 음주를 사탄의 행위[90]라고 언급하고 있다. 그러나 이

---

86 이원삼 2002, 24.
87 제2장 219절.
88 제4장 43절.
89 제47장 15절.
90 제5장 90-91절.

러한 구절들이 음주 행위에 대한 완전한 금지라고 보기 어렵고, 음주에 대한 처벌이 전무하다는 점에서 후대의 통치자들과 이슬람 법학자들은 예언자의 순나에서 금지와 처벌의 근거를 찾으려 노력했다.

이 글은 '술'과 '술에 취한'이란 어휘를 이용해 이슬람세계에서 공인받고 있는 순니 6대 하디스를 검색하여 190여 개의 관련 구절들을 발췌하였으며, 내용의 관련성을 토대로 '술의 의미와 종류, 금주법 제정 과정, 처벌'이라는 범주로 분류하고 정리하였다. 순나는 술을 그 종류나 이름이 무엇이든, 많든 적든, 취하게 하는 모든 것으로 규정하였으며, 음주자에 대해서는 대체로 40대에서 80대의 채찍형을 집행했다. 특히 금주법은 점진적이고 단계적인 과정을 통해 제정된 것으로 보고 '경고 및 약속→계시 및 선전→법 제정 선언과 실천 명령'으로 구분하여 정리하였다. 또한 하디스의 구절들을 코란과 순나의 관계를 통해 분석하였다. '술의 의미와 종류'는 순나가 코란을 해설하고 제약하고 한정하는 경우로, '금주법 제정 과정'은 순나가 코란에서 제시한 규범을 확인하거나 코란을 구체화하고, 또는 새로운 규범을 제정하는 포괄적인 적용으로 보았다. '처벌'은 코란이 제시하지 않은 규범을 순나가 제정하는 경우로 설명하였다. 코란과 하디스에 제시된 술과 금주 관련 구절들에는 매우 중요한 한가지 요소가 결여되어 있다. 그것은 바로 술의 의미와 종류, 처벌에 대한 규정은 하였지만 처벌을 하기 위한 증거에 대한 규정과 고민이 없다는 것이다. 이슬람이 인간의 복리를 최우선으로 하고 있으며 무고한 희생자를 생산하는 것에 대해 철저한 경계를 하고 있다는 점에서 철저한 증거에 의한 처벌 원칙은 이후 법학자들의 몫으로 남게 되었다.[91]

이상에서 살펴본 대로 이슬람이 술을 금지한 이유가 '이성을 빼앗고, 움마를 타락시키는 것을 막기 위함'이라고 정리할 수 있지만, 이슬람이 술을 금지한 근본적인 이유에 대한 대답은 "너희 자신을 살해하지 말 것이며"[92], "너희 스스로 파괴를 초래하지 말라."[93]라는 코란 구절에 이미 제시되어 있다. 즉 모든 무슬림은 이슬람과 움마의 자산이기 때문이며 알라가 주었던 목숨과 건강과 재산과 모든 것들은 개인이 마음대로 파괴하도록 허락되지 않는 신탁 재산이기 때문이다. 이러한 이유 때문에 이슬람은 정신적, 육체적 건강을 해치거나 죽음에 이르게 하는 모든 물질의 섭취를 하람으로 규정하고 있는 것이다.[94]

---

91 이슬람 법학파들이 본격적으로 활동하게 되는 9-10세기 이래 21세기를 살아가고 있는 현대에는 7세기의 코란과 순나에 의해 규정된 술, 음주, 금주법이 다루지 못했던 다양한 현상들과 사안들이 발생했다. 또한 예언자 시절보다는 금주법의 권위가 다소 후퇴하면서 새로운 도전에 직면하게 되었을 것이다. 그 결과, 이슬람 법학자들은 치열하게 이즈티하드(법 해석 노력)를 전개하여 파트와(법적 견해)를 내놓음으로써 자신들이 직면한 시대적 현상과 요구를 해결하기 위해 노력했다.

92 제4장 29절.

93 제2장 195절.

94 "The lawful and prohibited in Islam", 7.

취하는 모든 것을 금하도다
- 법학자들의 술 금지 이유와 근거

코란은 음주 행위에 대해 해악이 많음을 지적하고(제2장 219절), 술에 취해 예배하는 것을 금하거나(제4장 43절), 금주하는 이들의 보상으로 천국의 술을 약속하고(제47장 15절), 음주를 사탄의 행위(제5장 90-91절)라고 언급하고 있다. (사진: 공항 면세점, 아랍에미리트 두바이)

---

* 이 글은 『한국이슬람학회논총』 제24-2집에 "코란과 순나에 의해 제정된 금주법에 대한 법학자들의 해석과 적용"이라는 제목으로 게재된 논문의 내용과 형식을 일부 수정, 보완한 것이다.

1. 머리말

코란은 음주 행위에 대해 해악이 많음을 지적하고[95], 술[96]에 취해 예배하는 것을 금하거나[97], 금주하는 이들의 보상으로 천국의 술을 약속하고[98], 음주를 사탄의 행위[99]라고 언급하고 있다.[100] 순나는 술을 그 종류나 이름이 무엇이든, 많든 적든, 취하게 하는 모든 것으로 규정하여 하람으로 지정하였으며, 음주자에 대해서는 대체로 40대에

---

95 제2장 219절.
96 코란은 '알코올'을 분명하게 언급하지 않고, '취하게 하는 것'이라는 의미의 '카므르'라는 낱말을 사용하고 있다(Leaman 2007, 303). 법학자들은 코란에서 분명한 '이유'를 발견하지 못할 경우, 단어의 의미 분석을 통해 그 이유를 추출하였는데, 당시 아랍인들 사이에서 사용되고 있던 '카므르'는 '포도로부터 추출된 술의 종류'를 언급하는 것이었다(Kamali 2010, 128).
97 제4장 43절.
98 제47장 15절.
99 제5장 90-91절.
100 Sherif 1995, 165-166. 이슬람에서 술은 "금지된 가장 큰 범죄들 중의 하나, 범죄의 모체, 사악함의 모체, 가장 수치스러운 죄들 중의 하나, 우상숭배자들이 하는 행동, 사탄의 행동"으로 여겨지면서 히즈라 2년에 금지되었다(عبد الرحمن الجزيري 1999, 12-13).

서 80대의 채찍형을 집행하는 금주법을 제정했다.[101]

　이후 이슬람 법학자들은 코란과 순나를 법원으로 하여 2대 법원에서 언급되었던 것을 좀 더 구체화하거나 합의나 유추를 통해 독자적인 법적 견해(파트와)들을 생산했다. 법학자들의 이와 같은 법 해석 노력(이즈티하드)은 현대에 이르기까지 지속되고 있다. 이처럼 이슬람법 샤리아는 시대와 환경의 변화에 따른 해석과 적용이 가능한 유연성이 있는 신법(神法)이다.

　이 글은 코란과 순나에 의해 규정된 금주법을 시대와 환경의 변화에 발맞추어 해석하고 이를 현실에 적용하였던 9-10세기의 순니 4대 법학파들과 21세기 현대 법학자들의 파트와를 연구하였다. 연구범위는 순니 4대 법학파가 이미 제정된 금주법을 좀 더 구체화한 부분은 무엇인지, 어떠한 사안에 대한 각 법학파들 간의 공통점과 차이점은 무엇인지, 현대 이슬람국가들의 공식 파트와 기관에서 생산한 파트와의 내용과 특징은 무엇인지, 무엇보다 순니 4대 법학파들과 현대 법학자들의 견해를 뒷받침하는 근거가 무엇인지를 '코란과 순나의 관계'에 착안하여 '2대 법원과 파트와의 관계'를 중심으로 살펴보았다. 이를 통해 시간과 공간의 환경 변화에 따라 유연하게 대응해 나가려는 샤리아의 사회 적용 노력을 살펴보았다.

101　임병필 2014, 98-99.

2. 순니 4대 법학파들의 금주법 해석과 적용

우선 예언자 무함마드(570-632) 사망 이후 9-10세기에 본격적으로 활동했던 순니 4대 법학파들의 술, 음주, 처벌에 관한 견해들을 살펴보았다.[102] 순니 4대 법학파들의 파트와 또한 2대 법원(코란, 순나)에서 근거를 찾을 수 있는 것은 최대한 수집하여 정리하고, 그 의도와 목적을 파악하고자 노력하였다. 이들 법학파들의 견해는 이슬람사회의 통치 기본이 되고 있다는 점과 영향력이 그들의 시대뿐만 아니라 현재에 이르기까지 지속되고 있다는 점에서 매우 중요하다고 할 수 있다. 이들 법학파들은 다양한 사안들이나 상황들에 대해 경우에 따라서는 서로 다른 견해를 제시하기도 하고 공통의 목소리를 내기도 하였다.

다음은 순니 4대 법학파들에 의해 제시되었던 견해들을 항목별로 정리한 것이다. 논지 전개를 좀 더 구체화하고 이해를 돕기 위해 '술과 음주에 대한 견해'와 '처벌에 대한 견해'로 분류하였다.

---

102 여기서는 عبد الرحمن الجزيري 1999، 12-41의 음주 관련 내용을 요약하고 정리하였으며, 다양한 항목들과 파트와들은 논지 전개와 이해의 편의를 위해 필자가 임의대로 분류하였다. 법학파들의 파트와에 대한 근거 자료들은 عبد الرحمن الجزيري 1999، 12-41에서 언급되었던 것뿐만 아니라 코란 웹사이트(http://quran.com)와 이슬람세계의 6대 공인 하디스를 수집해 놓은 웹사이트(http://sunnah.com/)에서 관련 낱말이나 구절을 입력하여 조사하였다.

1) 술과 음주에 대한 견해

코란과 순나를 통해 '취하는 모든 것은 술'이라는 정의가 내려졌으며, 술의 금지 선언과 이를 위반할 시에 태형에 처한다는 금주법이 제정되었다. 한편 법학파들은 순나에서 언급은 되었지만 기준이나 상황이 명확하게 규정되지 않았던 '술에 취한 상태, 어쩔 수 없이 술을 마시게 되는 상황, 즙이나 술 식초와 술 찌꺼기에 대한 판단, 술의 판매' 등과 관련되어 동시대의 무슬림들이 겪게 되는 혼동과 모호함을 해결하기 위해 각 법학파 나름대로의 독자적인 파트와를 내놓았다.

(1) 술에 취한 상태

하나피 법학파는 술에 취했다는 것을, 적든 많든 논리를 알지 못하고 하늘과 땅을 구별하지 못하며 남자와 여자를 구별하지 못하는 것처럼, 인지 능력이 모두 사라져 개별적인 것들은 알게 되지만 그 특징들을 알지 못하게 되는 상태라고 보았다. 말리키, 샤피이, 한발리 법학파는 술에 취했다는 것을 말이 뒤섞여 횡설수설하고 좋은 것과 나쁜 것을 구별하지 못하게 되는 것이라고 보았다.[103]

---

103 표현은 다르지만 술에 취한 상태의 기준은 '이성'의 존재 유무라 할 수 있다. 이슬람은 술이 이성을 파괴하고 사라지게 만들어 모든 죄를 용이하게 하고 인간을 악과 살인으로 내몰기 때문에 '악의 모체'라고 한다. 이성은 알라가 창조한 저울이며, 이 세상에선 선택의 도구이고, 저 세상에선 계산의 도구이다(61-64,1991 محمد متولي الشعراوي).

(2) 어쩔 수 없이[104] 술을 마신 경우

하나피 법학파는 음식을 먹다 질식하거나 갈증이 심한 상황에서 다른 것을 발견할 수 없다면 술을 마시는 것이 허용된다고 보았다. 그러나 그것을 약의 용도로 마시는 것은 허용하지 않았다. 이는 "그것은 약이 아니라 병이다."[105]라는 순나에 근거하고 있다. 물이 없는 상황에서 갈증이 심하거나 음식으로 인한 질식 상태를 제거하기 위해 술을 마시게 허용하는 것은 정신의 유지가 무슬림에게는 의무이기 때문이다. 사막이나 바다에서 술 이외에 생명을 구할 것을 발견하지 못해 정신을 파괴할지도 모른다는 두려움이 있다면 죽음으로부터 그를 지켜주는 것은 무엇이든 마시는 것이 허용된다. 알라는 도움이 필요한 이에게 금지된 죽은 고기, 피, 돼지고기, 술을 허용하였기 때문이다. 이처럼 어쩔 수 없는 경우에 정신을 지키고 제한을 제거하는 것은 "는 병과 약을 내리셨고, 모든 병에는 약을 만들었으니 그것을 약으로 먹으라. 금지된 것은 약으로 먹지 말라."[106]라는 순나에 근거하고 있다.

---

104 "죽은 고기와 피와 돼지고기를 먹지 말라. 또한 알라의 이름으로 도살되지 아니한 고기도 먹지 말라. 그러나 자의가 아니고 어쩔 수 없이 한계를 넘지 않는 분량을 먹었을 경우에는 죄가 되지 않느니라."(제2장 173절). 이 코란 구절에 근거하여 이슬람 법학자들은 "필요는 제한을 없앤다."와 "허용된 양은 단지 필요한 양이다."라는 원칙을 이끌어내었다(최영길 역 2012, 47-48).

105 티르미디본 2182.

106 아부 다우드본 3874.

말리키와 한발리 법학파는 음식으로 인한 질식 상태에서 정신의 파괴를 막기 위해 술을 마시는 것과, 술 이외에 다른 약이 없을 경우 환자가 술을 약으로 마시는 것을 허용한다. 단 술을 약으로 복용하기 위해서는 사전에 그에 대한 지식을 신뢰할 수 있는 공정한 무슬림 의사에게 알려야만 한다.

샤피이 법학파는 약으로나 갈증 때문이거나 술을 마시는 것을 금지하는 것이 정당하다고 본다. 술을 약으로 금지하는 것은 "그것은 약이 아니라 병이다."[107]라는 순나에 근거하고 있다. 갈증으로 인해 어쩔 수 없을 경우에도 술을 금지하는 것은 술이 갈증을 해소하지 못하며, 술의 본질이 뜨겁고 건조해 오히려 갈증을 증대시키기 때문이다. 그러나 술의 금지가 육체나 정신의 파괴를 발생시킨다면 허용한다. 한 모금이나 한 컵의 술이 아니고는 추위로 인한 파괴를 막을 수 있는 것을 발견하지 못할 때는 허용된다. 또한 심장에 극심한 고통이 가해질 때와 술을 마시지 않고서는 위험을 막을 수 없다는 것을 알았을 때는 허용된다.

(3) 즙을 마시는 것

하나피 법학파는 취하는 것과 관계가 있는 것은 어떤 종류의 즙이

---

107 티르미디본 2182.

라 할지라도 하람이라고 보았다. 말린 대추야자를 물에 담구어 나온 즙을 끓여서 강해진 것은 술이 아니라 즙이라고 불렀는데, 이는 하람이다. 취하게 만드는 것을 마시는 것은 핫드형이며, 이때 죄를 확정하기 위해서는 절대적인 증거를 요구했다. "술은 포도나무와 야자나무로부터 나온다."[108]라는 순나가 있는데, 만일 이 두 가지를 끓여서 취하지 않거나 쾌락을 주지 않으면 할랄이며, 끓여서 강해지면 하람이다. 따라서 밀, 무화과, 쌀, 보리, 옥수수, 꿀 즙은 할랄이다. 그러나 그것들의 즙을 끓인 것이 취하게 만들면 하람이며, 그것을 많이 마셔서 취하면 핫드형이다. 우유로부터 취해진 것도 강해지면 하람이며 핫드형이라고 보았다. 이는 "취하게 하는 모든 것은 술이며, 취하게 하는 모든 것은 하람이다."[109]라고 한 순나를 근거로 하고 있다.

말리키, 샤피이, 한발리 법학파는 많이 마셔 취하게 하는 모든 음료는 그것을 적게 마시는 것도 하람이며, 이를 술이라고 불렀다. 포도, 말린 대추야자, 밀, 보리, 무화과, 옥수수, 쌀, 꿀, 우유 등 그 원료에 관계 없이, 그것이 생이건 요리가 되었건, 취하게 하는 것을 마시는 것은 핫드형이다. 왜냐하면 술은 이성을 취하게 하는 것이기 때문이다.

---

108 아부 다우드본 3678, 무슬림본 1985a · b · c, 나사이본 5573, 티르미디본 1875.
109 아부 다우드본 3679 · 3680, 무슬림본 2003a · b, 나사이본5584 · 5586 · 5699 · 5582 · 5585 · 5686, 티르미디본 1861.

(4) 강해지기 전의 즙을 마시는 것

하나피, 말리키, 샤피이 법학파는 즙이 3일이 지나지 않고 끓이지 않고 강해지지도 않고 거품을 내뿜지 않으며 술이 되지 않았다면 할랄이라고 보았다. 그것이 취하지 않는 상태에 있기 때문이다. 이는 "우리가 점심때 포도즙을 짜면 예언자가 저녁때 마시고, 저녁때 짜면 점심때 마셨다."[110]라는 순나와, "첫날 저녁에 즙을 짜면 예언자가 3일째 오후까지 마시고 남으면 하인이 마시거나 쏟아버렸다."[111]라는 순나, "건포도를 물에 담구어 두면 예언자가 3일째 저녁까지 마셨고, 그 이후는 하인에게 마시게 하거나 쏟아버리라고 명령했다."[112]라는 순나를 근거로 하고 있다.

'하인이 마셨다.'라는 순나를 볼 때 취하는 상태에 도달하지 않은 즙은 할랄이며, 이는 하인이라도 취하게 하는 것을 마시는 것은 허용되지 않는다는 점에서 그러하다.[113] 만일 3일째 오후가 되어 즙이 변해 취하는 것이 되면 하람이며 버려야만 한다. "끓이지 않았다면 즙을 마셔라."라는 순나나, "변하지 않았다면 즙을 마셔라."라는 순나에

---

110 무슬림본 2005b, 나사이본 5680, 티르미디본 1871, 이븐 마자본 3524.
111 무슬림본 2004a.
112 무슬림본 2004c.
113 이슬람에서 하람은 예외 없이 누구에게나 적용되는 보편적 원리이다. 무슬림들에게는 할랄을 다른 사람들에게 하람으로 만들 수 있는 권한이 없다. 하람과 할랄을 결정하는 권한은 지위고하를 막론하고 인간에게는 허락되지 않으며, 오직 창조주 알라의 권한이다(최영길 2012, 44).

서도[114] 알 수 있듯이 3일이 지나기 전의 변하지 않은 즙을 마시는 것은 허용된다. 변했다는 표시가 나타나면 하람이며, 그 표시는 끓는 것이다. 따라서 끓기 시작한다는 표시가 없으면 마셔도 되지만, 끓기 시작하면 하람이 된다.

한발리 법학파는 즙이 3일이 지나 술이 되면 끓이지 않고 강해지지도 않고 거품을 내뿜지 않아도 하람이며 쏟아버려야 한다고 본다. 술이 될 때까지 방치되어, 그 냄새가 변해 술이라 불리게 되었기 때문이다. 이는 "예언자가 단식을 했고 포도즙으로 단식종료제를 맞게 되었는데, 내가 그것을 들고 갔을 때 끓고 있었다. 그러자 예언자가 말하길 '벽에 던져 버려라. 이것은 알라와 현세, 내세를 믿지 않는 이들이 마시는 것이다.'라고 말했다."[115]라는 순나에 근거하고 있다.

(5) 끓인 즙

하나피 법학파는, 즙을 끓여 1/3이 남게 되면 '틸라으', 1/2이 남게 되면 '무니시프', 조금밖에 남지 않을 때까지 끓이면 '바디크'라고 불리는데, 끓이거나 강해지거나 거품을 내뿜으면 모두 하람이라고 보았다. 부드럽고 맛이 있으며, 부패가 일어나는 매혹적인 것이기 때문

---

114 عبدالرحمن الجزير,1999.22.
115 아부 다우드본 3716, 이븐 마자본 3535, 나사이본 5610.

이다. 부패를 촉진시키는 것을 마시는 것은 하람이다. 1/3이 남을 때까지 끓이면 그것이 강해진다 하더라도 할랄이며, 마시는 이를 즐겁게 만들면 하람이다.[116] 이는 "사탄의 몫이 두 개가 될 때까지 음료를 끓여라. 하나는 너희들 것이다."[117]라는 순나에 근거하고 있다.

말리키, 샤피이, 한발리 법학파는 취하게 된다면, 요리된 즙이든, 끓이든 끓이지 않든, 조금이든 많든 마시는 것을 금지한다. 그들이 음료를 마시는 조건은 취하게 하지 않는다는 것이며, 취하게 하는 것은 핫드형에 해당하는 것이기 때문이다. 이에 대한 근거로는 "나(우마르)는 술 냄새가 나는 사람을 발견했고 그는 틸라으를 마셨다고 주장했다. 나는 그가 마신 술에 대해 물었고, 그가 취했다면 채찍형을 적용하겠다고 말했다. 그래서 나는 그를 완전한 핫드형의 채찍형에 처했다."[118]라는 순나를 들고 있다.

특히 샤피이와 말리키 법학파는 그것이 무엇이든 취하게 하는 모든 것은 하람이라고 보고, 양이 적거나 취하게 하지 않는다고 하더라도 취하게 하는 효과가 있다면 절대 허용하지 않는다. 이는 "취하게

---

116 불에 끓인다 하더라도 취하게 만들면 하람이며 요리에 허용되지 않는다. 요리를 해 2/3가 날아가고 1/3이 남아 취하지 않으면 할랄이지만, 1/3이나 1/2이 날아가고 취하게 하면 하람이다(106 أبو المجد أحمد حرك).

117 나사이본 5717.

118 나사이본 5708.

하는 모든 것은 술이며, 취하게 하는 모든 것은 하람이다."[119]라는 순나를 근거로 하고 있다.

(6) 술로 식초를 만드는 것

하나피 법학파는 술이 식초가 되었거나 술로 식초를 만들거나, 술식초를 할랄이라고 보았다. 식초를 만드는 것은 부패한 특징을 제거하고 유용한 특징을 유지하는 것이며, 식초에는 분노와 식욕을 억제하는 많은 장점들이 있기 때문에 금지되는 나쁜 특징을 제거한다면 할랄이 되기 때문이다. 이는 "식초는 훌륭한 양념이다."[120]라는 순나와 "너희들의 식초, 술 식초는 좋은 것이다."[121]라는 순나에서 근거를 찾을 수 있다. 샤피이 법학파는 태양에서 그늘로 옮겨서, 또는 그러한 방식으로 식초를 만드는 것은 깨끗하고 순수해지기 때문에 할랄이라고 보았다. 그러나 말리키 법학파는 술로 식초를 만드는 것은 하람이라고 보았다. 이는 "예언자가 식초가 된 술에 대한 질문을 받았을 때 '안 됩니다.'라고 말했다."[122]라는 순나를 근거로 하고 있다.

---

119 아부 다우드본 3679 · 3680, 무슬림본 2003a · b, 나사이본 5584 · 5586 · 5699 · 5582 · 5585 · 5686, 티르미디본 1861.
120 무슬림본 2052a · b, 아부 다우드본 3820, 부카리본 6996, 티르미디본 1839.
121 1999,24,عبد الرحمن الجزير.
122 아부 다우드본 3675.

(7) 술 찌꺼기

샤피이 법학파는 술 찌꺼기를 마시는 것은 하람이며, 그에 대한 처벌은 핫드형이라고 보았다. 이에 대한 근거로는 "내가 이브라힘에게 '술 찌꺼기나 틸라으를 깨끗이 씻은 뒤 그 속에 건포도를 3일 동안 담가두었다가, 걸러서 숙성될 때까지 두었다가 마셨다'고 말하자, 그가 말하길 '그것은 마크루흐(권장되지 않는 사항)이다.'"[123] 라는 순나를 들 수 있다.

그러나 그 속에 취하게 하는 요소가 사라진 것을 마시는 것과 그것으로 밀가루 반죽을 한 빵을 먹는 것은 핫드형이 아니다. 불이 술의 본질을 제거하기 때문인데, 그럼에도 그 빵은 여전히 불결한 상태라고 보았다. 술 찌꺼기가 들어간 반죽을 먹는 것은 핫드형이 아니며, 그것으로 요리한 고기를 먹는 것도 핫드형은 아니다. 그러나 술 찌꺼기가 들어 있는 수프(죽)를 먹는다거나 음식을 만드는 것은 핫드형인데, 이는 그 속에 술의 본질이 남아 있기 때문이다. 한편, 술의 본질이 들어 있는 주사를 맞거나 용액과 함께 등에 주입하는 것은 핫드형이 아니지만, 코로 들이마시거나 코에 삽입하는 것은 쾌락을 주고 금식을 하는 이의 금식을 깨기 때문에[124] 핫드형이다.

---

123 나사이본 5749.
124 주사로 맞거나 코에 주입하는 것은 핫드형이 아닌데, 핫드형은 금지를 위한 것이고 이러한 행위에는 필요가 없기 때문이다. 즉 그것이 정신에까지 영향을 주지 않기 때문이다. 그러나 주사가 아니라 코로 들이마시는 것은 핫드형인데 주사와 달리 쾌락을 주기 때문

하나피 법학파는 술 찌꺼기를 마시거나 여성들이 그것으로 머리를 빗는 것[125]을 마크루흐로 보았는데, 그것을 술의 일부분으로 생각했기 때문이다. 그러나 그것을 마신 사람이 취하지 않는다면 핫드형을 적용하지 않는데, 이는 가벼운 잘못이기 때문이다.

(8) 술의 판매

술의 판매에 대해서는 모든 법학파가 의견의 일치를 보이고 있다. 술을 판매하는 것은 허용되지 않으며, 이는 "알라께서는 술을 저주하신다. 술 마시는 사람을, 술을 대접하는 사람을, 술을 파는 사람을, 술을 사는 사람을, 술을 짜는 사람을, 짠 술을 취하는 사람을, 술을 운반하는 사람을, 운반된 술을 취하는 사람을 저주하신다."[126]라는 순나와 그 외 무슬림본 1578 · 1580a · 1579a · 2004e, 부카리본 2226, 나사이본 4665, 이븐 마자본 3505 · 3506, 티르미디본 1295 등의 순나에서 근거를 찾을 수 있다.

또한 이슬람세계에서 비무슬림들이 공개적으로 술을 판매하는 것도 허용되지 않는다. 술을 공개적으로 파는 것은 죄를 드러내는 것이

이다(عبد الرحمن الجزيري 24.1999).

125 예언자 시대에는 여성들이 향수, 치장, 머리 빗기에 술을 이용하는 관습이 있었다. 예언자의 부인인 아이샤는 술이 들어 있는 꿀로 머리를 빗는 여성에 관해 질문을 받았을 때 "여성이 취하는 것으로 머리를 빗는 것을 부정했다."는 전승이 있다(حكم العطورات الكحولية 1419ه 8).

126 아부 다우드본 3674.

기 때문이다. 그러나 그들이 비밀리에 자신들끼리 술을 파는 것은 돼지고기의 판매처럼 허용이 되는데,[127] 그것이 그들에게는 귀중한 수입이라 보기 때문이다.[128]

이상에서 순니 4대 법학파들의 '술과 음주에 대한 견해'를 8가지 범주(술에 취한 상태, 어쩔 수 없이 술을 마신 경우, 즙을 마신 경우, 강해지기 전의 즙을 마시는 것, 끓인 즙, 술로 식초를 만드는 것, 술 찌꺼기, 술의 판매)로 살펴보았다. 우선 법학파들은 언급된 8개 항목들을 통해 "취하게 하는 것은 그 종류가 무엇이든 많든 적든 술이며 하람이다."라는 금주법의 제1 계명을 이구동성으로 확인하였다. 한편으론 코란과 순나에 의해 제정되거나 언급되었던 내용들에 대해 해설하거나 제약하거나 한정함으로써 각 항목마다 법학파들마다의 독자적인 견해를 제시하였다.

---

127 이슬람세계의 비무슬림들(딤미)은 독특한 옷을 입어야 했으며, 무슬림들보다 더 높게 지을 수 없도록 집에 표시를 해야만 했다. 그들은 자신들의 신앙이나 관습을 공개적으로 표현함으로써 무슬림들을 자극해서는 안 되며, 새로운 교회나 회당을 지을 수 없고, 인두세를 내야만 했다. 이처럼 그들은 무슬림들의 특권을 가질 수 없었지만 무슬림들의 의무로부터 자유로웠다. 특히 그들은 술과 돼지고기의 섭취나 거래 금지에 구속되지 않았다 (Schacht 1993, 131).

128 하나피 법학파는 재산을 판매나 이전이 합법적인 '가치 있는 재산'과 무슬림들에게는 불법이지만 딤미에게는 합법적인 '가치 없는 재산'으로 분류한다. 무슬림이 소유하고 있는 술이나 돼지고기를 파괴하는 것에 대해서는 아무런 배상권이 발생하지 않지만, 딤미가 소유하고 있는 술이나 돼지고기를 파괴할 경우에는 완전한 배상이 보장된다. 말리키 법학파는 하나피 법학파의 분류를 인정하지 않지만 딤미의 배상권은 인정한다. 샤피이와 한발리 법학파는 술과 돼지고기의 소비가 이슬람에서 불법이기 때문에 딤미가 소유한 술과 돼지고기가 파괴되었을 때 어떠한 배상도 금지된다고 보았다(Hallaq 2009, 297-298).

따라서 '술과 음주에 관한 견해'에서 보여준 법학파들의 파트와는 코란과 순나의 금주법을 확인하거나 해설 · 제약 · 한정하는 경우였으며, 새롭게 제정하는 경우는 발견되지 않았다. 이렇듯 새로운 법 규정이 제정되지 않은 것은 코란이 계시되고 예언자의 순나가 생산되던 7세기와 법학파들이 활동했던 9-10세기 간의 시간과 환경의 간격이 크지 않기 때문으로 판단된다. 즉 생활 방식과 관습이 크게 변하지 않았으며, 새로운 법 제정을 할 정도로 특별한 상황이나 사안들이 발생하지 않았다고 볼 수 있다.

2) 처벌

코란은 점진적인 계시를 통해[129] 음주 행위의 해악을 지적하고 술에 취해 예배하는 것을 금지하거나 천국의 술을 약속하고 음주를 사탄의 행위로 언급하였지만, 처벌에 대해서는 어떠한 언급도 제시하지 않았다. 이에 대해 예언자는 흙을 뿌리는 행동으로부터 다양한 도구들을 이용해 40대까지의 태형을 집행하였으며, 정통칼리파들(632-

---

129 샤리아는 법제화와 사회개혁에 점진적이고 단계적인 접근을 선호한다. 이는 코란이 23년에 걸쳐 계시되었다는 사실과 구절 대부분이 실제 사건들과 관련되어 계시되었다는 사실에서 알 수 있다. 메카 계시(610-622)는 주로 도덕적인 가르침과 신조에 전념하고 있으며, 메디나 계시(623-632)는 법제화에 치중되어 있다. 술과 음주에 대한 금지는 술의 해악에 대한 선언(제2장 219절)과 취한 상태에서의 예배 금지(제4장 43절) 이후에 제5장 식탁의 장(제5장 90-91절)에 의해 이루어졌다(Kamali 2010, 59).

661)은 예언자의 처벌 기준과 동일하거나 80대의 태형으로 처벌을 강화하기도 하였다.[130]

한편 법학파들은 '일정하지 않은 처벌의 양이나 처벌 도구, 증거가 모호한 술 냄새가 나는 경우'와 같이 순나의 통일되지 않은 처벌[131] 이나 '처벌 시기와 때리는 부위'와 같이 명확하지 않은 규정에 대한 독자적인 견해를 제시하였다.

(1) 처벌의 양

말리키, 하나피, 한발리 법학파[132]는 음주에 대한 처벌을 80대의 채찍형이라 보았다. 2대 정통칼리파 우마르(634-644 재위)가 그 양을 80대의 채찍형으로 정했고, 예언자의 교우들(싸하바)이 동의했기 때문이라는 것이다. 이는 "예언자는 술 먹은 사람을 때렸고, 아부바크르(632-634 재위)는 40대를 때렸으며, 우마르는 80대로 만들었고, 이 모두가

---

130 임병필 2014, 94-98.

131 예언자는 음주자에 대해 아무런 처벌도 하지 않거나, 얼굴에 흙을 던지기도 했고, 어떤 경우에는 1대만 때렸으며, 또 다른 경우에는 40대를 때렸다. 그리고 음주 행위를 3-4번 반복할 경우에는 사형에 처할 것을 명령하기도 하였지만, 그런 경우가 발생하자 음주자를 사형에 처하지 않고 채찍형에 처함으로써 음주에 대한 사형을 폐지하였다. 정통칼리파들은 예언자의 순나를 따르거나 음주에 대한 처벌을 강화하기도 하였다. 제1대 정통칼리파인 아부바크르는 음주자에게 40대의 채찍형을 부과했으며, 2대 칼리파인 우마르는 집권 초기에는 40대를, 말기에는 80대의 채찍형을 집행했다. 3대 칼리파 우쓰만(644-656 재위)도 우마르와 같이 40대와 80대를 적용했으나, 4대 칼리파인 알리(656-661 재위)는 40대의 채찍형을 집행했다(임병필, 2014, 94-98).

132 한발리 법학파는 음주자의 처벌을 처음에는 80대를, 이후에는 40대를 적용했다(مصطفى عبد القادر عطا 1985, 463).

순나이다."[133]라는 순나에서 근거를 찾을 수 있으며, 그 외에도 아부 다우드본 4479 · 4480, 무슬림본 1706a · 1707a 등에서 관련 근거들을 발견할 수 있다.

샤피이 법학파는 처벌이 40대의 채찍형이라 보았다. 그 양이 예언자 무함마드에 의해 확정되었기 때문이라는 것이다.[134] 이는 "예언자는 나뭇가지와 신발로 40대를 때렸다."[135]라는 순나에서 근거를 찾을 수 있다. 그들은 음주자가 행위를 반복한다고 하더라도 이러한 처벌로 충분하다고 보았다. 이는 "예언자는 술을 마신 사람이 끌려오자 그를 때렸다. 그가 다시 끌려오자 그를 때렸다. 그가 또 다시 끌려오자 그를 때렸다. 그가 또 다시 끌려오자 그를 때렸다."[136]라는 순나에서 근거를 찾을 수 있다.

(2) 술 냄새가 나는 사람의 처벌

한 사람이 술 냄새가 나는 채로 체포가 되었는데, 판사에게 도착했을 때 먼 거리 때문에 냄새가 사라졌을 경우, 하나피 법학파는 핫드형을 집행할 수 없다고 주장한다. 핫드형은 냄새와 함께 증인[137]의 증언

---

133 아부 다우드본 4481.
134 Peters 2005, 64.
135 아부 다우드본 4479, 무슬림본 1706e, 티르미디본 1442 · 1443
136 아부 다우드본 4485.
137 이슬람 학자들은 음주의 핫드형은 간음(지나)의 핫드형보다 가볍다고 보았다. 간음의 핫

이 없으면 집행할 수 없다고 보기 때문이다. 말리키, 샤피이, 한발리 법학파는 냄새가 없어도 증인의 증언만으로 핫드형을 집행할 수 있다고 보았다. 냄새의 존재나 고백이 증거의 필수 조건이 아니기 때문이라는 것이다.

술 냄새가 나지만 자백을 하지 않았고 증언이 없는 경우, 법학파들은 서로 다른 주장을 하고 있다. 하나피와 샤피이 법학파는 냄새로는 핫드형을 집행할 수 없다고 주장한다. 술 냄새는 다른 사람에 의해 실수로 뒤섞일 수 있기 때문에 냄새만으로는 음주죄가 확정되지 않는다는 것이다. 말리키와 한발리 법학파는 두 명의 공정한 판사에게 증인이 증언을 한다면 냄새로도 핫드형을 집행해야 한다고 주장한다. 그들은 냄새가 가장 강력한 증거들 중의 하나라고 보기 때문이다. 이는 "내가 (압둘라) 힘스에 있을 때 일부 사람들이 나에게 코란을 낭송해 달라고 요청했다. 그래서 유숩장을 낭송했는데, 그들 중 한 사람이 '이것은 알라에 의해 계시된 것이 아니다.'라고 말했다. 그래서 내가 예언자에게 그것을 낭송하니 '참 잘했다.'고 말했다. 나는 내 낭송을 거부했던 사람과 이야기를 하고 있었는데, 그에게서 술 냄새가 났다. 그래서 나는 '너는 술을 먹고 성서를 거짓이라 말하느냐? 내가 너

드형은 코란에서 확정되었지만, 음주의 핫드형은 순나에 의해 확정되었기 때문이다. 간음은 음주보다 더 불결하고 더 위험하기 때문에 4명의 남자 증인이 요구되는데 반해 도둑질, 노상 강도, 음주는 2명의 남자 증인을 필요로 한다(Hallaq 2009, 350).

를 채찍으로 때릴 때까지 떠나지 마라.'라고 말하고는 술을 먹은 자에 대한 핫드형에 따라서 그를 채찍으로 때렸다."[138]라는 순나에서 근거를 발견할 수 있다.

한편, 자백을 한 사람에게서 술 냄새가 나지 않는 경우 말리키, 샤피이, 한발리 법학파는 자백만으로도 핫드형을 집행할 수 있다고 주장했다. 반면, 하나피 법학파는 자백할 당시 냄새가 나지 않으면 음주의 자백에 핫드형을 집행할 수 없다고 본다.

(3) 음주자를 때리는 도구

샤피이 법학파는 음주자를 때릴 때는 나뭇가지나 가죽 신발이나 천으로 규정하고 있는데, 이 외에도 손, 채찍의 사용을 허용하고 있다. 이는 "예언자는 술 먹은 사람을 샌들과 대추나무 가지로 40대를 때리곤 하셨다."[139]라는 순나 외에도 아부 다우드본 4479 · 4487 · 4488, 무슬림본 1706a, 부카리본 6773 · 6776, 이븐 마자본 2667, 티르미디본 1442 · 1443 등의 순나에거 근거를 찾을 수 있다.

하나피와 말리키 법학파는 천, 가죽 신발, 나뭇가지로 때리는 것이 순나이지만 채찍이 더 좋다고 보았다. 이는 "내가(아부 사산) 보았는데,

---

138 무슬림본 801a, 부카리본 5001.
139 무슬림본 1706e.

왈리드 빈 우크바가 칼리파 우쓰만에게 끌려왔고, 후므란과 다른 한 사람이 그(왈리드 빈 우크바)에 대한 증언을 했다. 그들 중 한 사람은 그가 술을 마시는 것을 보았으며, 다른 한 사람은 그가 토하는 것을 보았다고 증언했다. 그래서 우쓰만이 그가 술을 마시지 않았다면 토를 하지 않았을 것이라고 말하며, 알리에게 그에 대한 핫드형을 집행하라고 말했다. 그러자 알리가 하산에게 그에 대한 핫드형을 집행하라고 말했고, 하산이 그것의 쾌락을 누린 사람은 그 짐도 감당해야 한다고 말했다. 그러자 알리가 압둘라 빈 자으파르에게 그에 대한 핫드형을 집행하라고 말했다. 압둘라 빈 자으파르는 채찍을 들고는 왈리드 빈 우크바를 때렸고, 알리가 숫자를 세었다. 그리고 40에 도달했을 때 충분하다고 말했다. 알리는 '예언자가 40대를 때렸고, 아부바크르는 40대를, 우마르는 80대를 때렸는데, 이 모두가 순나이다. 그러나 나는 40대를 더 좋아한다.'라고 말했다."[140]라는 순나에서 근거를 찾을 수 있다.

(4) 술 취한 자의 처벌 시기

취기가 멈추고 정신이 맑아져서 맞을 때의 고통을 느낄 수 있을 때까지는 술 취한 자에 대한 핫드형을 집행하지 않는다는 데 합의를 보

---

140 아부 다우드본 4480.

이고 있다. 이성이 마비되고 쾌락이 압도적일 때는 술 취한 자의 고통이 경감되기 때문이다.

(5) 때리는 부위

음주자에 대한 핫드형을 집행할 때 여러 시간이나 여러 날에 분산해서 집행하는 것은 허용되지 않았다. 이는 핫드형이 의도하고 있는 고통과 비난과 본보기 처벌의 의미를 약화시키기 때문이다.[141] 그러나 형을 집행할 때 한 군데만을 집중적으로 때리는 것에 대해서는 좀 더 구체적인 의견을 제시했다.

샤피이 법학파는 태형을 집행할 때 여러 신체 부위들로 분산시키는 것이 의무 사항이라고 보았다. 한 부위만을 때리는 것은 피고인을 지속적으로 고통스럽게 만들어 파멸로 이끌 수 있기 때문이다. 얼굴을 때리는 것은 삼가야 하며, 이는 "누군가를 때린다면 얼굴은 삼가라."[142]라는 순나를 근거로 하고 있다. 얼굴은 아름다움이 모여 있는 곳이기 때문에 불명예의 영향을 너무 크게 만들기 때문이라는 것이다. 또한 피고인의 명예를 지켜주기 위해 머리를 때려서는 안 된다고

---

141 4명의 정통칼리파들은 죄를 깨닫게 하기 위해 덮개 없이 채찍형을 시행함으로써 고통을 느껴야만 핫드형을 집행하는 목적을 달성할 수 있다고 보았다(عبد الرحمن الجزير 1999، 28).
142 이븐 마자본 1850.

보았다.[143] 집행인이 겨드랑이가 보일 때까지 팔을 높이 들어서 때리는 것도, 지나치게 약하게 때리는 것도 허용하지 않았으며 중간 정도의 세기로 때릴 것을 요구했다. 피고인의 손을 묶는 것, 전체를 묶는 것, 눕히는 것은 허용되지 않으며, 서 있는 채로 때릴 것을 요구했다. 여성의 경우에는 동물의 털로 된 채찍으로 옷 위를 때리며, 앉아 있는 상태로 그녀를 가리고 때릴 것을 주문했다.[144]

이상에서 살펴본 음주자에 대한 처벌은 코란에서 언급되지 않았기 때문에 순나에 의해 새롭게 제정된 규정이다. 이후 법학파들은 순나의 통일되지 않은 규정(처벌의 양, 처벌 도구, 증거가 모호한 술 냄새)과 순나에서 구체적으로 언급되지 않았던 규정(처벌 시기, 때리는 부위)에 대해 해설·제약·한정의 경우를 통해 보다 더 명확하고 구체적인 견해를 제시하였다. 즉, 순니 4대 법학파들은 처벌의 양, 술 냄새가 나는 경우, 자백의 경우, 처벌의 도구에 관해 자신들이 선호하는 순나를 근거로 하여 독자적인 견해를 내놓음으로써 통일성보다는 근거의 유효성에 더 큰 비중을 두었다고 볼 수 있다. 한편, 순나에서 구체적으로 언급되지 않았던 처벌 시기나 때리는 부위에 대해서는 보다 더 세밀

---

143 한편, 일부는 "머리를 때려라. 사탄이 머리에 있기 때문이다."라는 칼리파 아부바크르의 말을 근거로 해서 머리를 때리는 것을 허용하기도 한다(24,1999 عبد الرحمن الجزيري).
144 Peters 2005, 35.

하고 정밀하게 구체화하는 규정이라 할 수 있다. 결국, 음주자의 처벌에 대한 규정 또한 새로운 법 제정이라기보다는 코란과 순나에서 언급되었던 규정들을 확인과 해설·제약·한정의 경우를 통해 보다 더 구체화하는 것으로 볼 수 있다.

3. 현대 이슬람 법학자들의 금주법 해석과 적용

7세기 예언자 무함마드가 생존할 당시에 계시된 코란과 그의 순나에 의해 술의 의미와 종류, 금주의 근거, 음주에 대한 처벌을 포함하는 포괄적인 금주법이 제정되었다. 그런데 시대와 환경이 변화함에 따라 이미 제정된 금주법에 대해 각 시대와 환경에 적합한 확장이나 심화가 요구되었다. 특히 20세기와 21세기 들어 세계가 글로벌화되면서 이전 시대나 환경과는 비교도 할 수 없는 이문화(異文化)교류가 발생하면서 이슬람세계가 경험하지 못했던 다양한 문제들에 직면하게 되었다. 이와 같은 시대적 요구를 해결하기 위해 각국의 이슬람 법학자들은 다양한 파트와를 생산하고 있다.

여기서는 주제와 관련되어 수집이 가능한 이슬람국가들의 파트와를 현대 생활에서 발생하는 상황에 따라 3가지 범주로 분류하여 정리하였다.[145] 이를 통해 현대를 살아가는 무슬림들의 관심사를 엿볼 수 있을 뿐만 아니라, 7세기에 제정되고 9-10세기 순니 4대 법학파들에 의해 좀 더 구체화되었던 금주법이 현대에 알맞게 확장되고 심화되어 나가는 샤리아의 유연성을 확인하고자 하였다.

1) 알코올 성분의 섭취나 사용

질문 : 알코올이 든 향수를 거래하는 것과 알코올이 많든 적든 들어 있는 것을 사용하는 것은 어떤가?

답변 : 향수에 들어 있는 알코올이 많이 마시면 취하게 하는 것이면 사용하는 것이나 거래하는 것은 하람이다. 이는 "많은 양이 취하게 만드는 것이면 그것의 적은 양은 하람이다."[146]라는 순나에서 근거를 찾을 수 있다. 향수의 알코올을 많이 마셔도 취하지 않는 것이면 사용하거나 거래하는 것은 할랄이다. (사우디아라비아 파트와 6907)

질문 : 과자와 껌에 당알코올을 사용하는 것은 어떤가?

답변 : 당알코올이 취하게 하는 것이 아니면 과자와 껌에 사용하는

---

145 이슬람국가의 파트와를 발췌한 출처는 다음과 같다: 사우디아라비아(http://www.alifta.net/), 요르단(http://aliftaa.jo/), 아랍에미리트(http://www. awqaf.ae/), 카타르(http://fatwa.islamweb.net/fatwa/ index. php?page=aboutfatwa), 쿠웨이트(http://islam.gov. kw/Pages/ ar/ Fatwa.aspx).

146 아부 다우드본 3681, 이븐 마자본 3392 · 3518 · 3519.

것은 금지되지 않는다. 이는 "취하게 하는 모든 것은 술이며, 취하게 하는 모든 것은 하람이다."[147]라는 순나에서 근거를 찾을 수 있다. 한편 위의 근거는 취하는 것이 아니면 무엇이든 할랄이라는 의미로도 이해할 수 있다. (아랍에미리트 파트와 16387)

질문 : 미국에는 무슬림 소비자들을 위해 하람과 할랄 음식을 설명하는 곳들이 많이 있고, 사과 식초가 할랄이라고 하는데, 소량의 알코올이 포함되어 있다고 말한다. 미국에서 사과 식초는 사과 주스를 변화시켜 만든다고 알고 있는데 어떤가?

답변 : 다른 물질로 변화하거나 취하는 특성을 제거하기 이전 식초에 알코올이나 취하게 하는 어떤 것이 포함되어 있다면 그것으로 사람이 취하든 안 하든 하람이 된다. 이는 "술과 도박과 우상숭배와 점술은 사탄이 행하는 불결한 것이거늘 그것을 피하라. 그리하면 너희가 번성하리라."[148]라는 순나와 "많은 양이 취하게 만드는 것이면 그것의 적은 양은 하람이다."라는 순나에서 근거를 찾을 수 있다. (쿠웨이트 파트와 62222)

질문 : 알코올이 들어간 향수를 옷에 뿌리고 예배를 할 수 있나?

답변 : 우선 피하는 것이 좋다. 알코올은 취하는 것이고 취하는 것

---

147 아부 다우드본 3679 · 3680, 무슬림본 2003a · b, 나사이본 5584 · 5586 · 5699 · 5582 · 5585 · 5686, 티르미디본 1861.
148 코란 제5장 90절.

21세기를 살아가고 있는 현대의 이슬람 법학자들 또한 현대 무슬림들이 직면하고 있는 다양한 사안들에 대한 질문들에 대해 코란과 순나, 순니 4 대 법학파들에 의해 제정된 규정들을 확인하고 해설·제약·한정하는 방식을 통해 현대에 알맞은 법규정으로 확장하고 심화하려는 노력을 보여주고 있다. (사진: 사우디아라비아 파트와 사이트 캡처)

은 하람이기 때문이다. 그러나 향수를 몸이나 옷에 뿌리고 예배하는 것이 거부되지는 않는다. (요르단 파트와 1331)

질문 : 어떤 감기약에는 알코올이 약 5% 정도가 함유되어 있는데, 이 감기약을 치료 목적으로 마시는 것은 하람인가?

답변 : 알코올이 함유된 약을 복용하는 것은 허용되지 않는다. 이는 "취하게 하는 모든 것은 술이며, 취하게 하는 모든 것은 하람이다."라는 순나와 "수와이드 빈 타리크가 예언자에게 술에 관해 묻자 예언자는 그것을 금지하였다. 그래서 그가 '우리는 그것을 약으로 사용합니다.'라고 하자, 예언자는 '그것은 약이 아니라 질병이다.'라고 말했다."[149]라는 순나에서 근거를 찾을 수 있다. (요르단 파트와 306)

질문 : 유리를 닦거나 다른 일을 위해 술을 사용하는 것이 허용되나?

답변 : 술을 마시는 것은 하람인데, 술의 불결성에 대해서는 의견이 다르다. 일부는 그것이 불결하기 때문에 유리를 닦거나 다른 일을 하는 것도 허용되지 않는다고 보며, 또 다른 일부는 그것은 깨끗하기 때문에 마시지 않으면 유리를 닦는 것은 허용된다고 본다. (쿠웨이트 파트와 13016)

질문 : 알코올이나 술로 불을 피워 음식을 요리하는 것이 허용되는

---

149 무슬림본 1984, 티르미디본 2182, 아부 다우드본 3873.

가?

답변 : 알코올로 불을 피워 음식을 요리하는 것은 음식과 섞지 않으면 하람이 아니다. (쿠웨이트 파트와 11668)

질문 : 마늘과 알코올로 만든 조제약을 먹는 것은 허용되나? 이 약에는 알코올이 200그램, 마늘이 350그램이 포함되어 있는데, 한 컵의 물에 이 약을 한 방울 섞어 마시는 것이 가능한가?

답변 : 정직한 무슬림 의사의 처방이 없이는 알코올이 조금이라도 포함된 약을 먹는 것은 허용되지 않는다. 단 다른 할랄 약이 없는 경우처럼 어쩔 수 없는 상황이 아니고는 알코올을 마시는 것은 하람이다. 어쩔 수 없는 상황은 정직한 무슬림 의사가 판단한다. 이는 "취하게 하는 모든 것은 술이며, 취하게 하는 모든 것은 하람이다."라는 순나와 "수와이드 빈 타리크가 예언자에게 술에 관해 묻자 예언자는 그것을 금지하였다. 그래서 그가 '우리는 그것을 약으로 사용합니다.'라고 하자, 예언자는 '그것은 약이 아니라 질병이다.'라고 말했다."라는 순나에서 근거를 찾을 수 있다. (쿠웨이트 파트와 10850)

질문 : 알코올이 함유된 미용 크림을 사용하는 것이 허용되나?

답변 : 알코올은 불결한 물질이기 때문에 긴급한 상황이 아니라면 그것을 마시거나 바르는 것은 허용되지 않는다. 그러나 일부 법학자들은 알코올은 깨끗한 것이어서 마시지만 않으면 바르는 것은 허용된다고 본다. (쿠웨이트 파트와 8299)

이상에서 살펴본 '알코올 성분의 섭취나 사용'에 관한 현대 파트와들은 코란과 순나에 의한 금주법과 순니 4대 법학파들에 의한 파트와에 의해 다루어지지 않았던 새로운 물질(향수, 과자, 껌, 감기약, 조제약, 미용 크림)들과 새로운 상황(유리를 닦거나 연료로 사용), 또는 새로운 지역(미국)에 관한 사안들이다. 그럼에도 불구하고 새로운 법의 제정이라기보다는 "취하게 하는 것은 그 종류가 무엇이든 많든 적든 술이며 하람이다."라는 금주법 제1 계명의 확인이면서, 동시에 이미 언급되었던 상황들에 대한 현대적 해설·제약·한정의 경우로 볼 수 있다. 한편, 파트와들에 태형이라는 물리적인 처벌에 대한 아무런 언급이 없는 것은 현대에 이러한 물질이나 상황이 너무도 광범위하게 확산되어 있고, 실제로 태형을 가하기가 쉽지 않다는 현실을 반영한 것으로 볼 수 있다.

2) 알코올 관련 업무

질문 : 술을 파는 식당에서 일을 하는데, 손님들에게 술을 주지 않지만 합법적인 음식과 음료를 서비스하는 것은 어떠한가? 무슬림이 손님을 끌기 위해 술을 대접하는 것은 어떠하며, 서비스나 생계를 위해 돼지고기를 제공하는 것은 어떠한가?

답변 : 술과 돼지고기와 같이 금지된 것을 다른 손님들에게 제공하

는 일을 하는 것은 하람이다. 이러한 것에 대한 대가로 돈을 받는 것도 하람이다. 무슬림이 금지된 것을 파는 것도 하람이다. 따라서 식당 일을 그만 두기를 충고한다. 이는 "죄에는 협조하지 말며…."[150], "알라께서는 술을 저주하신다. 술 마시는 사람을, 술을 대접하는 사람을, 술을 파는 사람을, 술을 사는 사람을, 술을 짜는 사람을, 짠 술을 취하는 사람을, 술을 운반하는 사람을, 운반된 술을 취하는 사람을 저주하신다."[151] 라는 순나에서 근거를 찾을 수 있다. (사우디아라비아 파트와 8289)

질문 : 취하는 알코올을 연료나 공업용으로 사용하는 사람에게 파는 것은 허용되나?

답변 : 알코올이나 취하게 하는 어떤 것을 판매하는 것은 금지이다. 이는 "죄에는 협조하지 말며….", "취하게 하는 모든 것은 술이며, 취하게 하는 모든 것은 하람이다."라는 순나에서 근거를 찾을 수 있다. (사우디아라비아 파트와 5177)

질문 : 매제가 알코올 회사의 배송 트럭 운전사로 일하고 있다. 여동생의 집을 방문해 식사를 하는 것은 어떤가?

답변 : 여동생의 집을 방문하는 것은 허용되며, 친척들과 좋은 관계

---

150 코란 제5장 2절.
151 아부 다우드본 3674, 이븐 마자본 3505, 티르미디본 1295.

를 유지하는 것은 좋은 일이다. 매제가 다른 합법적인 수단으로 돈을 번다면 여동생의 집에서 식사를 하는 것이 허용된다. 그렇지 않다면 그가 비합법적인 수단으로 돈을 벌었기 때문에 같이 식사를 하는 것은 허용되지 않는다. (사우디아라비아 파트와 12978)

질문 : 항공사에서 승객 담당 책임자로 일하고 있는데, 비행기에는 손님들에게 제공하는 술이 있다. 가끔씩 승객들에게 술을 제공하는 것이 당황스러운데, 어떻게 해야 하나?

답변 : 무슬림은 술이 하람이라는 것과 그것을 돕는 것이 하람이라는 것을 잘 알고 있다. 그래서 직접이든 돕는 일이든 그러한 일을 하는 것은 하람이다. 이는 "알라께서는 술을 저주하신다. 술 마시는 사람을, 술을 대접하는 사람을, 술을 파는 사람을, 술을 사는 사람을, 술을 짜는 사람을, 짠 술을 취하는 사람을, 술을 운반하는 사람을, 운반된 술을 취하는 사람을 저주하신다."라는 순나에서 근거를 찾을 수 있다. (아랍에미리트 파트와 4619)

질문 : 호텔 서비스를 제공하는 정부 관련 협회에서 일하고 있는데, 그 장소에 라마단 천막을 설치하려고 한다. 그 장소는 평소에는 술을 제공하고 있는 곳이다. 어떠한가?

답변 : 단식을 한 사람들에게 음식을 제공하는 라마단 천막을 설치하는 것은 좋은 일이지만, 적합한 장소를 선택해야만 한다. 이전에 술을 제공했던 곳에 천막을 설치하는 것은 금지되지 않지만, 음식을 제

공하는 같은 시간에 술이 제공되고 있다면 허용되지 않는다. 그것은 같은 식탁이 되기 때문이다. 다른 시간대에 술이 제공된다면 금지는 아니지만 다른 장소를 찾아보는 것이 좋다. 이는 "알라와 최후의 날을 믿는 사람은 누구나 술이 돌려지는 식탁에 앉지 말라."[152]라는 순나에서 근거를 찾을 수 있다. (아랍에미리트 파트와 1452)

질문 : 빈 술병을 판매하는 것은 할랄인가 하람인가?

답변 : 빈 술병의 거래가 다시 술을 생산하기 위해 사용된다면 명백히 하람이며, 허용된 것에 이용하기 위해 거래하는 것은 허용된다. 이는 "죄에는 협조하지 말며…."에서 근거를 찾을 수 있다. (요르단 파트와 826)

이상에서 언급된 '알코올 관련 업무'에 관한 파트와들은 예언자 시대나 순니 4대 법학파들의 시대에는 없었던 상황이다. 그 당시에는 무슬림들이 술을 판매하거나 거래하는 것은 분명한 하람이며, 이에 대한 처벌은 명백한 핫드형이다. 그런데 시대가 변해 술과 음주를 허용하는 이들과의 업무를 완전히 거부할 수 없게 되면서 다양한 상황(술을 파는 식당에서의 업무, 알코올 연료를 필요로 하는 이들과의 거래, 비행기 승무원, 빈 술병의 판매 등)이 발생하였다. 이에 현대의 이슬람 법학자들

---

152 티르미디본 3031.

은 "죄에는 협조하지 말며…"와 "알라께서는 술의 판매를 저주하신다."는 순나를 확인하거나 해설·제약·한정함으로써 음주 관련 업무를 중단할 것을 요청하고 있다. 이 경우에도 물리적인 처벌에 대한 언급은 나타나고 있지 않으며, 강한 하람의 강제보다는 권유의 성격이 짙게 드러나고 있다.

3) 알코올을 섭취하는 이들과의 관계

질문 : 불신자(카피르)가 저녁 식사에 초대를 했고 치즈, 생선, 차와 같은 합법적인 음식을 먹었다. 그런데 접시나 컵으로 돼지고기나 술을 마셨을 것이 틀림없을 것이라는 것을 알면서도 그의 초대를 수락하는 것은 허용되는가?

답변 : 무슬림이 불신자에게 초대를 받아, 이전에 돼지고기나 술을 마셨던, 잘 세척된 식기들로 같이 음식을 먹는 것은 허용된다. 이는 "우리는 성서의 백성들(기독교인, 유대교인)과 이웃하고 살았는데, 그들은 솥에다가 돼지고기를 요리하고 그릇에다가 술을 마셨다. 예언자께서 '다른 그릇들을 발견한다면 그곳에다 먹고 마셔라. 만일 다른 것을 발견하지 못한다면 그것을 물로 씻어 먹고 마셔라.'"[153]라는 순나

---

153 아부 다우드본 3839.

에서 근거를 찾을 수 있다. (사우디아라비아 파트와 4214)

질문 : 우리는 학교 실험실에서 일하는데 어쩔 수 없이 맥주와 다른 알코올 음료를 마시는 파티에 갈 수밖에 없었다. 술 근처에는 가지 않았지만, 대부분의 사람들은 관습대로 옆에 있는 사람에게 서로 술을 따라주었다. 다른 사람에게 맥주를 부어주게 되면, 술을 제공하는 사람이 되는가?

답변 : 이런 파티에 참여하여 다른 사람들과 어울리는 것은 하람이다. 당신이 나쁜 모임에 참여한다고 생각하면서도 그들이 하는 나쁜 행동을 비난할 수 없다면 특히 그러하다. 이는 "죄에는 협조하지 말며…", "알라께서는 술을 저주하신다. 술 마시는 사람을, 술을 대접하는 사람을, 술을 파는 사람을, 술을 사는 사람을, 술을 짜는 사람을, 짠 술을 취하는 사람을, 술을 운반하는 사람을, 운반된 술을 취하는 사람을 저주하신다.", "예언자는 두 종류의 식사를 금지하였는데, 첫 번째는 술을 먹는 식탁에 앉아 있는 것이며, 두 번째는 배를 깔고 누워서 먹는 것이다."[154]라는 순나에서 근거를 찾을 수 있다. (사우디아라비아 파트와 9274)

질문 : 며칠 동안 친구와 함께 그의 사무실에 있었는데, 그는 술을 마셨고 나에게 소다수를 주었다. 맛이 이상해서 물으니 알코올을 약

---

154 아부 다우드본 3774.

간 넣었다고 말했다. 마시는 것을 중단했지만 그것을 약간 마셨는데 죄가 되는지?

답변 : 술을 마시는 사람과 같이 앉아 있는 것은 허용되지 않는 하람이다. 의도하지 않고 모르고 마신 것에 대해서는 술좌석에 앉아 있었기 때문에 회개해야만 한다. 이는 "술과 도박과 우상숭배와 점술은 사탄이 행하는 불결한 것이거늘 그것을 피하라. 그리하면 너희가 번성하리라. 사탄은 너희 가운데 적의와 증오를 유발시키려 하니 술과 도박으로써 하나님을 염원하고 예배하려 함을 방해하려 하도다. 너희는 단념하지 않겠느뇨."[155], "알라와 최후의 날을 믿는 사람은 누구나 술이 돌려지는 식탁에 앉지 마라.", "예언자는 두 종류의 식사를 금지하였는데, 첫 번째는 술을 먹는 식탁에 앉아 있는 것이며, 두 번째는 배를 깔고 누워서 먹는 것이다."라는 순나에서 근거를 찾을 수 있다. (아랍에미리트 파트와 14081)

질문 : 비무슬림들이 하는 것처럼 다른 사람과 술잔을 부딪히는 것(건배)은 어떤가?

답변 : 비무슬림들이나 복종하지 않는 사람들과 술을 마시는 것은 오락이든 다른 이유로든 하람이다. 이는 "어떤 사람들과 닮은 사람은 그들 중의 하나이다."(아부 다우드본 4031), "알라께서는 술을 저주하신

---

155 코란 제5장 90-91절.

순나(하디스)는 술을 그 종류나 이름이 무엇이든, 많든 적
든, 취하게 하는 모든 것으로 규정하여 하람으로 지정하였
으며, 음주자에 대해서는 대체로 40대에서 80대의 채찍
형을 집행하는 금주법을 제정했다.(사진: 알바와바 타임즈
2015년 1월 9일자 캡쳐)

다. 술 마시는 사람을, 술을 대접하는 사람을, 술을 파는 사람을, 술을
사는 사람을, 술을 짜는 사람을, 짠 술을 취하는 사람을, 술을 운반하
는 사람을, 운반된 술을 취하는 사람을 저주하신다."라는 순나에서 근
거를 찾을 수 있다. (아랍에미리트 파트와 5319)

　질문 : 여러 명이 같이 일하고 있는데, 몇몇 동료들은 우리와 멀리
떨어진 방에서 술을 마신다. 우리는 그들의 생계 수단을 자르기를 원
하지 않는데 그들을 못 본체하면 죄가 되는가?

답변 : 우선 그들에게 알라를 두려워하라고 충고를 해야만 한다. 그리고 그들을 멀리하고 그것을 중단하도록 해야한다. 그래도 안 되면 당국에 신고해야 한다. 그러한 죄를 못 본체 하는 것도 타락을 돕는 것이며 신성을 모독하는 것이다. 이는 "술과 도박과 우상숭배와 점술은 사탄이 행하는 불결한 것이거늘 그것을 피하라. 그리하면 너희가 번성하리라.", "간음자가 간음을 할 때 더 이상 신자가 아니며, 도둑이 도둑질을 할 때 더 이상 신자가 아니고, 술을 먹은 사람이 술을 먹을 때 더 이상 신자가 아니다."[156]라는 것에서 근거를 찾을 수 있다. (카타르 파트와 26327)

이상에서 언급한 '알코올을 섭취하는 이들과의 관계'에 대한 파트와들은 무슬림들과 비무슬림들의 경우로 나누어볼 수 있다. 술을 마시는 이들이 동료 무슬림들일 경우에는 충고와 신고를 통해 금주를 하도록 만들어야 한다는 금주법을 확인하는 경우이며, 비무슬림들과의 관계(식사 초대, 파티, 술자리, 건배)에서는 "죄에는 협조하지 말고 …."라는 코란 구절을 근거로 피할 것을 권하고 있다. 따라서 이상의 파트와 구절들 또한 기존 금주법의 확인이나 해설 · 제약 · 한정의 경우로 볼 수 있다. 즉 시대가 변하고 환경이 변했음에도 불구하고 기존의 금

---

156 아부 다우드본 4689, 무슬림본 57a · 57f, 부카리본 2475 · 5578 · 6772, 나사이본 4869 · 4870 · 4871 · 4872 · 5659, 이븐 마자본 4071.

주법 규정들을 확장하고 심화함으로써 변화에 유연하게 대처하고 있음을 확인할 수 있다.

4. 맺음말

예언자 무함마드는 생존 시에 계시된 코란을 제1법원으로 하여 동시대에 발생한 다양한 상황과 사안에 대해 순나(말, 행동, 침묵과 같은 결정사항)를 통해 적절한 해결책을 제시하였다. 예언자의 사망 이후 정통 칼리파들과 후대의 이슬람 법학자들은 코란을 제1법원으로, 순나(하디스)를 제2법원으로 하여 그들의 시대에 발생하는 다양한 상황과 사안에 대해 파트와(법적 견해)를 통해 적절한 해결책을 제시하고자 노력하였다. 이때 법학자들은 파트와를 생산하면서 코란과 순나에서 파트와의 근거를 찾으려 노력하였으며, 근거를 찾지 못했을 경우에는 합의와 유추를 통해 시대가 요구하는 적절한 파트와를 제시하였다. 결국 후대의 파트와는 코란과 순나의 규정을 심화하거나 확대하였으며, 2대 법원(코란과 순나)에서 직접적인 근거를 발견하지 못한 경우에는 유사한 규정을 시대와 환경에 적합하게 유추하고 해석함으로써 적합한 법규정을 생산하였다. 즉, 코란과 순나가 가장 중요한 샤리아이며, 이를 법원으로 하여 법학자들이 생산한 파트와 또한 샤리아가 된다.

이상에서 법학파들과 현대 이슬람 법학자들의 독자적인 견해인 파트와들을 정리하고 '2대 법원과 파트와의 관계'를 통해 분석하였다. 우선 순니 4대 법학파들은 '술과 음주에 대한 견해'와 '처벌에 대한 견해'를 통해 그들이 활동하던 당시에 직면했던 상황들을 코란과 순나에 의해 제정된 금주법의 확인과 해설·제약·한정을 통해 확장하고 심화하였다. 한편, 사안에 따라 독자적인 법적 해석을 제시하였던 순니 4대 법학파들에게서 어떠한 규칙이나 패턴을 발견하는 것은 어렵다. 이렇듯 다양한 견해들이 모자이크와 같은 이슬람사회를 구성하고 있는 다양한 집단과 개인의 권리를 최대한 보호하고 있다는 점에 주목할 필요가 있다.

21세기를 살아가고 있는 현대의 이슬람 법학자들 또한 현대 무슬림들이 직면하는 다양한 사안들에 대한 질문들에 대해 코란과 순나, 순니 4대 법학파들에 의해 제정된 규정들을 확인하고 해설·제약·한정하는 방식을 통해 현대에 알맞은 법규정으로 확장하고 심화하려는 노력을 보여주고 있다. 결국 이슬람법 샤리아는 코란과 순나를 바탕으로 하여 시대와 환경의 변화에 유연하게 대처하는 신법으로 굳건히 자리 잡고 있다. 한편 각각의 이슬람국가들이 순니 4대 법학파의 견해를 추종하는 것이 다르다는 점에서(사우디아라비아와 카타르는 한발리 법학파, 요르단은 하나피 법학파, 아랍에미리트와 쿠웨이트는 말리키 법학파) 현대 파트와와 순니 4대 법학파와의 연관성 또는 현대 형법과의 연관성에 대해서는 추후 심도 있는 연구가 진행될 필요가 있다.

동성애는 간음과 같다
- 샤리아의 동성애 금지 이유와 근거

코란에 제시된 롯의 백성들 이야기를 동성애에 관한 알라의 경고와 처벌의 근거로
보았으며, 예언자 무함마드의 순나(하디스) 또한 이 구절을 동성애가 엄중한 처벌을
요하는 중대한 범죄라는 근거로 사용했다. 이후 순니 4대 법학파와 현대적인 파트와
를 제시하는 이슬람 법학자들 또한 코란과 하디스(순나)의 구절들을 동성애를 경고
하고 처벌하기 위한 근거로 해석하였다. (사진: 카타르 도하)

* 이 글은 『한국중동학회논총』 제34권 제4호에 "샤리아에 규정된 동성애와 이슬람사회의 동
 성애 인식"이라는 제목으로 게재된 논문의 내용과 형식을 일부 수정, 보완한 것이다.

1. 머리말

이슬람은 "결혼이 신앙의 절반"이라고 할 정도로 남녀 간의 결혼을 통한 자손 번성과 원활한 성생활을 적극 장려하였다. 이슬람은 독신 생활을 반대하고 성적 쾌락을 신자의 합법적 권리로 인정하며, 성 자체가 가정 내에서 신성한 기능을 한다고 보았다.[157] 반면에 결혼이라는 허용된 제도 이외의 어떠한 성적 결합도 금지하였으며, 탈선을 방지하기 위해 남녀가 사적인 공간에서 자유롭게 만날 수 있는 기회들을 차단하였다. 이렇듯 남녀 간의 금지된 성적 접촉을 가족과 사회를 파괴하는 죄악으로 규정하고 있는 이슬람세계에 동성애 문제가 오랜 기간에 걸쳐 논쟁의 쟁점이 되어 오고 있다는 점은 아이러니가 아닐

---

[157] 이슬람은 신도 수를 증가시키기 위해 대가족, 일부사처, 많은 자녀 생산을 장려하였는데 일부사처제로 인한 일부 남성의 여성 독차지가 동성애를 조장하는 원인이 되기도 하였다 (Jelena Čvorovič 2006, 101). 이슬람 법학파들 중 말리키와 하나피 법학파는 결혼을 남성의 의무이며, 결혼이 성적 문란함과 간음, 동성애로부터 남성을 지켜준다고 보았다(하이다 모기시 2009, 50-51).

수 없다.[158]

이 글에서는 우선 동성애[159]에 관해 다루고 있는 샤리아 구절들을 구체적으로 살펴보고, 이슬람사회의 동성애 현상을 역사적 맥락에서 정리하였다. 이러한 목표를 달성하기 위해 코란과 하디스(순나), 순니 4대 법학파들(한발리, 말리키, 샤피이, 하나피)의 법적 견해와 현대 이슬람 법학자들의 동성애에 관한 파트와를 정리하였다. 다음으로 동성애에 대한 이슬람사회의 시대별 현상과 인식은 어떠했는지, 동성애가 행해졌던 장소와 대상, 그 이유와 원인은 무엇이었는지, 아랍·이슬람 세계의 가장 주도적인 기록 매체였던 시문학에서는 동성애의 문제를 어떻게 표현하고 있는지 등의 문제 제기를 통해 샤리아와의 상관성을 도출하고자 노력하였다.[160]

---

158 법학파들이 동성애를 불법으로 비난하고 처벌을 주장하였지만 그 처벌은 거의 이루어지지 않았으며, 무슬림들 사이에서는 "공공연한 비밀"이 되어 왔다(Jelena Čvorović 2006, 87-88).

159 여기서는 '동성애'를 동성에 대한 성적 지향이나 우호적인 감정이 아니라 행위와 처벌이 동반되는 동성 간의 실제 관계라는 의미로 한정하여 용어를 사용하였다. 한편 동성애를 나타내는 용어로 '리와뜨, 루띠야, 수후크, 시하크, 무사하카'가 사용되는데, '리와뜨'는 남성 동성애 또는 남녀를 불문한 항문 성교를 말하며, '수후크'는 여성 동성애를 나타낸다.

160 연구의 독창성과 선행 연구들과의 차별성을 확보하기 위해 국내·외에서 발표된 주요 연구들을 정리해 보면 다음과 같다: 우선 국내에서 이슬람과 동성애에 관해 언급한 논문은 "이슬람과 성적 소수자"(2014)가 유일하다. 이 글은 이슬람세계의 성적 소수자와 인권의 문제에 초점을 맞추고 있어 본 연구와는 연구 방향이 달라 방향 설정의 자료로만 활용하였다. 그 외 참고문헌에 언급한 다수의 저서와 논문들은 샤리아와 동성애를 부분적으로 다루거나 사회적 인식만을 다루고 있는 데 비해, 이 글은 샤리아에 입각해 그 규정과 처벌을 종합적이고 체계적으로 다루면서도 이슬람사회의 동성애에 대한 인식과 샤리아 적용을 아우르고 있다는 점에서 차별성이 확보된다고 할 수 있다. 동성애를 다룬 외국의 가장 주목할 만한 연구 성과로는 *Homosexuality in Islam*과 "The role of Homosexuality in classical Islam"을 들 수 있다. 우선 첫 번째 저서는 코란과 하디스, 법학파들의 동성애에

이 글은 현대에 들어 성소수자들의 인권과 관련된 국제적 논란[161]에도 불구하고 동성애가 시간적·공간적인 시점에서 불법이냐, 합법이냐를 판단하거나 아랍·이슬람세계의 동성애 실상에 대한 비판적인 고발을 하고자 함이 아니다. 그보다는 문화상대주의의 시각을 견지하여 이슬람세계의 성에 대한 인식을 살펴봄으로써 아랍과 이슬람에 대한 이해의 폭을 확대하는 계기로 삼고자 하였다.

2. 샤리아의 동성애 규정과 시각

우선 이슬람의 법 체계인 샤리아의 가장 중요한 법원들인 코란과 하디스(순나)의 동성애 관련 구절들을 살펴보고, 코란과 하디스(순나)에 의거해 독자적인 법 해석을 했던 순니 4대 법학파들의 동성애에 대한 규정과 시각을 정리하였다. 또한 동성애 문제의 현재성을 획득하기 위해 카타르 법무성 산하 파트와 센터에서 제공하는 동성애 관

관한 내용들과 성소수자의 결혼과 경험들을 그들의 권리와 인권에 의거해 분석하였으며, 본 연구의 균형 있는 시각 견지에 도움이 되었다. 두 번째 선행연구는 연구프로젝트의 일환으로 작성된 것으로써, 샤리아에 나타난 동성애에 대한 개괄적인 정보를 제공하였으며, 특히 이슬람사회에 나타난 동성애의 상황과 역할에 대해서는 상당한 방향성을 제공하였다.

161 2011년 6월 유엔인권이사회 결의안(A/HRC/Res/17/19)을 채택하는 과정에서 인권이사회를 구성하는 47개의 국가들 가운데 23개 국가가 찬성을, 19개 국가가 반대를, 3개 국가가 기권했다. 성적지향과 성별정체성을 이유로 한 차별과 인권의 문제에 대해 유엔이 공식적으로 채택한 최초의 결의안이라는 역사적인 의의가 있는 이 결의안에 사우디아라비아를 비롯한 이슬람국가들은 모두 반대하였다(안정국 2013, 161).

런 파트와 일부를 소개하였다.

1) 코란

코란에서 동성애 관습에 대한 언급은 예언자 롯과 그의 백성들이 한 행동에 관한 제7장 80-84절에 나타나 있다.[162]

"하나님이 롯을 보내니 그가 그의 백성들에게 말하기를, 너희 이전 어떤 세상 사람도 하지 아니한 부도덕한 일을 너희들은 저지른단 말이뇨."(80절)

"너희는 여성 대신 남성에게 욕망을 가지고 접근하니 실로 명령을 위반한 백성이라."(81절)

"이때 그의 백성들이 대답하여 말하길, 그들을 마을에서 추방하라. 실로 이들은 순수해지려 하는 사람들이다."(82절)

---

162 코란에 동성애 행위를 한 롯의 백성들에 관한 이야기는 제26장 165-166에도 언급되고 있으며(유숩 카르다위 2012, 196-197), 그 외에도 6:86, 11:70-81, 15:59-61, 21:71-74, 22:43, 27:54-56, 29:26-33, 37:133, 38:13, 50:13, 54:33-34, 66:10에서 관련 구절들이 발견된다(최영길 외 2005, 992). 롯이 애굽을 떠나 소돔에 정착할 당시 그곳 사람들의 도덕성은 부패했고 성의 윤리는 극도로 타락해 있었으며, 인류 역사상 동성애를 즐긴 최초의 사람들로 알려져 있다(최영길 2009, 89-92; 59-65, 1985. محمد أحمد جاوالمولى). 한편 코란에는 '동성애, 게이, 레즈비언, 양성애, 성 전환'과 같은 용어들이 직접 언급되지는 않는다(Hassan El Menyawi 1912, 435; Scott Siraj al-Haqq Kugle 2010, 50).

순니 4대 법학파들은 동성애가 범죄 행위라는 데는 동의하지만, 그의 엄중함에 대해서는 이견을 가지고 있다. 즉 한발리, 말리키, 샤피이 법학파는 동성애를 간음(지나)과 같은, 또는 그보다 더 엄중한 수준의 범죄로 보는 반면, 하나피 법학파는 간음보다는 덜 엄중한 범죄로 간주한다. (사진: 이집트 카이로 나일강)

"그래서 하나님은 그의 아내를 제외한 그와 그의 가족을 구하였다. 그녀는 명령을 위반한 이들 중에 있었다."(83절)

"그래서 하나님은 그들 위에 비를 내렸다. 그러니 죄인들의 말로가 어떠했는지 보라."(84절)

여기에서 알 수 있는 것은 '하나님이 동성애에 빠진 롯의 백성들에게 (유황)비를 내려 멸하였다.'는 것인데,[163] 구체적인 처벌에 대해서는 언급되지 않았다.

한편 동성애의 처벌에 대한 언급은 코란 제4장 15절과 16절에서 발견된다.

"너희 여인들 가운데 음란한 자 있다면 네 명의 증인을 세우고 만일 여인들이 인정할 경우 그 여인들은 죽을 때까지 집안에 감금되거나 아니면 하

---

163 많은 고전 법학자들은 이 구절이 동성애 죄와 그 처벌에 관한 구절이라고 주장하지만, 안달루스의 법학자 이븐 하즘(994-1064)은 이상의 코란 구절이 동성애 행위에 대한 처벌을 언급한 구절이라는 주장에 반대한다. 그는 롯의 백성들이 멸망한 주된 이유가 동성애 행위 때문이 아니라 롯의 부족이 우상숭배자들이었으며, 예언자인 롯의 경고를 무시했기 때문에 동성애 행위자들과 함께 여성, 아이들까지도 벌을 받았다는 것이다(Hassan El Menyawi 1912, 436-438Scott Siraj al-Haqq Kugle 2010, 51-56). 또한 현대의 성소수자(게이, 트랜스젠더, 레즈비언) 무슬림들도 롯의 이야기를 동성애 행위라고 일방적으로 몰아가는 것에 대해 반대하며, 이 이야기는 불신앙과 롯의 예언자성에 대한 거부에 관한 것이라고 주장한다(Scott Siraj al-Haqq Kugle 2010, 51).

나님께서 다른 방법으로 그 여인들에게 명할 것이라."[164](15절)

"너희들 가운데 있는 두 남자들이 비합법적인 성관계를 하였다면 그 두 사람의 명예를 빼앗아라. 만일 그들이 회개하고 바로잡는다면 내버려두어라. 왜냐하면 하나님은 회개를 수락하는 자비로운 분이시라."[165](16절)

이상의 코란 구절들이 동성애와 그 처벌에 관한 구절인지에 대해서는 다양한 해석과 논란이 있어 왔으며, 전적으로 동성애에 관한 구절이라는 합의는 이루어지지 않았다. 그럼에도 불구하고 많은 학자들이 위의 코란 구절들을 동성애와 관련된 것으로 이해하고 있으며, 스페인 안달루스의 법학자 이븐 하즘과 같은 반박 주장을 충분히 고려한다 하더라도 동성애와 전혀 관련이 없다고는 볼 수 없다. 또한 하디스(순나)와 이후의 칼리파들, 그리고 법학자들에 의해서도 '롯의 백

---

164 이 구절이 여성 동성애를 가리킨다는 주장은 10세기 무으타질라 학자인 이스파하니(897-967)가 처음으로 주장했으며, 이후에 자마크샤리(1074-1143)나 바이다위(?-1292) 등이 반복한 것이다(Scott Siraj L-Haqq Kugle 2010, 64). 그러나 이 구절이 여성 동성애에 관한 구절인지에 대해서는 완전한 합의가 이루어지지 않고 있다(Kecia Ali 2010, 81).

165 이 구절(والذان يأتيانها منكم فاذهما فإن تابا وأصلحا فأعرضوا عنهما إن الله كان توابا رحيما)에 사용되고 있는 '둘(هما)'에 대해 일부 학자들이 동성애로 이해하지만(Scott Siraj al-Haqq Kugle 2010, 156), 또 다른 일부 학자들은 두 남자이거나 한 남자와 한 여자, 즉 비합법적인 이성애(زنا)로 보기도 한다(Jane Dammen McAulife 2002, 445). 이 구절 또한 동성애에 대한 금지 명령이라기보다는 자비로운 하나님의 권능을 설명하고 있다는 주장도 있다. 코란에는 크고 작은 죄와 위반에 대한 처벌과 회개가 명시되어 있는 데 반해, 동성애에 대한 처벌은 분명하게 명시되어 있지 않다(Martin 1997, 5-7).

성들이 한 행위'는 동성애와 관련 지어 언급되고 있다.[166]

2) 하디스(순나)

한편 예언자 무함마드의 순나를 기록한 하디스에는 동성애에 대한 구절들이 여러 곳에서 발견되며, 이는 코란의 불명료함이나 해석의 개방성에서 기인한다고 할 수 있다. 일반적으로 7세기 초에 계시된 코란이 이후의 이슬람사회가 직면하게 되는 다양한 문제들에 대해 명료한 해답을 제시하지 못하는 경우, 예언자로부터 전해진 이야기들과 일화들이 권위와 지식의 원천으로 사용되었다. 동성애에 대해서도 코란에서 명료한 개념과 처벌 근거를 발견하지 못한 이슬람사회와 법학자들인 울라마들은 자연스럽게 순나에서 그 근거를 찾으려고 노력했다.

우선 하디스에 언급된 동성애 관련 구절들을 정리하면 다음과 같다.[167]

---

166 칼리파가 된 아부바크르는 "롯의 백성이 한 행위"를 저지른 한 남자에 대한 판결이 요청되었을 때, 협의를 거쳐 코란에 언급된 롯의 백성에게 행해진 알라의 처벌과 같은 화형에 처할 것을 명령했다. 이것이 동성애 행위에 대한 최초의 처벌로 기록되었으나, 그의 처형이 동성애 행위 때문이 아니라 배교 행위 때문이라는 주장도 있다(Scott Siraj al-Haqq Kugle 2010, 135, 139).

167 동성애 관련 내용들은 6대 하디스를 정리해 놓은 웹사이트(http://sunnah.com/)에서 'لوطي, لوطية, sodomy, homosexuality'라는 키워드를 사용하여 관련 구절들을 추출하고 번역하여 정리하였다.

① "롯의 백성들이 한 행위를 한 이들에 대해 '위에 있는 자와 아래 있는 자 모두를 돌로 쳐라.'"(이븐 마자본 Book 20, Hadith 2659)

② "너희들 중 롯의 백성들이 한 행위를 하는 자를 발견하는 이는 능동자와 수동자를 살해하라."(티르미디본 12456)

③ "결혼을 하지 않은 한 남자가 동성애 죄로 체포되면 그는 돌에 맞아 죽게 될 것이다."(아부 다우드본 4463)

④ "너희들 중 롯의 백성들이 한 행위를 하는 자를 발견하는 이는 능동자와 수동자를 살해하라."(이븐 마자본 Book 20, Hadith 2658)

⑤ "내가 이슬람공동체에서 가장 두려워하는 것은 롯의 백성들이 한 행위이다."(이븐 마자본 Book 20, Hadith 2563)

⑥ "만일 한 남자가 다른 남자에게 '여성 같은 이여'라고 말하면 그를 채찍으로 20대 쳐라. 만일 한 남자가 다른 남자에게 '동성애자여'라고 말하면 그를 채찍으로 20대 쳐라."(이븐 마자본 Book 20, Hadith 2665)

⑦ "내가 이슬람공동체에서 가장 두려워하는 것은 롯의 백성들이 한 행위

이다."(티르미디본 1457)

⑧ "너희들 중 롯의 백성들이 한 행위를 하는 자를 발견하는 이는 능동자와 수동자를 살해하라."(아부 다우드본 4462)

⑨ "만일 어떤 사람이 한 소년과 동성애를 즐기게 되면 그 소년의 어미는 그 남자와 결혼을 할 수 없다."(부카리본 5105)

이상의 하디스 구절들을 종합해보면 다음 몇 가지 사항에 주목할 수 있다.

첫째, 하디스 구절 또한 코란 구절과 마찬가지로 다양한 해석의 여지가 개방되어 있다는 점이다. "내가 이슬람공동체에서 가장 두려워하는 것은 롯의 백성들이 한 행위이다."라는 하디스 구절을 이븐 하즘의 반론에 비추어보면, 동성애만을 가리키는 것이 아니라 우상숭배자들의 이교도적인 행동 모두를 가리킨다고 볼 수 있다. 또한 "너희들 중 롯의 백성들이 한 행위를 하는 자를 발견하는 이는 능동자와 수동자를 살해하라."라는 구절에서 '능동자와 수동자'도 이교도적인 행동을 주도하는 주동자와 추종자로 해석할 수 있다. 그런데 이 두 가지 경우에 이교도적인 행동에서 동성애를 배제할 수는 없다. 결국 이 구절에서 '롯의 백성들이 한 행위'를 동성애 행위로 한정하고, 동성애를 간음에 상당하는 중대한 범죄로, 이슬람공동체 움마가 가장 경계해야만 할 중대 범죄로 해석할 수도 있다.

둘째, 동성애에 대한 처벌 여부나 그 방식이 통일되어 있지 않다는 점이다. 어떤 구절에서는 동성애자들에 대한 처벌이 돌, 즉 투석형이라고 언급되어 있으나(①, ③), 일부 구절에서는 처벌 방식에 대한 언급이 없으며(②, ④, ⑦, ⑨), 동성애에 대한 두려움을 표현하고(⑤, ⑦), 동성애 지향에 대한 처벌이나(⑥), 결혼 제한(⑨)을 언급하고 있다. 한편 ③에서 미혼자에 대한 투석형만 언급하고 있지만, ①에서와 같이 위에 있는 자와 아래 있는 자 모두에게 투석형을 집행하거나 ②, ④, ⑧에서 보듯 능동자와 수동자에게 투석형을 집행하는 것을 볼 때 기혼자 또한 당연히 투석형이 적용된다고 볼 수 있다.[168]

3) 순니 4대 법학파

동성애 행위의 처벌 여부나 방식에 대한 문제는 하디스(순나)를 통해서도 분명하게 통일되지 못함으로써 법학파들의 몫으로 돌아갔다.

---

168 코란이나 하디스에는 동성애 행위에 대한 처벌이 핫드형이라는 명백한 언급은 없다. 그러나 간음의 경우에는 명백히 핫드로 규정되어 있으며, 코란에는 미혼자에게 100대의 태형을, 하디스에는 기혼자에게 투석형을 선고하고 있다(Hassan El Menyawi 1912, 399-400). 따라서 이에 비추어 볼 때 미혼자에게 투석형을 집행한다면 기혼자에게는 당연히 투석형이 집행된다고 볼 수 있다.

9-10세기에 활동했던 법학파들은[169] 사회가 직면한 어떠한 문제점에 대한 해결책을 찾기 위해 노력하였는데, 그 해결책들은 각 법학파가 인정하고 있는 전통과 판례를 따름으로써 다양해질 수밖에 없었다. 또한 처벌의 방식 정도도 법학파들과 각 지역 공동체들, 사회의 다양한 상황에 따라 달라졌는데, 각 법학파들의 고유한 견해에 따라 처벌이 감해지기도 하고 강화되기도 하였다.

순니 4대 법학파들의 동성애에 대한 견해와 처벌에 대한 내용들을 표로 정리해보면 다음과 같다.[170]

법학파	관련 내용	처벌
한발리[171]	동성애 행위를 비합법적인 성행위인 간음의 범주로 간주한다. 이들 중 일부는 동성애가 간음보다 더 나쁘다고 생각하였다.	투석이나 칼에 의한 사형을 선고하였다. 어떤 법학자는 능동자만 사형을, 수동자는 태형과 추방을 주장했다.

---

169 법학파들이 동성애 행위에 대한 처벌을 결정할 때 그들 간에 이견이 발생하는 원인들 중 하나는 동성애 행위자들의 결혼 여부였다. 일반적으로 그 행위자가 독신인 경우에는 완전한 처벌이 적용되지 않았다. 결혼한 남성이 동성애 죄를 범한 경우에는 최대 한도의 처벌을 받지만 독신 남성의 경우는 최소한의 처벌을 받았다(Martin 1997, 9-10; Abdelwahab Bouhdiba 1998, 15).

170 법학파들의 동성애에 관한 견해들은 다음 자료들의 내용들을 종합하여 정리하였다(عبد الرحمن الجزيري 1999, 112-118; Scott Siraj al-Haqq Kugle 2010, 145-166; http://www.answering-islam.org/Authors/Arlandson/homosexual.htm/http://www.faithology.com/topics/homosexual -practices-in-individual-schools-of-islam

171 이맘 한발리는 기본적으로 법학자들의 이성보다는 하디스의 문자에 충실할 것을 주장했다. 그래서 남성들 간의 동성애 행위를 간음과 동등한 죄로 보고 투석형으로 처벌할 것을 요구했다(Scott Siraj al-Haqq Zugle 2010, 154). 한발리는 신학, 특히 무으타질라 신학으로 인해 코란을 인간의 이성으로 해석하게 되어 오류를 범하고 있으며, 그 결과 전지전능한 신의 책을 왜곡하게 되었다는 생각 아래 모든 신학 자체를 부정하였다(이원삼 2010, 38).

말리키[172]	동성애의 유죄를 입증하기 위해서는 성인 남자 네 명의 목격이나 피고인이 네 번의 다른 기회들에서 고백을 해야만 한다.	결혼 여부에 관계 없이 양 자 모두 투석에 의한 사형을 선고했다.
샤피이[173]		결혼을 하지 않은 이에게는 태형과 일시적인 추방을, 결혼을 한 이에게는 투석이나 칼에 의한 사형을 선고했다.
하나피	동성 간의 성행위를 금지하며, 육체적인 처벌은 판사의 결정에 따르지만 일반적으로 필요하지 않다고 보았다. 처벌이 코란과 하디스에 의해 규정되지 않았기 때문에 동성애 행위는 타으지르형(교정형)이라고 보았으며, 핫드형(고정형)보다 덜 심각한 것으로 보았다.	판사의 결정에 의한 처벌(타으지르)에 해당한다고 보았다. 처벌은 벌금이나 태형이며, 반복될 경우는 사형이 집행될 수 있다.

　　이상에서 언급한 순니 4대 법학파들의 견해를 종합해보면 다음과 같은 몇 가지 사항에 주목해 볼 수 있다.[174]

---

172 샤리아를 체계화하려는 초창기의 시도들은 무슬림의 관습을 이슬람법으로 입안하는 것이었다. 특히 이맘 말리크는 이슬람법을 메디나 어른들의 관습이라고 생각했다. '롯의 백성들이 한 행위'를 한 사람은 결혼을 했건 안 했건 투석형을 집행하는데, 이러한 결정은 메디나의 존경받는 어르신들의 관습이었다. 이처럼 말리크는 메디나 제1세대 무슬림들의 관습을 보편적인 이슬람법의 표준으로 삼았다(Scott Siraj al-Haqq Zugle 2010, 145-147).

173 이맘 샤피이는 이슬람법이 무슬림들의 축적된 관습이 아니라, 코란과 하디스를 기초로 한 유추(연역적 이성)이어야 함을 강조했다. 그래서 동성애 행위에 대한 처벌도 간음의 처벌에 유추해 핫드형을 집행해야 한다고 주장했다(Scott Siraj al-Haqq Zugle 2010, 150-151). 이맘 샤피이는 이슬람법이 무슬림들의 축적된 관습이 아니라, 코란과 하디스를 기초로 한 유추여야 함을 강조했다. 그래서 동성애 행위에 대한 처벌도 간음의 처벌에 유추해 핫드형을 집행해야 한다고 주장했다(Scott Siraj al-Haqq Zugle 2010, 150-151).

174 동성애에 대한 법학파들의 견해를 이해하기 위해서는 몇 가지 사전 이해가 필요하다. 첫째, 법학파들은 남색(sodomy)만을 다루고 있다. 둘째, 각 개별 법학파의 공식적인 태도가 그 법학파 내의 권위자에 의한 공식적인 선언이 아니며, 법학파 내에서도 이견이 있다는 사실이다. 셋째, 각 법학파의 견해는 이슬람의 보편적인 태도가 아니라 다양한 법적 견해라는 것이다. 또한 동성애 행위에 대한 법적 처벌은 무슬림이 다수인 국가에 한정된다. 예를 들면 미국에서 동성애 행위를 한 게이나 레즈비언은 모스크에 의해 거부되거나 이슬람공동체로부터 추방될 수는 있지만 어떠한 법적 처벌을 받지는 않는다(http://www.faithology.com/topics/homosexual-practices-in- individual-schools-of-islam).

첫째, 네 법학파들은 동성애가 범죄 행위라는 데는 동의하지만, 그의 엄중함에 대해서는 이견을 가지고 있다. 즉 한발리, 말리키, 샤피이 법학파는 동성애를 간음(지나)과 같은, 또는 그보다 더 엄중한 수준의 범죄로 보는 반면, 하나피 법학파는 간음보다는 덜 엄중한 범죄로 간주한다.

둘째, 동성애의 처벌에 대해서도 이견을 가지고 있다.[175] 한발리, 말리키, 샤피이 법학파는 동성애를 핫드형에 해당한다고 보았고, 처벌은 사형이나 태형으로 규정했다.[176] 반면에 하나피 법학파는 코란이나 하디스(순나)에 동성애가 핫드형으로 명백하게 언급되지 않았기 때문에 교정형인 타으지르형으로 분류했으며, 처벌은 태형이나 벌금으로 규정했다. 그러나 다소 관대한 처벌을 주장하는 하나피 법학파도 그 행위가 반복될 경우에는 사형 집행을 규정하고 있다.

---

175 동성애를 핫드형으로 규정한 세 법학파들 간에도 처벌이 하디스에 직접적으로 규정되어 있다는 주장과 간음의 파생된 유추라는 주장으로 일치되지 않는다. 네 법학파들은 하나님이 동성애를 비난하고 금지했지만, 코란이 동성애에 대한 처벌을 규정하지 않았다는 데에 동의하고 있다. 한편, 같은 법학파 내의 법학자들 간에도 의견이 일치하지 않을 수 있다. 예를 들면, 하나피 법학파 내에서도 다수가 동성애를 핫드형으로 보지 않는 데 반해 일부는 간음의 핫드형에 유추해 동성애도 핫드형을 부과할 것을 주장한다. 또한 통치자마다 처벌을 집행하는 방식이 달랐는데, 제1대 정통칼리파인 아부바크르는 주체자를 붕괴된 담 아래에 생매장하고 그 상대자는 화형을 시킬 것을 명했다. 3대 칼리파인 우쓰만은 결혼을 하지 않은 동성애 주체자에게 100대의 채찍형을 내렸으며, 4대 칼리파인 알리는 주체자에게는 투석형을, 그 상대자에게는 모스크 첨탑 꼭대기에서 떨어뜨리는 형을 집행했다(Hassan El Menyawi 2012, 400-404).

176 쉬아(시아)의 12 이맘파 또한 순니의 세 법학파들처럼 양자 모두에게 사형을 규정했으며, 4명의 증인을 요구했다(Wael B. Hallaq 2009, 315). 또한 실제 삽입이 발생하지 않았다고 하더라도 양자 모두를 엄격히 처벌했다(John L. Esposito 2009, 438).

셋째, 동성애의 유죄판결을 위한 특정한 증거 필요조건들에 이견을 보이고 있다. 동성애를 핫드형으로 규정하는 한발리, 말리키, 샤피이 법학파는 더욱더 엄격한 증거 원칙들을 가지고 있는데, 유죄를 입증하기 위해서는 성인 남자 네 명의 목격이나 피고인이 네 번의 다른 기회들에서 고백을 해야만 한다. 반면에 동성애를 타으지르형으로 규정하는 하나피 법학파는 좀 더 느슨한 증거 원칙을 가지고 있다.[177]

4) 현대 이슬람 법학자들

이슬람 법학자가 어떤 사안에 대하여 코란과 하디스(순나)에 입각하여 내놓은 의견인 파트와는 법적인 판결이 아닌 종교적 의견이지만 일부 나라에서는 법과 같은 권위를 갖기도 한다. 여기서는 동성애에 관한 현대 이슬람 법학자들의 견해와 아랍인들의 관심사를 통해 동성애 문제의 현재성을 획득하기 위해 일부 파트와들을 발췌하여 번역하고 정리하였다.[178]

---

177 세 법학파들의 경우 동성애를 유죄로 판결하기 위해서, 증언은 필수적이며, 4명의 남성(성인, 자유인, 책임감 있는 사람)의 직접적인 목격에 대한 증언이 있어야 하며, 상황 증거나 소문은 채택하지 않았다. 증언의 필요조건들은 매우 엄격하며 중상 모략자에 대해서는 80대의 태형이 적용되었다. 만일 동성애 혐의자가 4번의 다른 시간대에 자백을 한다면 증인 4명의 증언과 같은 것으로 간주되었다. 한편, 하나피 법학파는 증언과 함께 상황 증거와 소문을 채택하며, 증거가 있으면 동성애에 대한 유죄 판결이 가능하였다(Hassan El Menyawi 2012, 404-406).
178 여기서 다룬 파트와들은 카타르 종교성 산하 〈파트와 센터〉에서 운영하는 웹(http://

질문 : 핫드형을 받아야만 하는 지나(간음)의 조건은 무엇(완전한 삽입)인가? 만일 삽입이 완전하지 않고 외부적 접촉이었다면 어떤가?

대답 : 핫드형을 받아야만 하는 지나는 완전한 삽입일 경우이다. 만일 간음자가 결혼을 하지 않았다면 100대의 태형과 1년간 추방이며, 그가 정당한 결혼을 한 기혼자라면 죽을 때까지 돌로 칠 것이다. 만일 엉덩이에 삽입하였다면 그것은 동성애이다. (2000.12.14 / 4458)

질문 : 적을 속이기 위해 술을 마시거나 간음을 하거나 술집에 가는 것처럼 법에 위반되는 행위들을 하는 것이 가끔은 허용되는가?

대답 : 어떤 조건하에서도 간음이나 술을 마시거나 동성애와 같이 혐오스러운 행동은 금지된다. (2001.06.26 / 8789)

질문 : 동성애를 하지 않은 아이들과 성적인 대화를 하는 것에 대한 판결은 무엇인가?

대답 : 아이들과 성적인 대화를 하는 것은 동성애에 이르지 않았다 하더라도 그곳에 이르게 하는 길이다. 그런데 동성애는 가장 큰 범죄들 중의 하나이며, 가장 수치스러운 일들 중 하나로써, 동성애자는 천성이 고통을 당하게 된다. … 이런 이유 때문에 이슬람은 능동자와 수동자를 처벌한다. … 동성애는 가장 혐오스런 지나(간음)의 종류들 중

---

fatwa.islamweb.net/fatwa/index.php)에 'لواط'라는 키워드를 입력하여 검색한 내용들 중 일부를 발췌하여 번역하였다. 질문과 파트와 중 동성애와 관련된 내용만을 요약하였으며, 노골적인 표현은 일부를 변경 또는 생략하였다. 파트와 내용 뒤에 센터에서 파트와를 발행한 날짜와 발행번호를 제공하여 신뢰도를 제고하였다.

하나이다. (2002.09.19 / 22501)

질문 : 핫드형의 집행을 필요로 하는 금지된 행위들은 무엇인가?

대답 : 샤리아가 핫드형의 처벌을 규정한 중대한 7가지 범죄들은 살인, 배교, 간음, 거짓 고발, 음주, 절도, 노상 강도이다. … 한편, 동성애는 간음의 의미에 포함되며, 동성애자의 처벌에 있어서는 서로 다르다. 법적으로는 그가 어떤 상황에 있든지, 결혼을 했건 안 했건, 능동자이건 수동자이건 사형이다. 단 그는 제정신이어야 하며, 강요되지 않아야 한다. (2004.02.25 / 17567)

질문 : 나는 남자 친척이 자고 있을 때 그의 성기를 만지는 수치스러운 일을 했다. 그는 15살인데, 아직까지 그 일을 모르고 있다. 그러나 내가 한 행동이 매우 후회스럽다. 이것은 동성애로 여겨지는가?

대답 : 당신이 한 행동에 대해 회개를 해야만 한다. 왜냐하면 그것은 금지된 일이기 때문이다. (2003.04.23 / 31073)

질문 : 나는 외국인과 함께 일하고 있는데, 이 남자가 나를 너무 좋아한다. 어느 날 나는 사탄의 유혹에 넘어가 동성애 죄를 저질렀다. 내가 알기로 완전한 삽입이 아니면 죄가 되지 않는다고 하는데 확실히 모르겠다.

대답 : 당신은 이 큰 죄에 대해 회개해야만 한다. 왜냐하면 동성애는 가장 추하고 가장 역겨운 범죄들 중 하나이기 때문이다. 알라께서도 그러한 행위를 한 롯의 백성들을 비난하셨다. (2004.12.19 / 57027)

질문 : 나는 타워에 살고 있으며, 엘리베이트에 가끔씩 한 남자와 같이 탄다. 그런데 우리만 남았을 때 그가 내게 키스를 하고 나를 끌어안는다. 나는 그에게 하지 말라고 했는데도 계속 한다. 그리고 가끔은 사탄이 내게 동성애를 속삭이기도 한다. 이 속삭임에는 건강한 무엇인가가 있는가?

대답 : 남자들 간의 키스와 포옹이 동성애는 아니다. 그러나 그것은 동성애로 가는 길이다. 그래서 그 남자를 강하게 꾸짖기를 충고한다. 그렇지 않으면 그 남자는 원할 때마다 키스와 포옹을 하려 할 것이다. 엄청나게 수치스러운 일이 발생하기 전에 강하게 막아야 한다. (2004.05.02 / 48196)

질문 : 벌거벗은 남자들의 사진을 보는 것은 동성애인가?

대답 : 금지된 것들을 보는 것은 절대로 금지되어 있다. 그러나 벌거벗은 남자의 사진을 보는 것은 행위자를 핫드형에 처해야 하는 동성애로 여겨지지 않는다. (2004.12.09 / 56621)

질문 : 나는 몇 년 동안 나쁜 (남자) 친구랑 수치스러운 동성애를 했는데, 지금은 알라께서 치료해 주셨다. 그러나 가끔씩 악에 사로잡혀 둥근 무엇인가를 내 엉덩이에 넣는다. 이것이 동성애인가?

대답 : 알라께서 당신이 동성애를 벗어나도록 치료해주셨는데, 동성애자에 대한 알라의 처벌은 지독한 고통이다. … 내가 알기론 무엇인가를 엉덩이를 집어넣는 것은 동성애는 아니지만 수치스러운 행동

으로 금지된 것이다.(2005.03.23 / 60159)

　질문 : 한 친구가 그의 (남자) 친구를 포옹하고 그의 입과 그의 모든 신체에 키스를 한다면 이것은 동성애인가?

　대답 : 남자가 남자의 입에 키스를 하는 것은 허용되지 않으며, 여자가 여자의 입에 키스를 하는 것도 허용되지 않는다. 또한 어떠한 차단막도 없는 몸을 만지면서 포옹하는 것도 허용되지 않는다. … 이것이 핫드형이 집행되어야 하는 동성애는 아닌 것으로 여겨진다. 왜냐하면 동성애는 법적으로 한 남성의 성기가 상대편의 엉덩이에 완전한 삽입을 한 것이기 때문이다.(2006.03.05 / 72196)

　이상의 파트와 구절들을 종합해보면 다음과 같은 몇 가지 사항에 주목할 수 있다.

　첫째, 현대 이슬람 법학자들의 파트와에서도 동성애에 대한 견해가 간음에 상당한다고 보는 경우에서부터 혐오스럽고 금지된 행위로 보는 경우까지 다양하다.

　둘째, 동성애의 처벌에 대해서도 여전히 이견이 존재하고 있다. 동성애를 가장 혐오스러운 간음의 수준이라고 보는 경우에도, 결혼 유무에 관계없이 사형 집행을 언급하는 경우와 알라에 대한 회개를 권하는 경우, 처벌의 종류와 방식을 언급하지 않은 경우가 있다.

3. 이슬람사회의 동성애 인식

동성애에 대한 언급과 처벌을 명확하게 제시하지 않았지만, 코란은 예언자 롯의 백성들이 한 행위와 관련된 여러 번의 언급을 통해 동성애 행위를 부도덕하고 수치스러운 일로 규정하였다. 이후 예언자의 순나(하디스)를 통해 코란의 불명료함이나 해석의 개방성을 극복할 수 있는 분명한 해결책을 찾고자 노력하여 동성애가 이슬람사회에 해가 되는 범죄 행위라는 인식을 확인하였다. 그러나 동성애 행위의 처벌에 대해서는 적절하고 분명한 방법을 제시하지 못하였다. 결국 동성애 문제는 9-10세기에 본격적으로 활동했던 순니 4대 법학파들에게 던져졌으며, 그들 또한 다양한 상황들(법학파, 공동체, 사회 등)을 고려하게 되면서 처벌과 증명의 방식에 있어 더욱더 다양한 견해들을 제시하였다.

이처럼 동성애의 법적 규제가 지속적으로 논의되었다는 점은 아랍세계에 이슬람이 도래하기 이전에도 동성애가 존재하고 있었으며, 이슬람 이후에도 계속해 사회적 문제가 되고 있었다는 증거라 할 수 있다. 따라서 여기서는 이슬람 이전 시대(450-622)의 동성애 상황을 시작으로 이슬람 시대의 동성애 상황을 장소와 대상, 그 원인과 이유를 중심으로 살펴보았다. 또한 아랍·이슬람세계의 가장 주도적인 기록

매개체라고 할 수 있는 아랍시[179]를 통해 동성애 관습의 모습을 확인하려 시도하였다.

동성애는 이슬람 이전 시대에도 보기 드문 관습이 아니었으며, 다양한 종교와 관습을 가진 사람들이 모이는 시장과 주변 지역으로 자유롭게 이동했던 상인들 그리고 우상숭배 관습들이 동성애의 확산에 일조하였다. 특히 빈번하게 발생했던 군사정복이 동성애 관습의 확산에 밀접한 관계가 있다고 여겨졌다.

"이슬람 이전 시대와 이슬람 초기 시대에 동성애가 확산된 것은 방어력이 없는 방대한 인구 위에 호전적인 정복자 계층이 중첩된 결과였다. 아시리아, 바빌로니아, 페르시아, 마케도니아, 로마의 정복은 고대 근동의 모든 독립 국가들을 휩쓸었다. 이후 아랍, 터키, 몽골 등 어떤 정복자들이건 그들이 좋아하는 것은 모두 가질 수 있었다. 끝없이 제공된 모든 종족들, 색깔들, 모양들, 인격들을 가진 소녀들을 경험한 뒤 한층 더 강력한 만족이 요구되었다. 그 결과, 매력 있고 젊은 청년들의 유행이 힘 있는 남자들의 특권이 되었다. 그러나 그러한 일들이 빈번하게 일어나게 되면서

---

179 아랍시는 이슬람 이전 시대부터 이슬람 시대 전반에 걸쳐 아랍세계의 가장 주도적인 문학 매개체였으며, 동시대의 온갖 사건들과 현상들을 기록한 역사라 할 수 있다. 즉 시와 시인은 동시대의 대변인이라 할 수 있다. 시와 시인의 역할을 생각해볼 때 아랍시에 나타난 동성애에 관한 기록은 사회 전반에 걸쳐 동성애가 용인되고 확산되어 있었다는 증거라 할 수 있다.

지배 계층의 특권은 제거되고 전체 사회의 삶의 방식이 되었다."(Martin 1997, 2 재인용)

이슬람이 출현한 7세기 초에도 동성애 행위는 여전히 부유하고 권력 있는 계층들 사이에서 관습적으로 행해지고 있었다. 사도 무함마드가 속해 있던 꾸라이쉬 부족에도 순종적인 많은 동성애자들이 포함되어 있었다. 꾸라이쉬 부족은 당시 메카의 부유하고 강력한 부족들 중의 하나로서 가장 유명한 우상숭배 성소인 카으바의 보호자 역할을 맡고 있었다. 당시의 카으바는 가장 부유하고 중요한 우상숭배의 성소와 경제의 중심지였다.[180]

이후 동성애 관습은 궁중과 하렘에서부터 일부 수피 집단에 이르기까지 이슬람사회의 다양한 분야에서 증거가 발견되고 있다. 우선, 궁중으로부터 나온 기록들이 일반인들의 삶을 기록한 것보다는 더 풍부하며, 그 결과 마을들 내에서보다는 궁중들 내의 동성애 관습을 뒷받침할 수 있는 증거들이 많이 있다. 압바스조(750-1258)의 제6대 칼리파였던 무함마드 알아민(809-813 재위) 시대의 기록들로 볼 때 당시 동성애 관습이 궁중의 최고위층까지 퍼져 있었다는 것을 알 수 있다. 아민의 경우 그가 칼리파로 재위하고 있을 때뿐만 아니라 젊은 시절

---

180 Martin 1997, 2.

부터 동성애에 탐닉했으며, 특히 환관(내시)이 동성애 행위의 대상이었음을 알 수 있다. "… 아민은 사람들과 가족들로부터 자신을 격리시켰으며, 환관 무리들과의 쾌락에 그의 전부를 바쳤다. 그는 후반기에는 소녀들처럼 옷을 입었고 환관들을 '까마귀'라 이름 지은 흑인들과 '메뚜기'라 이름 지은 백인들로 조직했다." 칼리파 아민의 동성애 행위는 수도를 넘어 전 왕국에 퍼져 사람들의 조롱거리가 되었을 뿐만 아니라 시인들의 작품에 거론되었으며, 끝내는 동생인 마으문(813-833 재위)에 의해 폐위되었다.[181]

압바스 시대의 동성애 관습은 아랍시를 통해서도 분명하게 확인할 수 있다. 술을 하나의 독립된 주제인 주시(카므리야트)로 발전시켰던 페르시아 혈통의 아부 누와스(762-813)[182]는 남성에 대한 사랑을 표현한 남성 흠모시를 지은 게이(gay) 시인이기도 했다.[183]

"나는 모든 면에서 완벽한 그를 죽도록 사랑합니다 / 바람결에 들려오는 음악 소리에 정신을 빼앗긴 듯합니다 / 나는 그의 빛나는 육체에서 눈을 뗄 수가 없습니다 / 그의 아름다움이 전혀 이상하지 않습니다 / 그의 허리는 어린 나무 같고, 그의 얼굴은 달 같습니다 / 사랑스러움이 그의 장밋빛

---

181 Martin 1997, 11-12.
182 김능우 2004, 115-116.
183 임병필 2008, 288.

뺨을 타고 흘러내립니다 / 나는 당신을 죽도록 사랑합니다. 이것을 비밀로 해주세요 / 우리를 묶고 있는 건 끊어지지 않는 밧줄 / 당신을 창조하는 데 얼마나 많은 시간이 걸렸을까요 / 당신은 천사인가요? / 상관없어요! 내가 원하는 건 당신을 칭송하는 일뿐"(임병필 2008, 288 재인용)

한편 8세기 초 이슬람세계에 편입된 중세 스페인(711-1492)에서 기독교인들과 무슬림들의 혼합은 흔한 일이었으며, 동성애는 어떠한 사회 계층에도 제한되지 않았다. 기독교의 시작부터 14세기까지 서부 유럽에서의 동성애를 연구한 역사가 존 보스웰(John Boswell, 1947-1994)에 의하면, 중세 초기 스페인에서는 매춘에서부터 이상적인 사랑에 이르기까지 온갖 종류의 동성애가 일반적이었다. 당시 동성애 행위들에 관한 많은 시와 노래들이 있는데, 통치자 무으타미드(1068-1091 재위)와 무으타민(1081-1085 재위), 시인 라마디(917-1012)와 이븐 사흘(1212-1251), 11세기 발렌시아의 통치자였던 무바라크와 무닷파르에 관한 내용들이 많다.[184]

---

184 최고위 계층의 동성애 탐닉은 스페인의 통치자였던 압두라흐만 3세(929-961 재위)에게서도 찾아볼 수 있는데, 그가 기독교 소년 폴모에게 마음을 빼앗겼지만 소년이 거절을 하자 무참히 처형했다는 이야기는 유명하다. 이와 같이 동성애의 쾌락은 지성을 갖춘 정치 엘리트에 의해 탐닉되었는데, 압두라흐만 3세, 하킴 2세(961-976 재위), 히샴 2세(976-1009 재위), 무으타미드는 공개적으로 남성 하렘을 갖기도 했다. 압두라흐만 3세의 뒤를 이은 하킴 2세는 여성에게 아무런 매력을 느끼지 못했고 46세가 되어서도 후계자를 갖지 못했다. 그래서 여성 반려자를 찾아 소년의 옷을 입히고 남자의 이름을 붙이기도 했다(Martin 1997, 15-19).

11세기 세비야의 왕이었던 무으타미드는 시를 통해[185] 다양한 남자들에 대한 사랑을 표현했는데, 다음 작품은 그의 술 시동에 대한 것이다.

"그들은 그를 칼이라고 불렀다; 두 개의 다른 칼들: 그의 눈들! / 그와 이두 개는 나를 살해할 준비가 되어 있다! / 칼에 살해되면 많이 아플까? / 그의 눈썹에 두 대 이상을 맞서서! / 그기 니에게 시로잡혔다. 다음으로 내가 / 그의 매력 있는 눈에 사로잡혔다: 우리는 모두 주인들, 모두 노예들! / 오, 칼이여, 사랑의 노예에게 친절하시오 / 너에 의해 자유롭게 되지 않도록 해달라고 요청한 이 누구인가!"(Martin 1997, 15 재인용)

중세 스페인의 시인들, 작가들, 음악가들은 승리만큼이나 동성애를 축하하기도 하였다. 한 예로 11세기 발렌시아를 통치했던 무바라크와 무닷파르는 해방된 노예들로서 발렌시아 궁중에서 봉사했는데, 이후에 통치자가 되었다. 두 사람은 권력을 잡아가는 과정에서 사랑에 빠졌고, 경쟁이나 질투가 없는 완전한 신뢰와 상호 헌신의 관계로 기록되고 있다. 동성애를 찬양했던 시인들과 작가들과 음악가들은

---

185 무으타미드는 안달루스의 정치적 격동기에 최강국의 위치를 점한 왕에서 말년에는 포로가 된 채 먼 이국 땅에서 유배생활로 삶을 마감했다. 무으타미드는 특히 유배 기간 동안 국가와 자신과 가족의 불행 및 비극적 운명을 시를 통해 노래한 뛰어난 시인으로 평가받고 있다(이종화 1996, 204).

무바라크와 무닷파르의 업적들과 사랑을 축하하기 위해 그들의 궁중으로 몰려들었다.[186]

한편, 궁중 외에도 동성애 관습이 존재했던 이슬람사회의 또 다른 분야는 종교적 신비주의, 특히 수피 조직에서였다. 종종 비역(sodomy)은 신에 대한 사랑의 형태로 수피 조직들의 신비적인 관습 속에 편입되었다. 수피들의 이러한 관습은 정통 무슬림들에 의해 강한 혐오를 받았지만, 이런 형태의 비역은 수피들에 의해 수용될 수 있는 것으로 여겨졌다.[187]

13세기의 신비주의 수피 시인 잘랄룻딘 루미(1207-1273) 또한 남자들과 소년들에 관한 성적이고 낭만적인 시를 생생하게 노래하였다.[188] 루미의 작품들은 알라의 남성적인 모습을 소년의 아름다운 모습과 연결시켰다. 8-9세기 수피 전통에 따르면 소년의 아름다움을 응시하는 것은 하나님의 남성적 인물에 대한 아름다움과 연결 짓는 방식이었다. 즉 압바스조의 발흥과 함께 무슬림 신비주의자들은 일반적으로 알라에 대한 사랑을 나타내기 위해서 소년에 대한 사랑을 나

---

186 Martin 1997, 19.
187 Martin 1997, 23-24.
188 "동성애자들은 루미의 시를 동성애 시로 읽는다. 저자(루미의 작품을 영어로 번역한)도 루미의 시를 에로틱한 것으로 만드는 데 책임이 있지만, 지금은 그렇게 생각하지 않는다. 루미는 섹스와 오르가즘보다 더 행복한 길이며, 그의 작품은 훨씬 의식적이며 자유롭다."(Coleman Barks 2002, 1).

타내는 낱말을 선택하였다.[189]

"춤을 줘. 당신이 부서져 열려야만 했을 땐 / 춤을 춰. 당신이 붕대를 찢어

버렸을 땐 / 춤을 춰. 투쟁의 한 가운데서 / 춤을 춰. 당신의 핏속에서 / 춤

을 춰. 당신이 완벽히 자유로울 땐"[190] (Coleman Barks 2002, 138 재인용)

"당신의 빛 속에서 나는 사랑하는 방법을 배운다 / 당신의 아름다움 속에

서 시를 쓰는 방법을 / 당신은 나의 가슴 속에서 춤을 춘다 / 어느 누구도

당신을 볼 수 없는 곳에서 / 그러나 가끔 나는 당신을 본다 / 그리고 그것

이 예술이 된다 // 드럼소리가 공기 중에 올라온다 / 그것의 진동이 내 가

슴에 // 장단 속에서 목소리 하나가 말한다 / '난 네가 피곤하다는 것을 알

아 / 이리 와, 이것이 그 길"[191] (Coleman Barks 2002, 8 재인용)

---

189 장세원 2013, 86. Stephen Murray and Will Roscoe 1997, 309. 수피시인들은 시인들의 감
    정 표현이 단지 인간 대 인간의 감정 차원을 뛰어 넘어 신과 인간의 합일의 상태를 표현하
    는 수단으로 활용했다.
190 루미는 연인으로 알려져 있는 샴스 알타브리즈가 갑자기 사라진 뒤(살해된 것으로 추정)
    그를 애타게 찾았지만 실패하고 슬픔에 빠져 춤을 추었다고 한다. 한편 루미와 깊은 친
    분을 유지했던 3명의 남자들(샴스 알타브리즈, 쌀라딘 자르쿠브, 후삼)은 루미의 작품 세
    계와 수피 철학에 커다란 영감을 주었다고 한다(http://jesusinlove.blogspoe.kr/2011/09/
    rumi-poet-and-sufi-mystic-inspired-by.html).
191 루미가 동성애자이고 루미의 작품이 동성애 시라고 하는 주장은 확정적인 증거가 있는 것
    은 아니다. 그럼에도 그와 같은 주장이 많은 것은 인용한 작품을 통해서도 충분히 가능해
    보인다. 이 작품 또한 "내가 왜 그를 찾을까? 나는 그와 동일한데 / 그의 본질이 나를 통해
    말하는데 / 나는 나 자신을 찾고 있었네"와 같이 루미 자신과 샴스 알타브리즈, 그리고 알
    라가 하나로 융합되었다는 주장도 가능하다.

또한 동성애의 모습은 종교 교사에게서도 발견되었다. 많은 코란 선생들은 너무도 가난하거나 자주 옮겨 다녀서 결혼을 할 수 없거나 매춘부를 살 돈이 없었다. 그런 경우에 선생이 그의 수업을 듣는 일부 소년들을 자신의 욕구를 충족시켜줄 대상으로 선택하는 것은 흔히 있는 일이었다. 선택된 소년의 부모나 소년 당사자들은 그러한 관습을 흔한 일로 생각했고, 종교 지도자를 당황스럽게 만들지 않기 위해 그러한 일을 참아내었다. 그 결과, 특히 북아프리카의 일부 지역에서는 동성애를 종교 지도자의 코란 교육에 대한 수업료의 형태나 하나의 서비스로 받아들이기도 하였다.[192]

이슬람사회의 동성애 현상은 몽골시대[193], 맘룩시대(1250-1517)[194], 오스만제국(1299-1922) 시대에도 사라지지 않았고, 터키 궁중에 배속된 수염 없는 소년 무용수들로부터 목욕탕에서 일하는 잘생긴 마사지 소년들에게까지도 나타났다. 오스만시대의 궁중에서는 동성애가 정치적 이익을 위해 이용되기도 하였다. 1623년 무라드 4세(1623-1642

---

192 Martin 1997, 24.

193 1258년 압바스조를 멸망시킨 몽골군은 타브리즈를 수도로 한 일한국(1256-1411), 남러시아를 중심으로 한 킵차크한국(1243-1502), 천산북로의 에밀 지방을 중심으로 한 오고타이한국(1218-1310), 중앙아시아를 중심으로 한 차가타이한국(1227-1360), 중앙아시아와 이란, 아프가니스탄을 지배했던 티무르제국(1370-1507)에 이르기까지 중동과 중앙아시아에서 이슬람화되었다(황보종우 편저 2003, 420, 475, 525, 589).

194 이 시대에는 일부다처와 축첩이 지배계층을 중심으로 유행했는데, 동성애 또한 일반적인 현상이었다. 동성애 관습이 그들의 부인들을 줄이거나 하렘을 축소하지는 않았다(Leila Ahmed 1992, 104).

동성애 관습이 일반적인 것으로 기록되었던 또 다른 장소는 대중 목욕탕인 함맘이다. 이들 공중 목욕탕은 하렘과 같이 참여자들의 접근이 매우 쉽다는 점에서 동성애를 조장하였다. 귀족들과 엘리트들이 자신들의 부와 권력의 덕택으로 동성애를 탐닉할 수 있었던 반면에, 가난한 사람들은 대중 목욕탕에서 그러한 탐닉의 기회를 발견하였다. 가난한 여성들에게 목욕탕은 매우 편리한 장소였다. 왜냐하면 그곳에서 그녀들은 남편들과 아버지들의 통제를 벗어날 수 있었기 때문이었다. (사진: 술탄 아미르 아흐마드 궁전 목욕탕, 이란 쿠샨)

재위)는 10살의 나이에 오스만제국의 술탄으로 선언되었지만, 어린 시절 동안에는 그의 어머니인 쾌셈(kiusem)이 나라를 통치했다. 이때 그녀는 하렘의 정치 개입을 막기 위해 아들의 동성애를 조장했다.[195]

오스만시대에는 여성 동성애 또한 다양한 형태로 나타났는데, 대표적인 곳이 하렘이다. 하렘 내에서의 동성애에 대해서는 잘 알려지지 않았는데, 그 이유는 하렘이 외부인들에게는 격리된 곳이었기 때문이다. 그럼에도 오스만 법정의 증거들은 환관이 감시하는 데도 하렘 내에서 레즈비언 행위들이 행해졌다는 강한 의심을 제공한다. 하렘의 소녀들은, 전쟁이나 외교를 위해 훈련을 받은 시동들이 동성애를 탐닉하였듯이 여성 간의 동성애를 탐닉했다. 레즈비언 행위는 하렘의 가장 쉽고도 매우 일반적인 비행이었다. 하렘 구성원들의 성적 비행의 유죄를 입증하기 위해 필요한 필요조건들을 충족시킬 가능성은 그리 높지 않았다. 왜냐하면 그것은 실제 행위를 목격한 네 명의 자유인 남성들의 증언이나 참여자들의 자백을 필요로 하였기 때문이다. 그 결과 하렘 내에서의 동성애 관습은 처벌되지 않을 가능성이 매우 높았다.[196]

---

195 Martin 1997, 13-14.
196 그러나 하렘에서의 동성애 관습에 대한 처벌은 즉각적이고 가혹했다. 압바스조의 제4대 칼리파인 무사 알하디(785-786 재위)는 그의 하렘에서 레즈비언 행위로 인해 참수된 두 여인들의 머리에 향수를 뿌리고 장식을 해 그의 특사들에게 선물을 했다고 한다(Martin 1997, 21-22).

동성애 관습이 일반적인 것으로 기록되었던 또 다른 장소는 대중 목욕탕인 함맘이다. 이들 공중 목욕탕은 하렘과 같이 참여자들의 접근이 매우 쉽다는 점에서 동성애를 조장하였다. 귀족들과 엘리트들이 자신들의 부와 권력의 덕택으로 동성애를 탐닉할 수 있었던 반면에, 가난한 사람들은 대중 목욕탕에서 그러한 탐닉의 기회를 발견하였다. 가난한 여성들에게 목욕탕은 매우 편리한 장소였다. 왜냐하면 그곳에서 그녀들은 남편들과 아버지들의 통제를 벗어날 수 있었기 때문이었다. 1555년-1562년 콘스탄티노플(이스탄불) 주재 오스트리아 대사를 지냈던 부스베크(Ogier Ghiselin de Busbecq, 1520-1592)는 함맘에서 여성들 간에 행해졌던 동성애 관습에 관한 장문의 편지를 썼다.[197]

"많은 여성들이 여성용 대중 목욕탕을 이용하였는데, … 우리 나라에서 젊은 남자들이 소녀들과 사랑에 빠지듯이, 이곳에서 여성들이 다른 여성들과 사랑에 빠졌다. 가끔 터키인들의 예방책이 아무 소용이 없게 되는데, 한 남자가 아내를 남성 연인으로부터 지키는 데 성공하였다 하더라도 여성 경쟁자로부터 위험에 빠질 수 있다. 여성들이 서로를 깊이 사랑하게

---

197 부스베크는 오스만제국의 대사를 역임하는 동안 네델란드에 있는 친구에게 지속적으로 편지를 보냈고, 이후 『터키의 편지들 Turkish Letters』이란 제목의 책으로 출판되었다. 이 책은 세계 최초의 여행문학으로 인정되고 있는데, 부스베크는 대중들의 삶과 제국에서의 모험들, 술탄의 직속 경위대인 예니체리의 성품과 기능들에 대해서도 상세히 기록하였다.

되고, 목욕탕은 그들에게 만남의 기회를 제공한다. 그래서 일부 남자들이 가능한 한 아내들을 그곳에 가지 못하게 하지만 법이 그곳에 가는 것을 허용하기 때문에[198] 항상 그럴 수는 없다."(Martin 1997, 25 재인용)

이처럼 하렘에서 동성애 행위를 하는 여성들은, 자아실현을 위해 동성애를 택한 지성적인 여성들이나 성적 좌절과 격리로 인해[199] 동성애에 빠진 하렘의 여성들과 달리, 진정한 사랑과 자연스러운 동성애 충동 때문에 그러한 행위를 하였다. 결국 대중 목욕탕은 많은 여성들이 모일 수 있는 장소와 깊은 사랑을 나눌 수 있는 기회를 제공하였다. 한편 대중 목욕탕의 실태가 널리 알려지면서 오스만제국 동안 일부 목욕탕들은 동성애 목욕탕으로 유명해졌고, 예니체리에 의해 감시되기도 하였다.[200]

---

198 "남성은 속옷을 입지 않고는 대중 목욕탕에 들어가서는 안 되며, 여성의 경우는 몸이 아프거나 산후가 아니면 그곳에 들어갈 수 없다."는 하디스 구절에서 알 수 있듯 예외를 제외하고는 무슬림이 대중 목욕탕에 가는 것을 엄격히 제한하였지만, 원천적으로 여성의 목욕탕 출입을 막을 수는 없었다(유숩 카르다위 2012, 188-190).

199 이성 격리가 고전 이슬람 시대에 동성애 관습의 유행을 가져온 중요한 역할을 했다고 여겨진다. 당시 대부분의 사회가 여성들에게는 성적인 격리와 비굴한 역할을 강요하였다. 20세기 중반 많은 연구자들은 성적 좌절과 성차별이 고전 시대의 동성애 행위들을 자극했을 것이라고 가정한다. 여성으로서 그녀들에게 부과된 성적, 지적, 상호작용의 역할을 받아들이기 어려웠던 일부 여성들은 남성 중심사회에서 금지되었던 레즈비언 관계들로 전환함으로써 세상의 남성적인 양상을 회피했다. 주목할 만한 사실은 그러한 선택을 한 여성들이 가난하고 배우지 못한 여성들이 아니라 상위 계층이며 잘 교육받은 여성들이었다는 점이다. 즉 동성애는 그녀들을 제한했던 전통적인 역할들을 무시하는 수단으로 나타났던 것이다(Martin 1997, 23).

200 Martin 1997, 25.

한편, 오스만제국 초기(1500-1800)의 시리아 지역 시작품들을 기록했던 무함마드 칼릴 알무라디(?-1791)의 전기 사전에 기록된 여러 작품들에 '솜털'이라는 시어를 발견할 수 있다. 다마스쿠스 시인 무스따파 알수마디(?-1725)의 작품에는 "솜털이 연인의 두 뺨에 나타나면 마른 먼지처럼 그를 떠날 것입니다 / 그러면 당신은 솜털이 남겼던 뺨에 매료되었던 나를 발견하지 못할 것입니다 / 나는 한 점 결함 없는 아름다움을 보완하는 순수하고 부드러운 뺨에 반했습니다."[201] 와 같이 수염이 없거나 솜털이 난 뺨을 가진 젊은이들의 매력을 비교하는 것이 정기적으로 되풀이되는 주제였다. 그 외에도 오스만제국 초기에 동성애가 널리 용인되었다는 증거는 '알리, 하산, 술라이만'과 같은 연인의 이름, '소년'과 같은 시어들을 언급하고 있는 사랑시가 많다는 것에서도 알 수 있다.[202]

4. 맺음말

이슬람사회의 근본은 온전한 가정이라 할 수 있다. 온전한 가정을 유지하고 보호하기 위해 이슬람은 합법적인 남녀관계를 제외한 비합

---

201 Khaled El-Rouayheb 2005, 6 재인용.
202 Khaled El-Rouayheb 2005, 3-6.

법적인 관계에 대해서는 엄격한 처벌을 요구했다. 그래서 코란에 제시된 롯의 백성들 이야기를 동성애에 관한 알라의 경고와 처벌의 근거로 보았으며, 예언자 무함마드의 순나(하디스) 또한 이 구절을 동성애가 엄중한 처벌을 요하는 중대한 범죄라는 근거로 사용했다. 이후 순니 4대 법학파와 현대적인 파트와를 제시하는 이슬람 법학자들 또한 코란과 하디스(순나)의 구절들을 동성애를 경고하고 처벌하기 위한 근거로 해석하였다.

그러나 동성애 행위에 대해 태형, 추방, 사형(투석형, 화형, 참수형, 생매장 등)과 같은 강력한 처벌을 요구하거나 집행했음에도 불구하고 이슬람사회에는 칼리파, 군대, 시인, 수피, 종교 교사들, 궁중무용수, 맛사지 소년, 하렘의 여인들, 일반 여성들(목욕탕), 엘리트 여성들 등 통치자와 지배 계층뿐만 아니라 일반인에 이르기까지 동성애가 근절되지 않았고 공공연한 비밀로 묵인되어 왔다. 이들이 동성애를 탐닉한 이유나 원인 또한 특권의식, 정치적 목적, 신에 대한 사랑, 교육의 대가, 격리되고 억압된 여성들의 해방(자유), 남성중심사회에 대한 반항 등으로 매우 다양했다.

무엇보다 이슬람사회에 동성애가 근절되지 않은 주된 이유로는 동성애에 대한 언급과 처벌이 불명확한 코란, 코란의 불명확함과 해석의 개방성에 대해 분명한 해결책을 제시하지 못한 순나(하디스), 다양한 해석과 처벌 수준을 주장했던 법학자들과 법학파들로 인해 동성애에 대한 인식[203]과 처벌이 천차만별이 되면서 하나의 통일된 목소리를 내지 못했기 때문으로 보인다. 그 외에도 남성 동성애가 용인되는 주요한 이유가 결혼하지 못한 남성들과 결혼한 남성들 간의 여성에 대한 투쟁을 완화시키고, 독신 남성들로부터 여성을 보호하기 위해서[204]라는 주장을 생각해볼 때 동성애를 묵인하는 것이 이슬람사회를 유지하고 관리하는 데 더 필요한 태도였던 것으로 보인다. 즉 샤리아를 통해 동성애를 최대한 억제하면서도 이슬람사회 내부의 동성애 관습을 묵인하여 인간의 성적 권리가 위축되거나 침해되는 것을 막음으로써 다수의 권리를 보호하려는 사회적 묵인으로 이해될 수 있다

203 "동성애 욕구는 선천적인 것으로, 동성애자가 된다는 것은 선택의 문제가 아니라 신에 의해 창조된 사실이다. 그러므로 동성애자들을 이슬람으로부터 배제시키는 것은 알라의 천지창조를 배제시키는 것이며, 이슬람에 의해 주장되는 진리를 손상시킬 수 있다."는 주장 (Kecia Ali 2010, 89-90) 또한 이슬람사회의 동성애에 대한 인식들 중의 하나이다.
204 Jelena Čvorović 2006, 86, 92, 101.

모든 도둑의 손발을 절단하진 않는다
- 샤리아의 절도 금지 이유와 근거

شاهد "داعش" عقاب حد السرقة على رجل في حلب

كتب - يمنى طارق

بث تنظيم الدولة الإسلامية في العراق والشام "داعش" المتشدد، صورا على شبكة الإنترنت لعملية قطع يد رجل قيل إنه لص "يعاقب وفقا للشريعة الإسلامية"، وذلك في بلدة مسكنه بحلب شمالي سوريا.

وذكرت هيئة الإذاعة البريطانية (بي بي سي) اليوم السبت، أن أحد مواقع الإنترنت المنسوبة للجهاديين بث مقطعا مصورا لما قال إنه تطبيق لحد السرقة بعد صدور حكم من "محكمة شرعية" ضد الرجل.

코란 제5장 38절("물건을 훔친 남녀의 손을 자르라. 이는 그 두 손이 얻은 것에 대한 알라의 벌이거늘.")은 '절도를 한 이의 손에 상처를 내어 표시를 하라는 것인데, 이슬람 초기의 학자들이 잘못 해석을 한 것'이라는 주장이 있음에도 불구하고, 순나(하디스)와 이후의 법학파들 및 법학자들에 의해 절도에 대한 손발 절단형의 주된 근거로 이용되어 왔다. (사진: 알두스투르신문 캡처)

---

* 이 글은 『한국중동학회논총』 제36권 제2호에 "절도에 대한 샤리아 규범 연구"라는 제목으로 게재된 논문의 내용과 형식을 일부 수정, 보완한 것이다.

1. 머리말

2015년 2월 6일, IS(Islamic State)[205]는 절도를 했다는 이유로 한 전투대원의 손목을 군중들 앞에서 절단하는 사진을 공개했다. 2012년 1월 유엔인권최고대표사무소(OHCHR)는 "절도에 대해 손목을 자르는 비인간적인 처벌 수단을 자주 동원하는 것도 비판을 받아야 한다."는 대변인 성명을 발표했다. 2009년 7월, 파키스탄에서는 극심한 전력난 속에 전기 절도가 기승을 부리자 전기를 훔치는 주민을 절도범으로 처벌하는 것이 정당하다는 이슬람 학자들의 파트와(법적 견해)를 발표하기도 하였다.[206]

이상의 뉴스를 보면 이슬람은 절도를 한 사람의 손목을 쉽게 절단

---

205 아랍세계에서는 주로 '다이쉬'라고 칭하며, 이는 '이라크와 샴의 이슬람국가'의 머리글자를 따서 만든 명칭이다. 이는 'IS(Islamic State)'가 '이슬람국가'라는 의미로 인해 전체 이슬람세계에 미치는 부정적인 영향을 고려한 것으로 보인다.

206 2007년에 "전기 절도죄와 처벌"이라는 석사학위논문(사우디아라비아 아랍나이프안전학대학교)이 발표되었으며, 기본적으로 전기 절도는 범죄로써, 정해진 양에 도달한 절도의 경우에 절단형을 언급하고 있다.

한다고 여기게 된다. 그렇다면 이슬람은 손목 절단이라는 처벌을 어떠한 조건이나 절차도 없이 시행할까? 손목을 절단할 만한 절도에 대한 특정한 샤리아 규범은 없는가?

이 글은 코란에 근거하고 있는 핫드형에 대한 설명이나 근거 없이 "이슬람에서는 절도를 하면 손목을 자른다."라는 식의 언급들에 대한 구체적인 법적 근거를 밝힐 필요가 있다는 인식에서 출발하고 있다. 이를 위해 우선 이슬람법 샤리아의 제1법원인 코란에 나타난 절도에 대한 구절을 탐색하였다. 다음으로 샤리아의 제2법원인 순나(하디스)에 나타난 관련 근거들을 수집하고, 마지막으로 샤리아가 이슬람세계의 법체계로 정착하게 되는 9-10세기 순니 4대 법학파들의 관련 규범들을 정리하고 분석하였다.[207]

이와 같이 코란, 순나(하디스), 순니 4대 법학파의 절도 관련 규범을 정리하고 분석함으로써 '이슬람은 절도범의 손목을 자른다.'라고 하는 규범이 실행될 수 있는 법적 근거와 조건 및 처벌에 대한 구체적인

---

207 이슬람법(샤리아)의 절도와 처벌에 관한 국내 논문 및 저서는 전무하며, 부분적으로 참고할 만한 기초 자료로는 『이슬람의 생활 규범』(396-400)이 있다. 영어 자료로는 "Islamic law and the crime of theft"에 이슬람법에서 인정하는 절도의 요소(성인, 이성, 의도, 최소한의 가치, 돈, 다른 사람의 소유, 보관, 증거 등)가 설명되고 있다. 대표적인 아랍어 자료로는 "سرقة الله العا"이 있는데, 절도의 정의, 절도의 규범과 조건, 처벌에 대한 순니 4대 법학파의 견해를 비교해 다루고 있다. 그 외 참고문헌에서 제시하고 있는 다양한 자료들이 글의 논지 전개에 도움이 되었으나, 무엇보다 '절도' 관련 규정들을 코란, 순나(하디스), 순니 4대 법학파로부터 수집하여 관련 법규가 확대되고 세분화되는 과정을 정리하였다는 점이 이 글의 의미를 제고하고 있다.

자료를 제시하고자 시도하였다.

2. 코란의 절도 처벌에 대한 계시

샤리아의 제1법원인 코란에서 '절도, 도둑, 절단'과 같은 주제어들을 통해 관련 구절들을 탐색한 결과, 제5장 38절에서 절도와 직접적인 관련이 있는 한 개의 구절을 발견하였다.[208]

"물건을 훔친 남녀의 손을 자르라. 이는 그 두 손이 얻은 것에 대한 알라의 벌이거늘. 알라는 전능과 지혜로 충만하심이라."(제5장 38절)

이 구절은 "절도를 한 이의 손에 상처를 내어 표시를 하라는 것인데, 이슬람 초기의 학자들이 잘못 해석을 한 것"[209]이라는 주장이 있음에도 불구하고, 순나(하디스)와 이후의 법학파들 및 법학자들에 의해 절도에 대한 손발 절단형의 주된 근거로 이용되어 왔다.

---

208 코란 검색 웹사이트(http://quran.com/)에 관련 주제어를 넣어 검색하였다. 인용한 구절들 외에 제2장 166절, 제3장 12절 등 29개의 구절들이 절도 관련 주제어들을 통해 검색되었으나 본 연구와 직접적인 관련이 없어 인용하지 않았다. 코란 구절의 한글 번역은 최영길역(1997), 『성 꾸란: 의미의 한국어 번역』과 김용선 역(2002), 『코란』을 참조하였으며, 필요한 경우 Ali Quli Qara'I trans(2003), *The Qur'an*을 참조하였다.

209 이 구절에 '절단하다'는 의미를 가진 '바타라' 동사가 아닌 '베다, 상처를 내다'라는 뜻의 '까따아' 동사가 사용되었다는 것에 주목할 필요가 있다. 즉 손을 절단하라는 뜻이 아니라 손에 상처를 내어 표시를 하라는 의미를 잘못 이해한 것이다("The punishment of theft").

한편 상기 코란 구절인 "물건을 훔친 남녀의 손을 자르라"는 매우 포괄적이고 함축적이다. 이로 인해 이슬람공동체(움마)를 설립하고 국가를 통치하면서 겪게 되는 수많은 상황과 경우에 대해 사도 무함마드(570-632)는 순나를 통해 보다 구체적이고 현실적인 규범을 제정할 필요성에 직면하였다.

3. 순나(하디스)[210]에 의한 코란 계시의 해설 · 제약 · 설명

사도 무함마드의 말과 행동 및 결정사항인 순나는 샤리아의 제2법원으로써 "낭송되지 않은 계시"로 인정되고 있다.[211] 이렇듯 순나는 코란 다음 가는 권위를 통해 사도 무함마드 생존 당시뿐만 아니라 이후의 이슬람세계에서 발생하는 모든 상황들과 사건들에 대한 법적 구속력을 발휘하게 되었다.

다음의 하디스 구절들은 '절도, 도둑, 절단'이라는 주제어를 통해 검색한 결과들의 유사한 내용을 통합하고, 논지 전개에 도움이 되지 않는 부분은 축소 또는 삭제하여 정리하였다.

---

210 구절들은 하디스 6서를 다루고 있는 웹사이트(http://sunnah.com/)에 관련 주제어를 입력하여 도출하였다.

211 순나는 "낭송된 계시"인 코란에는 포함되지 않지만, 그것이 알라로부터 온 계시라는 사실이 코란에 빈번하게 언급되고 있다. 특히 "낭송되지 않은 계시"인 순나는 사도 무함마드의 말과 행동을 통해 실증된다. 자세한 것은 임병필(2014), "순나가 샤리아 제2법원으로 인정된 근거에 관한 연구" 참조.

"이븐 우마르가 전하길,[212] 알라의 사도는 3디르함의 가치가 있는 방패를 훔친 도둑의 손을 절단했다."(무슬림본 1686a · 1796a, 부카리본 6795 · 6796 · 6797 · 6798, 나사이본 4907 · 4908 · 4910, 아부 다우드본 4385, 이븐 마자본 20권 2682, 티르미디본 1446)

"아부 후라이라가 전하길, 사도는 계란을 훔친 도둑을 저주하고 그의 손을 절단하였으며, 밧줄을 훔친 도둑을 저주하고 그의 손을 절단하였다고 말했다."(무슬림본 1687a, 부카리본 6799, 이븐 마자본 20권 2681, 나사이본 4873)

"아이샤가 전하길, 사도는 1/4디나르나 그 이상을 훔친 도둑의 손을 절단 했다."(부카리본 6790, 나사이본 4914 · 4916 · 4917 · 4918 · 4919 · 4922 · 4923 · 4925 · 4926 · 4927 · 4928 · 4930 · 4931 · 4936, 무슬림본 1684a · c, 아부 다우드본 4384)

"아이만이 전하길, 사도는 방패의 가치가 아니면 도둑의 손을 절단하

---

212 하디스는 원문인 마튼과 전언가 계보인 이스나드로 구성되어 있다. 마튼은 사도 무함마드가 행동한 것, 말한 것, 혹은 침묵으로 승인한 것에 관한 내용을 담고 있으며, 전언가 계보인 이스나드 뒤에 나온다. 이스나드는 가장 최근에 해당 하디스를 전언한 사람으로 시작되어 원문의 대상이 되는 사람이나 그것을 처음 이야기한 사람으로까지 거슬러 올라간다(조희선 2015, 63-64). 이 구절의 전체 이스나드는 "이스마일이 우리에게 말하길, 말리크 빈 아나스가 나피으와 압달라 빈 우마르에 관해 나에게 말하길…."이며, 이스마일이 최후의 전언가이고 이븐 우마르가 최초의 전언가이다. 여기서는 최초의 전언자만을 제시하였으며, 하디스 6서에 제시된 유사한 내용을 통합하다 보니 이스나드가 다소 다른 경우도 있을 수 있다.

지 않았는데, 당시 방패의 가치는 1디나르였다."(부카리본 6792, 나사이본 4935·4943·4947·4949, 이븐 마자본 20권 2684)

"아이샤가 전하길, 도둑의 손은 가치가 있는 방패나 갑옷보다 적은 것 때문에 절단되지 않는다."(나사이본 4941, 무슬림본 1685a, 부카리본 6793)

"이븐 우마르가 전하길, 사도는 여성의 집에서 3디르함에 해당하는 방패를 훔친 도둑의 손을 절단했다."(나사이본 4909, 부카리본 6798, 아부 다우드본 4386)

"사프완 빈 우마이야가 전하길, 내가 모스크에서 30디르함쯤 나가는 외투를 덮고 자고 있었는데, 어떤 사람이 와서 그것을 집어 갔다. 그 남자가 붙잡혀 사도에게 끌려 왔고, 사도는 그의 손을 절단하라고 명령했다. 그래서 내가 사도에게 '겨우 30디르함 때문에 손을 절단합니까? 내가 그에게 그것을 팔고 그 값을 외상으로 하면 안 될까요?'라고 하자, 사도가 '당신은 왜 그가 나에게 끌려오기 전에 그렇게 하지 않았나요?'라고 말했다."
(아부 다우드본 4394)

"압둘라가 전하길, 사도 무함마드는 5디르함의 가치가 있는 것을 훔친 도둑의 손을 절단했다."(나사이본 4906·4942)

"아나스가 전하길, 아부바크르는 5디르함의 가치가 있는 방패 때문에 손을 절단했다."[213] (나사이본 4912)

"압둘라 빈 압바스가 전하길, 사도는 1디나르나 10디르함의 가치가 있는 방패로 인해 어떤 남자의 손을 절단했다."(아부 다우드본 4387)

"아즈하르 빈 압둘라 알하라리가 말하길, 킬라으 사람들의 일부 상품들이 도둑을 맞았고, 몇 명의 직조공들이 도둑으로 기소를 당했다. 그들이 사도의 교우인 알누으만 빈 바쉬르(누으만)에게 끌려 왔을 때, 그는 그들을 며칠 동안 감금한 뒤 풀어주었다. 그러자 사람들이 누으만에게 와서 왜 그들을 태형에 처하지도 않고 조사도 하지 않고 방면했느냐고 말하자, 누으만이 '당신들은 무엇을 원하는가? 내가 그들을 태형에 처하기를 원하느냐? 만일 당신들의 상품들이 그들에게서 발견되었다면 당신들이 옳지만 그렇지 않으면 내가 그들에게 한 대로 당신들에게도 할 것입니다.'라고 말했다. 그러자 그들이 '이것이 당신의 결정인가요?'라고 물었고, 누으만이 '이것은 알라와 사도의 결정입니다.'라고 대답했다."(아부 다우드본 4382)

---

213 제1대 정통칼리파였던 아부바크르와 같은 교우들의 의견이나 견해가 하디스에 기록되기도 하였다. 교우들의 의견이나 견해는 '아싸르' 또는 '카바르'라 불렸는데, 사도의 하디스와 더불어 여러 하디스 모음집이나 저서에 기록되었다(조희선 2015, 57).

"아므르 빈 슈아입이 전하길, 무자이나 출신의 한 남자가 '사도시여, 초원에서 도둑맞은 양에 대해 어떻게 생각하시나요?'라고 물었다. 그러자 사도가 '두 배의 배상과 처벌을 받을 것입니다. 가축으로 인한 손의 절단은 없습니다. 만일 가축이 우리 안에 있었고 그 가치가 방패의 가치와 같다면 절단형에 처해집니다. 그것의 가치가 방패와 같지 않다면 두 배를 배상하고 태형에 처하게 됩니다.'라고 말했다. 그러자 그가 다시 '사도시여, 나무에 매달린 과일에 대해 어떻게 생각하시나요?'라고 묻자, 사도가 '두 배의 배상과 처벌을 받을 것입니다. 나무에 매달린 과일로 인한 손의 절단은 없습니다. 만일 과일이 안전하게 보관되었고 그 가치가 방패의 가치와 같다면 절단형에 처해집니다. 그것의 가치가 방패와 같지 않다면 두 배를 배상하고 태형에 처하게 됩니다.'라고 대답했다."(나사이본 4959, 이븐 마자본 20권 2694)

"라피아 빈 카디즈가 전하길, 나는 사도가 '과일과 그 씨(핵)에 절단형은 없습니다'라고 말하는 것을 들었다."(나사이본 4960 · 4961 · 4962 · 4963 · 4964 · 4965 · 4966 · 4967 · 4968 · 4969 · 4970, 티르미디본 1449, 아부 다우드본 4388, 이븐 마자본 20권 2691)

"아므르 빈 슈아입이 전하길, 사도가 나무에 매달린 과일에 대해 질문을 받았을 때 '가난한 사람이 주머니에 과일을 넣지 않고 그것을 따 먹었을 경우 그에게 어떠한 처벌도 없습니다. 그러나 그것을 가지고 간 이에게는 두 배의 배상과 처벌이 있습니다. 안전하게 보관된 것을 훔친 이에게는 그 가치가 방패의 가치와 같다면 손이 절단될 것입니다. 훔친 물건이 방패의 가치보다 적다면 두 배의 배상과 처벌이 있을 것입니다.'라고 말했다."(나사이본 4958, 아부 다우드본 1710 · 4390)

"아부 낄라바가 전하길, 칼리파 우마르가 집 정원 의자에 앉아 있는데 사람들이 그에게 오길래 들어오게 해서 '당신들은 까사마[214]에 대해 어떻게 생각하는지요?'라고 물었다. 그러자 그들이 '우리는 이전의 무슬림 칼리파들이 까사마에 따라 끼싸스[215]를 수행한 대로 하는 것이 합법적이라고 생각합니다.'라고 대답했다. 그러자 우마르가 나(아부 낄라바)에게 '뭐 할말 없는가?'라고 물었다. 그래서 나는 사람들 앞에 나서서 '신자들의 지도자여! 당신에게는 군대의 지휘자들과 아랍 귀족들이 있습니다. 만일 그들중 50명이 보지도 않고 어떤 기혼자가 다마스쿠스에서 불법적인 성관계를 했다고 증언을 했다면 그를 돌로 쳐 죽일 것입니까?'라고 묻자 우마르가 '아니오.'라고 대답했다. 그래서 나는 '만일 그들 중 50명이 보지도 않

---

214 맹세'란 뜻인데, 샤리아에서는 '특정한 조건이나 상황 하에서의 특정한 맹세'를 의미한다. 이는 이슬람 이전 시대의 관행인데 사도 무함마드가 이를 수용했다.

215 '보복; 처벌'이란 뜻이며, 이슬람법 샤리아에서는 처벌의 일종으로 동등한 보복이나 복수를 허용하고 있다. 끼싸스의 원칙은 무슬림이 살해를 당했거나 육체적으로 상해를 입었거나 재산상의 손해를 입었을 때 피해자나 피해자의 상속인이 피고자에게 동등하게 할수 있는 권리이다(http://en.wikipedia.org/wiki/Qisas).

고 어떤 남성이 홈스에서 절도를 했다고 증언한다면 그의 손을 절단할 것입니까?'라고 묻자 그는 '아니오.'라고 대답했다. 그래서 나는 '알라의 사도는 다음 세 가지 경우를 제외하고는 어느 누구도 살해하지 않았습니다. 첫째는 누군가를 부당하게 살해한 사람은 끼사쓰로 살해했습니다. 둘째는 불법적인 성관계를 한 기혼자이며, 셋째는 알라와 그의 사도에 맞서고 이슬람을 버림으로써 배교자가 된 경우입니다. 그러자 사람들이 '알라의 사도가 도둑의 손을 절단하고 눈을 지진 다음 햇볕 속으로 던졌다고 아나스 빈 말리크가 전하지 않았던가요?'라고 말했다. 그래서 나는 '내가 아나스의 전언을 말씀 드리겠습니다. 아나스가 전하길, 우클과 우라이나부족의 일부 사람들이 메디나에 왔는데 기후가 그들에게 맞지 않았습니다. 그래서 사도가 낙타 떼로 가서 우유와 오줌(약)를 마시고 오라고 명령했고, 그렇게 해서 그들은 건강해졌습니다. 그런데 이후에 그들이 사도의 목동을 살해하고 낙타 떼를 몰고 달아났습니다. 아침 일찍 그 소식을 들은 사도는 추적대를 보냈고 정오쯤에 그들이 붙잡혀왔습니다. 사도는 그들의 손과 발을 절단하고 눈을 인두로 지지라고 명령했습니다. 그리고 그들은 죽을 때까지 햇볕 속에 던져졌습니다.'라고 내가 말했다."(부카리본 233 · 6804 · 6805 · 6899, 나사이본 4032)

"이크미라가 전하길, … 이븐 압바스는 남녀 도둑의 손을 절단하라고 말했는데, 그래서 절단에 대한 순나는 두 손이다…."(티르미디본 145)

"자비르 빈 압둘라가 전하길, 도둑이 붙잡혀 왔을 때 사도가 '그를 살해하라.'라고 말했다. 그러자 사람들이 '사도시여, 그는 절도를 했습니다.'라고 말하자 '그의 손을 절단하라.'라고 해서 그의 오른손을 절단했다. 그 남자가 두 번째로 붙잡혀 오자 사도가 '그를 살해하라.'고 말했고 사람들이 '그는 절도를 했습니다.'라고 말하자, '그럼 그의 발을 절단하라.'라고 해서 그의 왼발을 절단했다. 그 남자가 세 번째로 붙잡혀 오자 사도가 '그를 살해하라'고 말했고 사람들이 '그는 절도를 했습니다.'라고 말하자, '그럼 그의 손을 절단하라'라고 해서 그의 왼손을 절단했다. 그가 네 번째로 붙잡혀 오자 사도가 '그를 살해하라.'고 말했고 사람들이 '그는 절도를 했습니다.'라고 말하자, '그럼 그의 발을 절단하라'라고 해서 그의 오른발을 절단했다. 그가 다섯 번째로 붙잡혀 오자 사도가 '그를 살해하라'고 말했고 우리는 그를 끌고가 살해했고 시체를 우물에 던져 넣은 다음 그 위에 돌을 던졌다."(아부 다우드본 4410)

"이븐 무하이리즈가 전하길, 내가 파달라 빈 우바이다에게 도둑의 손을 목에 걸어두는 것에 관해 묻자, '그것은 순나입니다. 사도는 도둑의 손을 절단하고 그것을 목에 걸었습니다.'라고 말했다."(나사이본 4982 · 4983, 아부 다우드본 4411, 티르미디본 1447, 이븐 마자본 20권 2685)

"아이샤가 말하길, 바니 마크주미야 출신의 한 여인이 절도를 했

사도 무함마드는 절도가 손을 절단하는 핫드형이라는 코란 구절을 확인하는 동시에, 코란의 포괄적이고 함축적인 계시 내용을 상황에 따라 다양하게 해설하고 제약하고 설명함으로써 7세기 초 이슬람 전파 당시의 복잡다단한 시대에 유연하고 단호하게 대처하였다. (사진: 돌에 기록된 코란 구절, 사우디아라비아 리야드 국립박물관)

을 때 사람들이 '누가 그녀를 위해 사도께 탄원을 할까요?'라고 말하자, 어느 누구도 감히 말하지 못했지만 우사마 빈 자이드가 사도에게 말했다. 그러자 사도가 '만일 이스라엘 사람들 중 명망 있는 사람이 절도를 했다면 사람들이 그를 용서했을 테지만, 가난한 사람이 절도를 했다면 그의 손을 절단했을 것입니다. 그러나 나는 내 딸인 파띠마가 절도를 했더라도 그녀의 손을 절단할 것입니다.'라고 말했다."

(부카리본 3475 · 3733 · 4304 · 6787 · 6788, 아부 다우드본 4373 · 4374, 무슬림본 1688a · b · 1689)

"자비르 빈 압둘라가 전하길, 손의 절단은 기만하는 사람(사기꾼)에게는 가해지지 않는다."(아부 다우드본 4392)

"자비르가 전하길, 배신자, 날치기꾼, 횡령한 이에게 절단형은 없습니다." (나사이본 4971·4972·4973·4974·4975·4976, 아부 다우드본 4391, 티르미디본 1448, 이븐 마자본 20권 2690)

"우바이다 빈 알사미트가 전하길, 아부 압둘라가 '만일 도둑이 손 절단 이후에 회개한다면 그의 고백은 수용될 것입니다. 마찬가지로 처벌을 받은 어떤 사람이 회개한다면 그의 고백은 수용될 것입니다.'라고 말했다."(부카리본 6801)

"아부 우마이야 알마크주미가 전하길, 절도를 한 것으로 인정된 사람이 사도에게 붙잡혀 왔을 때, 사도가 '나는 당신이 무엇인가를 훔쳤다고 생각하지 않습니다.'라고 말하자, 그가 '나는 했습니다.'라고 세 번이나 반복했다. 그래서 사도는 명령을 했고, 그의 손이 절단된 뒤 사도에게 끌려왔다. 사도가 말하길, '알라의 용서를 구하고 회개하라.'라고 하자, 그가 '나는 알라의 용서를 구하고 회개합니다.'라고 말했다. 그러자 사도가 '알라시여, 그의 회개를 받아주소서.'라고 말했다."(아부 다우드본 4380)

"아부 후라이라가 전하길, 간통을 한 사람은 간통을 할 때 더 이상 신자가 아니고, 절도를 한 사람은 절도를 할 때 더 이상 신자가 아니며, 술을 마신 사람은 술을 마실 때 더 이상 신자가 아니다. 그러나 회개는 받아들여질 것이다."(무슬림본 57a · f, 부카리본 6810, 나사이본 4870 · 5659 · 5660, 티르미디본 2625)

"아부 다르르가 전하길, 가브리엘 천사가 사도에게 와서 알라 외에 다른 것을 경배하지 않고 죽은 이는 천국에 들어갈 것이라는 복음을 전했다. 그래서 사도가 천사에게 '그가 도둑이거나 간음을 했더라도 말인가요?'라고 묻자, 그가 '그럼요, 그가 도둑이거나 간음을 했더라도요.'라고 대답했다."(부카리본 1237 · 3222 · 6268 · 6443 · 6444 · 7487 · 5827, 무슬림본 94a · b · c · d, 티르미디본 2644)

"아부 후라이라가 전하길, 사도께서 '지구가 금과 은의 기둥처럼 길게 간을 토할 것인데, 살인자가 나와서 내가 살인을 저질렀기 때문에 그렇다고 말하고, 가정파괴범은 내가 가족의 유대를 파괴해서 그렇다고 말하며, 도둑은 내 손이 잘려서 그렇다고 말할 것이다.'라고 말했다."(무슬림본 1013, 티르미디본 2208)

위에 언급된 30여 개의 절도 관련 순나들은 코란 제5장 38절("물건을 훔친 남녀의 손을 자르라. 이는 그 두 손이 얻은 것에 대한 알라의 벌이거늘.")에 대한 확인이면서 동시에 포괄적인 코란 구절을 구체적으로 설명 · 제약 · 한정하는 경우라고 할 수 있다.

이상의 하디스 구절들을 종합적으로 분석해보면 다음과 같다.

첫째, 절도범의 손을 자르는 물건의 최소한의 가치(니쌉)[216]에 대한 설명 및 한정이다. 코란 구절에서는 이에 대한 아무런 언급이 없는데, 사도 무함마드는 '방패나 갑옷의 가치'를 절단형의 기준으로 삼았다. 물론 방패의 가치가 1디나르에서 3디나르까지 유동성이 있고, 어떤 경우에는 1/4디나르가 기준이 되기도 하고, 또 다른 경우에는 30디르함이 기준이 되기도 하였다. 또는 계란이나 밧줄을 훔친 도둑의 손을 절단함으로써 아주 값싼 물건을 훔친 도둑에게도 절단형을 부과하기도 하였지만, 대체로 어느 정도의 가치를 가진 물건을 훔친 도둑에게 절단형을 부과하였다.

둘째, 보관 또는 보호된 것(히르즈)[217]에 관한 언급이다. 코란에는 아무런 언급이 없으나 "가축이 우리 안에 있었고"나 "과일이 안전하게 보관되었고"와 같은 순나(하디스)를 통해 히르즈의 보기를 제시하

---

216 '최소한의 양'을 뜻하며, 자카트의 경우 무슬림이 자카트로 인정받는 최소한도의 양을 의미하고, 절도의 경우 핫드형을 집행하는 최소한도의 절도 양을 의미한다.
217 '요새; 성소; 보관'이란 뜻이며, 이슬람법에서는 '안전한 장소나 관리인이 보관하는 귀중한 물건의 보호'란 의미로 사용된다(R. Cigdem 2007, 28).

였다.

셋째, 절도범의 손 절단을 집행하게 하는 물건의 종류에 대한 설명이다. 이 부분에 대해서도 코란에서는 아무런 언급이 없는데, 사도 무함마드는 방패, 낙타, 상품, 계란, 밧줄, 갑옷, 외투, 과일을 훔친 경우에는 절단형을 명령하고 있다. 그러나 우리 안에 있지 않은 가축에 대해서나 가난한 사람이 따 먹은 과일에 대해서는 절단형이 없음을 분명히 하였다.

넷째, 절도범의 처벌 방식에 대한 부분이다. 코란에는 "손목을 자르라."라고만 언급되어 있는데 사도 무함마드는 절단의 부분이 두 손이며, 절도를 한 횟수에 따라 오른손, 왼발, 왼손, 오른발, 사형 순으로 절단의 순서와 절차를 규정하였다.

다섯째, 손을 절단한 이후의 처리 방식에 대한 부분이다. 코란에는 이 부분에 대한 언급이 없으나, 순나(하디스)는 손목을 절단한 뒤 손을 절도범의 목에 걸어둠으로써 일벌백계의 확실한 효과를 창출하였다.

여섯째, 절단형 처벌 대상자의 신분이나 종류에 대한 부분이다. 코란에는 이 부분에 대한 언급이 없으나, 절도에 대해서는 자신의 딸인 파띠마라 하더라도 간과하지 않겠다는 순나(하디스)를 통해 핫드형은 누구에게나 예외 없이 공평하게 집행되는 신법(神法)이라는 것을 확실히 하고 있다. 한편 사기꾼, 날치기꾼, 횡령자, 배신자, 가난한 사람에게는 절단형을 집행하지 않는다는 것을 밝히고 있다.

일곱째, 절도를 증명하는 방식에 대한 순나(하디스)이다. 코란에는 이 부분에 대한 언급이 없으나, 사도 무함마드는 절도를 한 당사자가 3번 자백을 한 경우 절단형을 집행할 것을 명령하였다.

여덟째, 도둑의 회개 수용과 천국에 대한 약속이다. 코란에는 이 부분에 대한 언급이 없으나, 사도 무함마드는 비록 절도가 중범죄이 지만 잘못을 뉘우치고 회개한다면 그의 회개가 수용되고 천국에 들어갈 수 있음을 분명하게 밝혀주고 있다. 또한 절도를 살인이나 가정 파괴범과 같이 언급함으로써 도둑질이 중범죄임을 보여주고 있다.

이상에서와 같이 사도 무함마드는 절도가 손을 절단하는 핫드형이 라는 코란 구절을 확인하는 동시에, 코란의 포괄적이고 함축적인 계시 내용을 상황에 따라 다양하게 해설하고 제약하고 설명함으로써 [218] 7세기 초 이슬람 전파 당시의 복잡다단한 시대에 유연하고 단호 하게 대처하였다. 그러나 사도 무함마드가 사망(632년)한 뒤 2세기 이 상의 시간이 흘러 이슬람세계가 더욱더 방대해지고 복잡한 시대를 맞이하면서 순나(하디스)에 대한 보다 더 구체적이고 세부적인 확장이 요구되었다. 이것이 바로 9-10세기에 순니 4대 법학파들이 왕성하게

---

218 코란에는 사도 무함마드의 역할과 기능을 언급하는 많은 구절들이 있는데, 이는 '알라의 구절을 낭송하고, 알라의 책을 가르치며, 지혜를 가르치고, 사람들을 정화하는 것'이라고 요약할 수 있다. 사도는 단순히 알라의 말을 전달하는 존재가 아니라, 성서를 상세히 해석 하고 해설하며, 그것을 적용하는 방법을 보여주고, 실제적인 본보기를 제시하는 존재라 는 것이다. 자세한 것은 임병필(2014), "순나가 샤리아 제2법원으로 인정된 근거에 관한 연구" 참조.

활동하게 된 동기와 동력으로 작용하였다.

4. 순니 4대 법학파에 의한 규범의 구체화 및 세분화

여기서는 9-10세기에 활동했던 순니 4대 법학파들의 독자적인 법적 견해들을 주제별로 정리하고 순나와의 관련성을 분석하였다.[219] 이들 법학파들은 코란과 순나(하디스)에 의해 규정된 절도 관련 규범들을 시대와 환경의 변화에 발맞추어 재해석하고 이를 이슬람공동체의 삶 전반에 적용하였다.

1) 절도범의 손을 절단하는 물건의 최소한의 가치(니쌉)

(1) 니쌉의 경우

하나피 법학파(이후 하나피)는 절도에 대한 핫드형의 니쌉을 1디나르 또는 10디르함이라고 보았다. 이는 "사도는 방패의 가치가 아니면 도둑의 손을 절단하지 않았는데, 당시 방패의 가치는 1디나르였다." 라는 순나에 근거하고 있다. 말리키 법학파(이후 말리키)는 니쌉을 3디르함이라고 보았으며, 이 또한 "알라의 사도는 3디르함의 가치가 있

---

219 순니 4대 법학파들의 절도에 대한 세부적인 내용들은 123-168,1999 عبد الرحمن الجزيري의 내용들을 번역하여 정리하였다.

는 방패를 훔친 도둑의 손을 절단했다."라는 순나에 근거하고 있다. 샤피이 법학파(이후 샤피이)는 니쌉이 1/4디나르라고 보았으며, 이는 "사도는 1/4디나르나 그 이상을 훔친 도둑의 손을 절단했다."라는 순나에 근거하고 있다. 한발리 법학파(이후 한발리)는 니쌉을 1/4디나르라고 보았는데, 이는 3디르함에 해당하는 금액이었다. 이 또한 "사도는 1/4디나르나 그 이상을 훔친 도둑의 손을 절단했다."라는 순나에 근거하고 있다.

(2) 도둑맞은 물건의 가치가 하락한 경우

하나피는 도둑맞은 물건의 가치가 형을 집행할 당시에 니쌉보다 적어졌다면 절단형을 규정하지 않는데, 이는 니쌉이 절단형의 필요조건이기 때문이다. 샤피이, 말리키, 한발리는 도둑맞은 물건의 가치가 하락했다 하더라도 절단형을 규정하고 있다.

이상에서 보듯이 니쌉에 대해 하나피는 1디나르 또는 10디르함, 말리키는 3디르함, 샤피이는 1/4디나르, 한발리는 1/4디나르 또는 3디르함이라고 언급하였다. 이는 모두 순나(하디스)에서 언급되었던 기준들인데, 각 법학파가 독자적인 원전 해석과 성향에 따라 다른 기준들을 채택한 까닭이다. 한편, 도둑질을 할 당시의 가치가 절단형을 집행할 당시보다 하락했을 경우에 대해 하나피가 절단형을 규정하지 않는 데 반해 나머지 세 법학파는 절단형을 규정하는 다른 견해를 제시하였다.

2) 절도한 물건의 종류

(1) 부패가 쉽게 되는 물건을 절도한 경우

하나피는 우유, 고기, 즙이 많은 과일처럼 부패가 빨리 되는 것을 훔친 도둑은 손이 절단되지 않는다고 보는데, 이는 "과일과 그 즙에서 절단형은 없다."라는 순나에 근거하고 있다. 또한 "음식에 절단형은 없다."라는 순나에 근거해 빵, 고기, 대추야자, 즙이 많은 과일처럼 부패가 빨리 되는 음식도 마찬가지이다. 그러나 밀과 설탕과 같은 것을 절도한 경우에는 절단형이 집행된다. 샤피이, 말리키, 한발리, 하나피의 일부 학자들은 부패가 빨리 되는 것에 대해서도 도둑맞은 것의 가치가 니쌉에 달할 경우 손발 절단형이 되어야 한다고 주장한다. 하나피는 땔감, 풀, 갈대, 생선, 새 등과 같이 이슬람세계에서 허용된 사소한 것에 대해서는 절단형을 집행하지 않는다. 이는 "사도 무함마드 시대에 사소한 것 때문에 손이 절단되지 않았다."라는 순나(하디스)에 근거하고 있다. 그러나 또 다른 샤피이, 말리키, 한발리, 하나피의 일부 학자들은 물, 흙, 진흙, 돌, 악기, 포도가 아닌 물건을 니쌉에 달하게 절도한 경우에는 절단형을 집행해야만 한다고 본다.

(2) 나무에 매달린 대추야자 도둑의 경우

샤피이와 하나피는 나무에 매달린 과일을 따 먹은 도둑에게 절단형은 없다고 보는데, 이는 "과일과 그 씨(핵)에서 절단형은 없다."라는 순나에 근거하고 있다. 말리키는 그것이 히르즈(보관, 보호)였다면 나무에 매달린 과일에 대해서도 절단형을 집행해야만 한다고 규정하며, 한발리는 훔친 가치의 두 배를 배상해야 한다고 규정했다. 샤피이는 즙이 많은 과일에 절단형은 없다고 규정하였는데, 만일 과일이 집에 있었거나 히르즈였다면 절단형이라고 규정하였다.

(3) 금지된 음료를 절도한 경우

네 법학파는 술이나 포도주처럼 취하게 하는 음료를 절도한 경우에 절단형은 없다는데 견해를 같이 한다. 또한 돼지(고기)와 죽은 동물의 무두질 하기 전 가죽, 악기처럼 명예롭지 않은 것을 훔친 경우 그 가치가 니쌉(절단형에 처하는 최소한의 가치)에 달했다고 하더라도 절단형은 없으며, 훔친 개가 경비견이라고 하더라도 절단형은 없다고 규정한다. 도살되기 전의 제물(祭物)을 절도 했다면 절단형지만 도살된 이후에는 절단형이 아니며, 가난한 이에게 자선으로 제공된 고기나 가죽을 니쌉에 달할 정도로 절도했다면 절단형에 처한다. 하나피, 샤피이, 한발리는 술이나 돼지(고기)를 절도한 것은 죄가 되지 않는다

고 규정하였다. 그것은 금지된 것이어서 돈이 되지 않기 때문이다.[220]
말리키는 술이나 돼지를 훔친 경우 그것이 협약민인 딤미의 소유이
면 그 값을 배상해야 하지만, 무슬림의 소유이면 배상하지 않아도 된
다고 규정한다. 말리키, 샤피이, 한발리는 악기를 절도한 경우 그 소
유자가 무슬림이든 아니든 절단형은 없고 배상도 할 필요가 없다고
규정하였다. 악기는 소유나 사용이 금지된 것이기 때문이다. 하나피
는 악기가 오락을 위해 사용되었다면 가치가 없지만, 오락에 사용되
지 않는 악기는 주인에게 가치가 있는 것이라고 보았다.

(4) 책 도둑의 경우

하나피는 코란을 훔친 경우에 그 가치가 니쌉에 달하고 금으로 장
식되어 있다 하더라도 절단형이 아니라고 규정한다. 도둑이 코란을
훔친 이유가 그것을 읽기 위함이라고 보기 때문이다. 또한 학문과 종
교 책을 훔친 경우에도 절단형은 없다고 규정하고 있지만, 가죽이나
기록을 하기 전의 종이를 훔친 경우에는 절단형에 처하는데, 그것이

---

220 "돈은 인간이 소유하고 있는 모든 것"으로 사전에 정의되고 있다. 이맘 한발리는 "모든 상
   황에서 이용이 허용된 것이나 구매가 허용된 것"으로 정의하며, 이맘 샤피이는 "사람들 사
   이에서 가치가 있는 모든 것이며, 합법적으로 이용이 허용된 것"으로 보았다(الحموي 2003
   339-340). 샤리아에서는 돈을 가치가 있는 돈과 가치가 없는 돈으로 나눈다. 이때 실제로
   소유했느냐, 거리에서 이용이 허용되었느냐가 중요하다. 따라서 물 속에 있는 물고기는
   실제로 소유한 것이 아니므로 가치가 없는 돈이며, 술이나 돼지고기는 이용이 허용되지
   않는 것이므로 가치가 없는 돈이다("المال في الفقه الإسلامي").

돈으로 산정되는 상품이기 때문이다. 샤피이는 코란과 학문 서적을 훔친 경우에도 절단형이라고 규정하는데, 그것이 판매가 가능하다고 보기 때문이다.

(5) 오락도구를 훔친 경우

하나피, 말리키, 한발리는 금과 은으로 된 십자가나 동상, 주사위, 춤이나 유흥에 사용되었던 악기, 오락도구, 도박도구를 훔친 경우 그 가치가 니쌉에 달했다고 하더라도 절단형을 규정하지 않는다. 무슬림에게는 그러한 것들을 파괴하기 위해 취하는 것이 허용되기 때문이다. 샤피이의 일부 학자들은 악기, 십자가, 우상, 주사위, 도박도구를 훔친 경우 절단형을 규정하지 않지만, 또 다른 일부 학자들은 그 가치가 니쌉에 달했을 경우 절단형을 집행할 것을 주장한다. 만일 무슬림들이 소유하고 있는 이러한 도구들을 훔쳤을 경우 절단형을 규정하지 않는데, 이러한 도구들이 무슬림들에게는 금지된 것들이기 때문이다. 그러나 니쌉에 달하는 딤미의 것을 훔쳤을 경우 절단형을 규정하고 있다.

(6) 돈이 되지 않는 것을 훔친 경우

네 법학파는 술, 돼지(고기), 개, 죽은 동물의 무두질하지 않은 가죽을 훔친 경우 이들이 돈이 되지 않는다는 이유를 들어 절단형을 규정하지 않는다. 그러나 만일 술 항아리를 훔쳤는데 그것이 니쌉에 달할 경우에는 절단형이 집행된다. 도둑이 성인이 아니거나 제정신이 아니거나 할랄 음식에 취(醉)했거나 할 경우 절단형이 아니며, 돈 주인의 아버지인 경우에도 절단형이 아니다. 희생된 제물을 훔친 경우 절단형이 아니지만, 희생되기 전에 훔치면 절단형이다. 가난한 사람이 자선으로 받은 고기나 가죽을 니쌉에 달할 정도로 훔치면 절단형이다.

(7) 전리품과 공공금고에서 훔친 경우

하나피는 전리품을 훔친 도둑의 경우 거기에 그의 몫도 포함되어 있다는 이유를 들어 절단형을 규정하지 않는다. 샤피이는 이런 경우 도둑이 그 그룹 내에 포함되어 있으면 절단형이 아니지만, 그룹의 일원이 아닌 경우 절단형을 규정한다. 말리키는 니쌉에 달하는 양을 공공금고로부터 훔친 도둑에게는 절단형을 규정하며, 한발리는 이 경우 공적 자금이라는 이유를 들어 절단형을 규정하지 않는다.

(8) 천막의 물건이나 천막을 훔친 경우

샤피이는 천막이 건물들 사이에 고정되어 있는 경우 시장에 있는 상품과 같은 것으로 보아 그 안의 물건을 훔치면 절단형을 규정한다. 천막이 사막에 있고 줄이 느슨한 상태라면 사막에 있는 물건과 같은 것이어서 절단형이 아니다. 천막의 줄이 팽팽하고 지키는 사람이 있다면 히르즈(보관, 보호)여서 절단형이며, 지키는 사람이 없다면 히르즈가 아니어서 절단형이 아니라고 규정한다. 말리키는 여행 때나 마을에 설치된 천막은 사람이 있건 없건 히르즈이므로 그곳에서 니쌉에 달하는 무엇인가를 훔친다면 절단형을 규정한다. 하나피는 고정되어 있는 천막에서 무엇인가를 훔친다면 절단형이지만, 천막 자체를 훔친다면 절단형이 아니라고 규정한다.

(9) 탈 것(운송수단)을 훔친 경우

하나피는 일렬로 걸어가고 있는 낙타로부터 낙타나 짐을 훔친 경우 절단형을 규정하지 않는데, 이는 의도된 히르즈의 상태가 아니라고 보기 때문이다. 샤피이, 말리키, 한발리는 낙타나 당나귀들이 일렬로 걸어가고 몰이꾼들이 통제하고 있는 상태라면 이를 훔친 이에게는 절단형을 규정한다.

(10) 어린 자유민을 훔친 경우

샤피이는 어린 자유민을 훔친 이에게 절단형을 규정하지 않는데, 자유민은 거래가 불가능하여 돈이 되지 않기 때문이다. 말리키는 장신구나 옷으로 구별되거나, 주머니나 목에 표식을 가지고 있거나, 보호자나 가족이 있거나 하지 않는 자유민 소년을 훔친 이에게 절단형을 규정하지 않는다. 구별되지 않는다는 것은 히르즈가 아니기 때문이다. 하나피는 자유민 소년을 훔친 이에게 절단형을 부과하지 않으며, 샤피이는 한 노예가 낙타 위에서 자고 있는데 그것을 몰고 대상 (隊商)에서 빠져나갔다면 절단형이며, 자유민이 타고 있는 경우에는 절단형이 아니라고 규정한다.

(11) 훔친 것을 다시 훔친 경우

하나피는 다른 사람이 훔친 것을 다시 훔친 경우 절단형을 규정하지 않는다. 샤피이, 말리키, 한발리는 무엇인가를 훔친 이에게 절단형을 규정하고, 그것을 다시 훔친 이에게도 절단형을 규정하고 있다.

이상에서 보듯이 절도를 한 물건에 대해 순니 4대 법학파들은 순나 (하디스)에서 언급되었던 것을 좀 더 확대하고 세분화하였다. 즉 순나 (하디스)에서 낙타, 계란, 밧줄, 갑옷, 외투 등과 같이 사물의 이름을 나열하였던 것을 법학파들은 부패가 쉽게 되는 물건, 나무에 달린 과일, 금지된 음료수, 책(서적), 오락도구, 돈이 되지 않는 것, 전리품이나 공공금고, 천막의 물건이나 천막, 탈 것(운송수단), 어린 자유민, 도둑맞은 물건 등으로 확대, 세분화하였다. 이는 사도 무함마드(7세기) 시대보다 법학파들의 시대(9-10세기)가 더욱더 복잡 다단해졌다는 증거이기도 하거니와 절도 사건의 경우와 상황이 더욱더 다양해졌다는 의미이다. 따라서 무함마드 시대에는 경험하지 못했던 사건들에 대처

하기 위해 절도의 대상이 될 수 있는 모든 경우들을 총망라하는 해석이 요구되었던 것이다.[221]

3) 처벌 방식

(1) 절단 부위와 방식

니쌉을 초과하여 첫 번째 절도를 한 이에게는 오른손을 손목에서 절단한 다음 끓는 기름에 담구어 마무리를 한다. 또한 동일한 인물이 두 번째 절도를 한 경우 왼발을 절단한 다음 끓는 기름에 담구어어 마무리를 하는 방식에 대해 네 법학파 모두 의견을 같이 하고 있다. 절단을 한 다음 끓는 기름에 담그는 것은 피를 멈추게 하기 위함인데, 핫드형의 목적이 범죄자를 망치려는 것이 아니라 범죄를 억제하려는 데 있기 때문이다.[222] 이런 맥락에서 형의 집행은 너무 더울 때나 너무 추울 때는 시행되지 않는다.

---

221 절도를 해도 핫드형에 처해지지 않는 물건들의 또 다른 분류에는 이동되지 않는 것(땅, 땅에 고정된 것), 많은 양을 이용해야 하는 것(땔감, 건초, 과일, 곡물, 물고기, 가축), 주인이 없는 것(물고기, 새), 상하기 쉬운 것(고기, 계란), 종교적인 상징이나 책(코란), 가치가 없는 것(돼지고기, 술), 유익하지 않는 놀이에 사용되는 악기, 재산으로 분류되지 않는 것(아이들) 등이 있다(Matthew Lippman 1989, 39).

222 절도범의 손을 절단하는 방식은 죄를 지은 신체 부위에 지워지지 않는 표식을 함으로써 절도에 유혹될 수 있는 이들을 억제하고 단념시키려는 의도를 가진 본보기 처벌이다. 이 방식은 범인을 갱신시키려는 목적과 보복의 목적을 동시에 가지고 있다(David F. Forte 1985, 3-9). 절도범의 손을 절단하는 이유는 "이는 그 두 손이 얻은 것에 대한 알라의 벌이거늘"이라고 코란에 명시되어 있듯이 손이 돈을 다루는 부위이기 때문이다.

한편 동일한 인물이 세 번째 범행을 했을 경우 법학파들 간에 이견이 존재하고 있다. 하나피는 세 번째부터는 손발을 절단하지 않고 범죄자를 회개할 때까지 감금하고 태형을 가하도록 규정하고 있다. 말리키와 샤피이는 세 번째의 경우 왼손을 절단하며, 네 번째의 경우 오른발을 절단하고, 다섯 번째의 경우 감금하고 비난하도록 규정하고 있다. 한발리에는 하나피처럼 세 번째에 절단을 하지 않는 경우, 말리키와 샤피이처럼 세 번째와 네 번째에 절단을 하는 경우, 다섯 번째 경우 범죄자를 살해하는 경우 등 다양한 견해들이 공존하고 있다.

이상에서 보듯이 처벌 방식에 대해 순니 4대 법학파는 '절도는 절단'이라는 순나(하디스)의 엄격한 방식을 다소 완화하였다. 절단의 목적이 범죄를 억제하는 데 있다는 합의와 동의를 통해 두 번째까지는 오른손과 왼발을 절단하지만 세 번째 경우부터는 법학파들 간에 절단과 감금을 두고 이견[223]을 보이고 있다. 또한 절단한 뒤 끓는 기름에 담구어 피를 신속하게 멈추게 한다거나 너무 더울 때나 추울 때는 집행을 연기함으로써 처벌의 목적이 범죄의 억제에 있다는 의미를 훼손하지 않으려 하였다.

---

223 '차이, 불일치, 다름'의 뜻으로 '이즈마으(합의)'와 같이 이슬람법 샤리아의 주요한 원칙들 중 하나이다. 다양한 법학파들이 공존하고 인정받고 있다는 사실 또한 이크틸라프 원칙이 인정되고 있다는 증거이다. 자세한 것은 임병필(2015), "8개 이슬람 법학파의 특징과 이크틸라프 원칙" 참조(Hamid Khan 2013, 23).

4) 도둑의 신분

(1) 무슬림이 딤미의 물건을 훔쳤을 경우

하나피는 무슬림이 딤미로부터 니쌉에 달하는 돈을 훔쳤다고 하더라도 절단형을 집행하지 않는다. 이 돈은 원래 무슬림 전사(戰士)들의 소유이며, 전사들의 돈은 절도에 절단형이 집행되지 않는 전리품이기 때문이다. 샤피이, 말리키, 한발리는 무슬림이 니쌉에 달하는 딤미의 돈을 훔쳤다면 절단형을 규정하고 있다. 그것은 딤미에게 소유된 것이며, 핫드형은 딤미든 무슬림이든 똑같이 적용되는 신법(神法)이기 때문이다.

(2) 딤미가 절도를 한 경우

말리키와 한발리는 딤미가 무슬림이나 딤미의 돈을 훔쳤을 경우 절단형을 규정하고 있다. 하나피는 그 경우 절단형을 규정하지 않는데, 그 이유는 그들이 전쟁 포로들이기 때문이다. 샤피이는 반드시 필요하다고 여길 경우 절단형을 집행하고 그렇지 않을 경우 절단형을 규정하지 않는다.

(3) 손님이 무엇인가를 훔친 경우

하나피는 손님이 니쌉의 양 이상을 훔쳤다고 하더라도 절단형을 규정하지 않는데, 이는 손님에게 그 집은 히르즈가 아니기 때문이다. 샤피이와 한발리도 손님이 무엇인가를 훔쳤다고 하더라도 절단형을 규정하지 않는데, 주인이 들어오는 것을 허락했기 때문에 더 이상 그 집은 손님에게 히르즈가 아니기 때문이다. 말리키 또한 다른 법학파들과 동일한 이유로 무엇인가를 훔친 손님에게 절단형을 규정하지 않는다.

(4) 공동투자자 중 한 명이 훔친 경우

하나피, 말리키의 일부 학자들은 공동투자자 중 한 명이 니쌉에 달하는 절도를 했다 하더라도 절단형을 규정하지 않는데, 도둑에게도 공동투자한 돈에 대한 권리가 있다고 보기 때문이다. 한편 아버지의 채무자나 장성한 아들의 채무자로부터 무엇인가를 훔친 경우 절단형을 규정하고 있는데, 어린 아들의 채무자로부터 훔친 경우에는 절단형을 규정하지 않는다. 샤피이는 훔친 부채가 연기된 것이라면 절단형이 아니지만 연기된 것이 아니라면 절단형을 규정하고 있다.

(5) 횡령자, 날치기꾼과 사기꾼, 소매치기, 무덤 도둑의 경우

① 횡령자[224] : 샤피이, 말리키, 한발리는 횡령자가 니쌉에 달하는 돈을 훔쳤을 경우에는 절단형을 규정한다. 이는 "한 여성이 상품을

---

224 이슬람법에서는 '집단 소유의 돈(공금)을 몰래 훔치는 이'란 의미이다.

빌려간 뒤 부정하자 사도 무함마드가 그녀의 손을 절단하라고 명령했다."라는 순나에 근거하고 있다. 하나피는 다른 사람의 것을 차지한 뒤 주인이 요청할 때 이를 부정하고 돌려주지 않은 이에게 니쌉에 상관 없이 절단형을 규정하지 않는다.

② 날치기꾼과 사기꾼 : 하나피, 말리키, 샤피이는 그들이 도둑이 아니라는 이유를 들어 손 절단형을 규정하지 않는다. 한발리는 횡령자, 날치기꾼, 사기꾼에게 그들의 행위 또한 절도(도둑질)라는 이유를 들어 손 절단형을 규정한다.

③ 소매치기 : 하나피는 주머니에 매달려 있는 것을 소매치기 한 경우에는 절단형이 아니지만, 손이 소매 안으로 들어갔을 경우에는 절단형을 규정한다. 말리키, 샤피이, 한발리는 소매치기에 대해 절단형을 규정한다.

④ 무덤 도둑 : 하나피는 무덤 도굴꾼을 절단형으로 규정하지 않는데, 이는 무덤은 히르즈가 아니기 때문이다. 죽은 이는 소유를 할 수 없고, 수의는 죽은 이 뿐만 아니라 어느 누구에게도 소유된 것이 아니기 때문이다. 샤피이, 말리키, 한발리는 죽은 이의 수의를 훔친 이에게 절단형을 규정하고 있다. 이는 "우리는 무덤을 도굴한 이의 손을 절단했다."라는 순나에 근거하고 있다. 이들 법학파들은 수의는 보호된 돈이며 무덤은 죽은 이를 위한 히르즈이고, 수의는 그에게 소유된 것이어서 역시 히르즈이다. 또한 죽은 이가 나체로 남겨지는 것이 허

용되지 않는다는 것도 절단형을 선고하는 이유이다.

도둑의 신분과 처벌에 대해 사도 무함마드는 자신의 딸(파띠마)이라 할지라도 절도를 할 경우 절단형을 집행하겠다는 공평무사의 정신과 사회 평등의 가치를 천명한 바 있다. 한편, 순니 4대 법학파들은 절도를 하는 주체자의 신분을 무슬림과 딤미로 분류하여 전 이슬람세계의 모든 사람들을 포함하였으며, 손님과 공동투자자의 경우를 통해 일상에서 발생할 수 있는 보다 구체적인 사례를 다루었다.

5) 절도의 증명 방식

(1) 절도에 대한 핫드형을 확정하는 경우

도둑에게 핫드형을 확정하는 경우는 범죄를 목격한 2명의 공정한 무슬림 남성의 증언이나 자발적인 고백이 있을 때이다. 이에 대해 하나피, 말리키, 샤피이는 이성적인 성인이 하는 1번의 자백으로 충분하다고 본 반면에, 한발리와 하나피의 일부 학자들은 2번의 자백이 있어야 한다고 보았다. 한편 1명의 남성과 2명의 여성이 한 증언은 도둑에게 벌금형을 확정할 수는 있지만 절단형을 확정하지는 못하는데, 여성의 증언은 핫드형에서 수용되지 않기 때문이다.

(2) 위증의 경우

하나피, 말리키, 한발리는 도둑의 손을 절단한 이후에 위증이 밝혀졌을 경우, 위증자들에게 배상금를 지불할 것을 규정하고 있지만 그들의 손을 절단하는 것은 허용하지 않는다. 샤피이는 도둑에게 절단형이 집행된 이후 증언자들이 자신들의 증언이 실수였다고 말한다면 피해자에게 배상금을 지불하지만, 의도적으로 위증을 했다고 말한다면 그들의 손을 자를 것을 규정하고 있다.

(3) 도둑이 훔친 물건을 자신의 것이라고 주장하는 경우

말리키는 도둑이 훔친 물건을 자신의 것이라고 주장할 때 그가 히르즈로부터 니쌉에 달하는 것을 훔쳤다는 것을 증명한 이후에 절단형에 처한다. 하나피, 샤피이, 한발리의 일부 학자들은 이 경우 그가 훔쳤다는 것을 증명하지 못한다면 그의 소유일 가능성이 있다는 이유를 들어 절단형을 규정하지 않는다. 한발리의 또 다른 학자들은 이 경우 절단형을 규정한다.

이상에서 보듯이 절도의 증명 방식에 대해 순나(하디스)에서는 3번의 자백으로 절단형을 집행하였지만, 법학파에 따라서는 1번의 자백으로도 충분하다는 견해를 밝혔다. 또한 자백 외에도 공정한 무슬림들의 증언으로 절도죄가 확정되며 위증자에 대한 처벌이나 도둑이

훔친 물건을 자신의 것이라고 주장할 때의 증명과 처벌에 대한 규정을 추가하였다.

6) 절도의 장소

(1) 공동주택

네 법학파들은 공통적으로 공동주택이나 호텔처럼 집에 여러 명이 각각의 공간에 거주하고 있는 경우, 문이 잠겨 있는 한 집에서 절도를 했다면 절단형을 규정한다. 그러나 거실과 같이 공동 공간에 있는 무엇인가를 훔친 경우 절단형을 규정하지 않는데, 거실은 도로처럼 모든 사람들에게 허용된 공간이기 때문이다. 또한 문이 잠겨 있는 집의 옷, 돈, 보석은 히르즈이며, 잠겨 있는 상자들은 히르즈이고, 잠겨 있는 상점들의 판매할 물건들은 히르즈이며, 야간에 경비원이 있으면 히르즈이고, 마구간에 있는 값비싼 가축들은 히르즈이며, 용기들과 옷들은 히르즈라고 보았다. 한편, 말리키와 일부 법학자들은 공동주택이라 하더라도 방에서 물건을 가지고 나갔다면 절단형을 규정하는데, 그 물건은 히르즈이기 때문이다. 하나피의 일부 학자들은 공동주택으로부터 돈을 가지고 나갔다고 하더라도 절단형을 규정하지 않는데, 이는 그 집에 들어가는 것이 허용되어 있기 때문이라고 보았다.

(2) 상점

샤피이는 상점 문에 줄로 묶여 있는 물건들은, 덮고 있는 그물이 느슨하거나 찢겨졌다고 하더라도 주간에는 히르즈라고 보았다. 이웃 사람들과 행인들이 그것을 보고 있기 때문이다. 그러나 물건이 바닥에 떨어져 있거나 문이 열려 있었다면 이를 훔친 도둑에게 절단형을 규정하지 않는데, 이는 물건이 보관된 상태(히르즈)가 아니기 때문이다. 야간에 경비원이 있으면 그 물건은 히르즈가 되지만, 상점에 도둑이 손을 넣을 수 있는 구멍이 뚫려 있고 경비원이 없다면 절단형이 아니다. 명절날에 상점을 장식하기 위해 놓여 있는 귀중한 물건들과 축하를 위해 야간에 상점과 집의 문에 걸려 있는 전기 제품들은 경비원이 있으면 히르즈가 된다. 자물쇠로 문이 잠긴 상점의 물건과 금이나은, 시계, 판매할 목적으로 상점의 쇼윈도우에 놓아둔 값비싼 물건들은 야간이나 주간이나 경비원이 없다 하더라도 히르즈이지만, 일반인들이 들어가도록 허락된 열린 상점에서의 절도에 대해서는 절단형을 규정하지 않는다. 네 법학파들은 공통적으로 상점에서 물건을 훔친 도둑에게 절단형을 규정하지 않는데, 이는 상점 주인이 사람들에게 물건을 사러 들어오는 것을 허락하였기 때문이다.

(3) 카으바신전

말리키는 카으바신전의 출입이 허용된 시간에 무엇인가를 훔친 이에게는 절단형을 규정하지 않지만, 따와프[225] 장소에서 무엇인가를 홈친 이에게는 절단형을 규정한다. 샤피이는 카으바신전의 덮개를 홈친 이에게는 절단형을 규정한다. 한발리는 카으바신전의 덮개 일부나 신전 내부에서 니쌉에 달하는 무엇인가를 홈친 이에게는 절단형을 규정하는데, 이는 알라의 집 금기를 위반했기 때문이다. 하나피는 니쌉에 달하는 카으바신전의 덮개 일부를 홈친 경우에 절단형을 규정하지 않는데, 그것에는 소유자가 없으며 도둑이 축복을 받으려는 목적을 가지고 홈쳤다고 보기 때문이다.

(4) 모스크

하나피는 모스크의 문에서 무엇인가를 홈치거나 메트, 등잔, 창문, 천과 같은 모스크의 물건을 홈치는 경우에 히르즈가 아니라는 이유를 들어 절단형을 규정하지 않는다. 말리키는 모스크의 문을 히르즈라고 보았고 카펫, 메트, 등잔과 같은 것을 홈친 이에게는 절단형을 규정한다. 샤피이는 장식을 위해 모스크의 문에 설치한 나무기둥, 천장, 등잔과 같은 것을 홈친 무슬림에게는 절단형을 규정한다. 그러나 자신이 사용할 의도로 메트나 등잔을 홈친 경우 절단형을 규정하지 않는데, 이는 그러한 물건들이 공공금고처럼 무슬림들에게 유익한

---

225 사우디아라비아 메카의 하람성원 내에 있는 카으바신전의 둘레를 도는 의례로써 카으바를 왼편에 두고 시계 반대 방향으로 7번 순회한다. 자세한 것은 네이버 백과사전 참조.

것이 포함되어 있기 때문이다.

절도의 장소에 대해 순나에서는 구체적으로 언급되지 않았는데, 순니 4대 법학파들은 공동주택, 상점, 카으바신전, 모스크라는 구체적인 장소에서 발생하는 다양한 상황들에 대해 각자의 독자적인 견해를 밝히고 있다.

7) 절도의 대상

(1) 도둑으로부터 물건을 훔친 경우

하나피, 한발리, 샤피이는 어떤 도둑의 손이 절단된 이후에 그 도둑의 물건을 훔쳤다면 두 번째 도둑의 손은 절단되지 않는다고 보았다. 그 돈은 잃어버린 돈과 같으며, 잃어버린 돈을 취한 이의 손은 절단되지 않기 때문이다. 말리키와 샤피이의 일부 법학자들은 첫 번째 도둑과 마찬가지로 두 번째 도둑의 손도 절단해야 한다고 규정한다. 한편, 첫 번째 도둑의 손이 절단되기 전에 두 번째 도둑이 그의 것을 훔쳤을 경우, 하나피는 물건의 주인이 첫 번째 도둑에게 물건을 주거나 팔게 되면 손은 절단되지 않는다고 보았다. 반면에 샤피이, 말리키, 한발리는 이 경우에도 첫 번째 도둑의 손은 절단되어야 한다고 보았다.

(2) 친척, 부모(자식)들로부터 무엇인가를 훔친 경우

하나피는 부모나 그보다 더 촌수가 높은 가족(조부모와 그 형제들)으로부터 무엇인가를 훔친 경우 절단형에 처하지 않으며, 부모가 자식의 돈을 훔친 경우에도 마찬가지다. 이는 "너와 너의 돈은 네 부모의 것이다."라는 순나에 근거하고 있다. 샤피이도 부모가 자식의 돈을 훔치든 자식이 부모의 돈을 훔치든 절단형을 규정하지 않는다. 말리키는 부모나 조부모가 자식이나 손자의 돈을 훔친 경우 절단형이 아니지만, 자식이 부모의 것을 훔친 경우 절단형을 규정한다. 자식에게는 부모의 돈에 대한 권리가 없기 때문이다. 한발리 또한 부모가 자식의 돈을 훔친 경우 절단형이 아니지만, 자식이 부모의 돈을 훔친 경우 절단형을 규정한다.

(3) 부부의 것을 훔친 경우

하나피는 부부 중 한 사람이 같이 사는 집에서든 따로 사는 집에서든 무엇인가를 훔친 경우 절단형을 규정하지 않는다. 말리키, 샤피이, 한발리의 일부 법학자들은 부부 중 한 사람이 같이 사는 집에서 무엇인가를 훔친 경우 절단형이 아니지만, 따로 사는 집에서 무엇인가를 훔친 경우 절단형을 규정한다. 샤피이와 한발리의 또 다른 일부 법학자들은 이 경우 절단형을 규정하지 않으며, 샤피이의 다른 일부 법학자들은 남편에게만 절단형을 규정하고 있다.

절도 규범에 의거해 손을 절단하려면 도둑이 성인이어야 하고, 이성이 있어야 하며, 의도적으로 몰래 도둑질을 해야만 하며, 도둑질한 물건이 어느 정도의 가치를 가지고 있어야 하고, 다른 사람이 보관(보호)하고 있는 것이어야 하며, 진실된 무슬림들의 증언이나 자신의 자백이 있어야 한다. 이상에서 나열한 모든 조건들이 충족될 경우에만 절단형을 집행할 수 있다. (사진: 쿠웨이트 법원)

이상에서 보듯이 절도의 대상에 대해서도 순나(하디스)에서는 언급되지 않았지만 순니 4대 법학파들은 도둑, 친척, 부모(자식), 부부라는 대상의 것을 훔칠 경우에 대한 독자적인 견해를 내놓았다.

8) 절도의 방식

(1) 도둑이 집에 구멍을 뚫은 경우

하나피는 도둑이 집에 구멍을 뚫고 들어가 구멍으로나 문으로 집 밖에 있는 다른 이에게 돈을 건네준 경우 두 사람 모두에게 절단형을 규정하지 않는데, 이는 침입자가 훔친 돈을 직접 가지고 나오지 않았기 때문이다. 이와 같은 예로는 집 안에 물이 흐르고 있는데 그 물에다 돈을 던져 돈이 물을 따라 집을 빠져 나온 후에 가져간다면 절단형이 아니며, 개의 목에다 물건을 걸어 개가 집을 나온 후에 가져가면 절단형이 아니다. 그러나 개를 강제로 집 밖으로 내보냈다면 절단형이 규정된다.

말리키는 한 사람이 집에 구멍을 뚫고 들어가 니쌉에 달하는 것을 밖으로 건네줄 때 밖에 있는 사람이 손을 집안(히르즈)으로 뻗어서 가져간 경우 밖에서 물건을 건네받은 사람은 절단형이지만 안에 들어간 사람은 절단형이 아니라고 규정한다. 왜냐하면 밖에 있는 사람은 히르즈로부터 물건을 가지고 나간 사람이며 안에 있는 사람은 아무

것도 가지고 나가지 않았기 때문이다. 샤피이와 한발리는 한 사람이 집에 구멍을 뚫고 들어가 구멍으로 물건을 밖으로 내보내 가지고 갔다면 두 사람 모두에게 절단형을 규정하지 않는다. 구멍을 뚫은 사람은 아무것도 훔치지 않았으며, 물건을 가져간 사람은 히르즈가 아닌 곳으로부터 가져갔기 때문이다. 만일 담이 있고 구멍 근처에 물건을 지키는 사람이 있다면 물건을 가져가는 사람은 절단형이다. 그러나 파수꾼이 자고 있거나 문이 열려 있었다면 절단형이 아니다. 만일 두 사람이 합동해서 구멍을 뚫고 한 사람이 들어가 니쌉에 달하는 무엇인가를 구멍 근처에 두고 두 사람이 합동해서 그것을 구멍에서 끄집어내었다면 두 사람 모두에게 절단형이 규정된다.

절도의 방식 또한 순나(하디스)에서는 언급되지 않았는데, 순니 4대 법학파들은 집에 구멍을 뚫고 절도를 한 경우의 다양한 상황에 대한 손 절단 여부를 다양하고 구체적인 예를 통해 언급하였다.

9) 도둑의 성격

(1) 집단이 물건을 훔친 경우

하나피와 샤피이는 이 경우 절단형을 규정하지 않으며, 말리키는 협력해서 물건을 훔쳤을 경우 그들 모두에게 절단형을 규정한다. 한발리는 그들이 협력을 했건 안 했건 모두에게 절단형을 규정하고 있다.

(2) 집단이 히르즈를 침입한 경우

하나피와 한발리는 집단이 히르즈에 들어가 일부만 무엇인가를 가져 나오고 일부는 아무것도 가져 나오지도, 돕지도 않았다고 하더라도 각자의 몫이 니쌉에 달했다면 그들 모두에게 절단형을 규정한다. 샤피이와 말리키는 이런 경우 물건을 가지고 나온 이들에게만 절단형을 규정하며, 아무것도 가지고 나오지 않은 이들에게는 실제로 도둑질을 하지 않았다는 것을 이유로 절단형을 규정하지 않는다.

10) 기타 상황

(1) 핫드형의 실수

하나피와 한발리는 고의로나 실수로나 오른손 대신 왼손을 절단했을 경우 그대로 형이 집행된 것으로 본다. 하나피의 일부 학자들은 만일 고의로 왼손을 절단했을 경우에는 보상금을 지불해야 된다고 보았다. 샤피이와 말리키는 형 집행인이 실수를 한 경우에는 문제가 없지만, 판사가 오른손을 절단하라고 명령을 한 이후에 실제로 왼손을 절단했다면 형 집행인에게 끼싸쓰(복수)가 적용되어 형 집행인의 왼손을 절단해야 한다고 규정한다.

(2) 도둑맞은 물건의 반환

하나피, 한발리, 샤피이의 일부 학자들은 도둑맞은 물건의 반환에 의해 절단형이 중단된다고 규정하는데, 이는 절도에 의한 핫드형의 대부분은 피조물의 권리라고 보기 때문이다. 한편, 말리키와 한발리의 일부 학자들은 도둑맞은 물건의 반환이 절단형에 영향을 미치지 않는다고 보는데, 이는 절도에 의한 핫드형의 대부분이 창조주의 권리라고 보기 때문이다.

(3) 절단형과 벌금

하나피와 한발리는 도둑에게 범죄가 확정되면 그에게는 절단형과 함께 벌금이 부과되지는 않는다고 본다. 즉 벌금이 있으면 절단형이 없고, 절단형이 있으면 벌금이 없다는 것이다. 말리키는 도둑이 부자라면 절단형과 벌금을 같이 부과하도록 규정한다. 샤피이는 도둑이 포로이거나 부자이거나 절단형과 벌금형을 규정한다.

(4) 절단형이 집행되기 전에 도둑이 훔친 물건의 소유자가 됨

하나피는 판사가 도둑에게 절단형을 선고하였는데, 소유자가 도둑에게 물건을 주거나 양도하거나 팔게 되면 핫드형이 중지된다고 규정한다. 샤피이, 한발리, 말리키는 이 경우에도 절단형을 규정하고 있는데, 이는 이미 실제로 절도가 이루어졌다고 보기 때문이다.

이상에서 보았듯이 순니 4대 법학파들은 사도 무함마드가 순나(하디스)를 통해 규정했던 상황들뿐만 아니라 시대의 변화에 따른 다양한 상황들(절도범의 손을 절단하는 훔친 물건의 최소한의 가치, 절도한 물건의 종류, 처벌 방식, 도둑의 신분, 절도의 증명 방식, 절도의 장소, 절도의 대상, 절도의 방식, 도둑의 성격, 기타 상황)에 대한 구체적인 대처 방식들을 세분화하여 제시하고 있다. 관련 주제와 절단형 처벌의 관계를 통해 분명하게 드러나는 사실은, 하나피가 대부분의 경우 절단형에 반대하고 있다는 것과 나머지 세 법학파들(샤피이, 말리키, 한발리)이 주제와 상황에 따라 다양한 견해를 보이고 있다는 것이다. 하나피가 대부분의 상황에서 절단형을 규정하지 않는다는 점이 가장 넓은 지역에서 가장 많은 지지자들을 확보하고 있다는 것과 관계가 있다고 여겨진다.[226] 그러나 지지자가 많다는 것이 하나피 법학이 더 올바르다거나 고차원적이라는 것을 의미하는 것은 아니며, 다양한 법적 견해들 중 다수가 따르는 견해라는 것을 의미한다.

이상에서처럼 순니 4대 법학파들은 절도가 핫드형이며 일벌백계의 본보기 처벌을 요하는 중범죄라는 데 '합의'하면서도 각 지역, 상황, 시대 등 다양한 조건에 따라 적용의 범위와 책임의 '차이, 다름'을 인정하고 있다. '합의'와 '다름'의 원칙에 따라 절도 관련 규정들에는

---

226 법학파 지지층을 살펴보면 하나피 31%, 말리키 25%, 샤피이 16%, 한발리 4%, 쉬아(시아) 자으파리 23%, 기타(자이디, 이바디) 순이다("The five schools of Islamic thought").

법학파들 간에 의견이 일치되는 경우와 불일치 되는 경우뿐만 아니라, 특정 법학파 내부에서도 의견이 일치되는 경우와 불일치되는 경우가 공존하고 있다.

5. 맺음말

"절도를 하면 손을 절단한다."는 1개의 코란 구절이 사도 무함마드의 30여개 순나(하디스)를 거쳐 순니 4대 법학파들에 이르면서 다양하고 구체적인 내용으로 확대되고 세분화되었다.[227] 이처럼 절도에 대한 이슬람법 샤리아는 9-10세기의 법학파들에 이르러서야 세부적이고 구체적인 규정으로 확고히 자리 잡게 되었다.

이러한 과정을 거쳐 제정된 절도 규범에 의거해 손을 절단하려면[228] 도둑이 성인이어야 하고,[229] 이성이 있어야 하며, 의도적으로 몰

---

227 절도를 한 이의 손을 절단하는 관행은 이슬람 이전 시대 아라비아반도에 이미 존재했다
   (محمود ومحمود مصطفى 1980, 7). 그보다 앞선 기원전 21세기경의 우르-남무법전이나 기원전 18
   세기경의 함무라비법전, 기원전 11세기경의 중기 아시리아법전에는 도둑질을 한 사람에
   게 주로 사형을 구형했으며, 경우에 따라 태형, 귀나 코를 절단하는 신체상해형, 벌금형을
   규정하고 있다(채홍식 2008, 39, 78-82, 130-132).
228 쉬아(시아)에서는 핫드형을 집행하는 조건들을 충족한 절도에 대해서 오른손 대신에 오
   른손의 네 손가락을 절단하며(Rudolph Peters 2005, 56), 두 번째의 경우에는 왼발을 절단
   하고, 세 번째의 경우에는 징역에 처하며, 계속 반복될 경우에는 사형에 처한다(محمد حسين
   آل كاشف الغطاء 1990, 253).
229 법학자들은 남자는 19살, 여자는 15살이 되면 성인이 된다고 보았다(David F. Forte 1985,
   11).

래 도둑질을 해야만 하며, 도둑질한 물건이 어느 정도의 가치(니쌉)를 가지고 있어야 하고, 다른 사람이 보관(보호)하고 있는 것(히르즈)이어야 하며, 진실된 무슬림들의 증언이나 자신의 자백이 있어야 한다. 이상에서 나열한 모든 조건들이 충족될 경우에만 절단형을 집행할 수 있다.[230]

만일 도둑질한 사람이 어린이거나 정신이상자거나 누군가의 강요에 의한 행위이거나 배가 고파서 우발적으로 한 행동이거나 가치가 얼마 되지 않는 물건을 훔쳤거나 등의 상황이 하나라도 있으면 절단형은 집행되지 않는다. 처벌의 목적이 정신, 이성, 혈통, 재산 등 사람들의 기본적인 필요성과 권리를 보호하려는 데 있기 때문이다. 이는 절도의 처벌로 절단형을 집행하는 이유가 사회의 기반인 재산을 보호하려는 목적이면서, 또 다른 범죄의 억제력에 있기 때문이다. 이렇듯 까다롭고 세세한 규정을 둔 것은 '사랑, 편리함, 고통의 부정'이라는 샤리아의 근본 정신을 실행하기 위함이다.[231]

한편 현대 아랍국가들의 형법에 나타난 절도 규범이 샤리아 규범을 얼마나, 어떻게 반영하고 있는지에 대한 연구나 각각의 법학파가

---

230 절도에서 핫드형이 집행되는 조건은 남의 것을 절도하는 행위 발생, 도둑이 의무이행사이며, 도둑맞은 것이 돈이고, 도둑맞은 돈이 일정한 양에 달해야 하며, 히르즈로부터 가지고 나가야 하고, 의심이 없어야 하며, 확신이 있어야 하고, 훔쳐간 돈의 요청이 있어야 한다는 8가지 조건이 충족되어야 한다(فقه الحدود 41-45).

231 이원삼 2002, 35.

법적 지배력을 발휘하고 있는 지역의 국가들에서 샤리아와 형법이 어떠한 상관성을 가지고 있는가에 대한 부분은 향후 다루어야 할 연구과제라 할 수 있다.

음악, 인간을 유혹하는 사탄의 목소리

- 샤리아의 음악 금지 이유와 근거

코란에 음악(노래, 춤)을 금지하는 직접적인 구절들은 없지만, 일부 구절들(제17장 64절, 제31장 6절, 제53장 59-62절)을 근거로 하여 순나(하디스)와 순니 4대 법학파는 '음악은 금지'라는 규범을 제정하였다.(사진: 탄누라댄스, 이집트 카이로)

• 이 글은 『중동문제연구』 제14권 1호에 "음악에 대한 이슬람 샤리아의 견해"라는 제목으로 게재된 논문의 내용과 형식을 일부 수정, 보완한 것이다.

1. 머리말

2014년 10월, 이라크와 시리아 북부 지역을 점령하고 있는 IS(Islamic State)는 자신들의 점령 지역에 있는 대학을 포함한 일선 학교에 이슬람 원리주의에 입각한 학사과정을 도입한다는 공문에서 "음악 과목을 폐지하라."고 명령했다. 그보다 앞선 2014년 6월에는 사우디아라비아에서 「와즈다」라는 제목의 영화가 만들어졌는데, 베니스 국제영화제 등에서 많은 상을 받았다. 영화의 훌륭함이 바탕이 되었겠지만 "영화, 음악, 무용 등의 문화활동이 금지되어 있는 사우디아라비아에서 여성이 감독을 맡았다는 것"도 관심을 끈 이유 중의 하나였을 것이다. 그렇다면 다른 이슬람국가들은 음악에 대해 어떠한 태도와 견해를 표명하고 있을까? 현재는 대부분의 이슬람국가들이 근대국가로 변모한 이후 서구법을 채택하고 있기 때문에 공개적인 음악 활동 금지를 요구하고 있는 국가들은 사우디아라비아, 소말리아, 말리 등으로 한정되어 있다.[232] 이와 같은 음악 금지의 현상을 이해하기 위해서는 이슬람국가의 통치원칙 근간을 이루고 있는 이슬람법 샤리아를 살펴볼 필요가 있다. 왜냐하면 이슬람세계와 무슬림들에게서 나타나는 어떠한 태도와 현상은 샤리아에 기반하고 있기 때문이다.

따라서 이 글에서는 음악 전반에 관한 샤리아 규범들을 살펴보았다.[233] 우선 샤리아의 제1법원인 코란에 나타난 관련 구절들을 살펴보고, 다음으로 제2법원인 사도 무함마드의 순나를 기록한 하디스를 검토하였다. 또한 코란과 순나(하디스)를 바탕으로 9-10세기에 이슬람세계에 필요한 규범들을 상세하게 규정했던 순니 4대 법학파들의 관련 견해들을 수집하여 검토하였다. 더불어 현재의 이슬람세계에서 바라보는 음악에 대한 견해를 살펴보기 위해 국가에서 운영하는 파트와(법적 견해) 기관들의 관련 견해들을 수집하여 분석하였다. 이와 같은 문헌학적 채록 방식들을 통해 전통 성향이 강한 이슬람세계에서 진행되고 있는 음악 금지에 대한 근본적인 이해를 돕고자 하였

---

232 그 외 오만, 요르단, 쿠웨이트, 카타르, 레바논, 리비아, 모로코, 바레인, 수단, 아랍에미리트, 알제리, 예멘의 형법에 관련 주제어들을 통해 조사한 결과, 음악 금지에 대한 조항은 발견되지 않았다. 한편, 이집트, 시리아, 이라크의 경우에는 정치 변동이 심해 관련 법이 제대로 작용하지 않을 가능성이 있어 조사 대상에 포함시키지 않았다.

233 사전에서는 음악을 "박자, 가락, 음성, 화성 따위를 갖가지 형식으로 조화시키고 결합하여 목소리나 악기를 통하여 사상 또는 감정을 나타내는 예술"이라고 정의하고 있다. 이런 점에서 음악은 악기 연주와 노래를 포함하는 개념이지만, 여기서는 각각의 부분을 세분하여 다루었다. 즉 음악은 악기 연주라는 의미로 사용하고, 노래와 악기는 별도의 내용으로 다루었으며, 춤 또한 음악과 밀접한 관련을 가지고 있으므로 관련 구절이 발견될 때마다 언급하였다.

다.[234]

2. 코란의 음악 관련 규범

코란에는 '음악, 노래, 악기, 춤'과 같은 직접적인 주제어들을 포함하는 구절들은 발견되지 않는다.[235] 그러나 '음악은 금지'라는 근거로 언급되고 있는 구절들은 다음과 같다.[236]

---

234 아랍 음악에 대한 선행연구들은 적지 않다. 그 중에서도 주목할 만한 국내 선행연구로는 "아랍 음악의 발전과정에 관한 연구"를 들 수 있다. 이 글은 아랍 음악의 역사를 시대별로 세분하여 상세히 다루었으며, 악기의 종류와 수용 및 전파의 과정 또한 구체적으로 서술하였다. 또한 "중세 안달루시아의 아랍 문명이 유럽에 미친 영향"에서는 일부 절을 할애해 아랍의 악기, 음악 이론, 선법, 춤 등이 안달루스를 통해 유럽에 전파된 과정을 다루었다. 주목할 만한 영어 서적으로는 *The Islamic ruling on music and singing*을 들 수 있는데, 이 글의 주제와 관련된 코란, 하디스, 순니 4대 법학파들의 견해들에 대한 다양한 논쟁들과 견해들을 다루고 있다. 아랍어 서적으로는 الغناء والمعازف في ضوء الكتاب والسنّة وآثار الصحابة 를 들 수 있는데, 코란과 하디스, 그 외 사도의 교우들과 주요 학자들의 음악에 대한 견해를 다루고 있다. 또한 후반부에는 음악 금지에 관한 다양한 질문들과 그에 대한 파트와를 제시하여 일반인들의 궁금증을 해소해주고 있다. 그 외 참고문헌에서 다룬 많은 저서, 논문, 아티클 또한 이 글의 적재적소에 유익한 자료를 제공해주었다. 많은 선행연구들에도 불구하고, 이 글은 음악과 노래 전반에 관한 샤리아 규정을 코란, 순나(하디스), 중세 법학파들과 현대 법학자들의 다양한 견해들을 종합하여 문헌학적 자료들을 충실히 채록하였다는 점에서 선행연구와의 차별성이 있다.

235 코란 검색 웹사이트(http://quran.com/)에 'الموسيقى، الغناء، الدفّ، المعازف، اللهو، اللغو'과 같은 주제어를 넣어 검색하였으나 관련 구절들이 발견되지 않았다.

236 이 부분은 *The Islamic ruling on music and singing*(2-5), "Evidences from the Quran that music is Haram", "الفقه الإسلامي وأدلته، الغناء والمعازف في ضوء الكتاب والسنة وآثار الصحابة، أدلة التحريم من القرآن الكريم"의 부분들을 요약하여 정리하였다. 이 외에도 코란 제8장 35절의 "하람사원에서 그들의 예배는 휘파람이나 손뼉 치는 것이었으니", 제22장 30절의 "위선의 말을 피하라", 제23장 3절의 "헛된 말을 하지 않는 자들이며", 제25장 72절의 "거짓 증언을 하지 아니하고", 제28장 55절의 "그들이 공허한 말을 들을 때에는 등을 돌리고"도 음악 금지의 근거로 언급되는 구절들이다("19-21 القحطاني؛ 11-12. مسائل في حرمة الغناء"). 한편, 코란 구절의 한글 번역은 최영길 역(1997), 『성 꾸란: 의미의 한국어 번역』과 김용선역(2002), 『코란』을 참조하였으며,

"너(사탄)의 목소리[237]로 할 수 있는 사람들을 동요케 하여라. 너의 기병과 보병으로 그들을 공격하라. 그들과 부와 자손들을 공유하고, 그들과 약속해라. 그러나 사탄이 그들에게 약속한 것은 모두 기만이라."[238] (제17장 64절)

"사람들 중에는 지식도 없이 알라의 길을 탈선시키는 흥미 본위의 이야기를 사고 그것(알라의 길)을 조롱거리로 만드는 무리가 있다. 그들에게는 굴욕적인 처벌이 있을 것이다."[239] (제31장 6절)

"너희는 이것(코란)에 대하여 궁금해하느뇨 / 비웃고 통곡하지 않느냐 / 너희는 시간을 헛되이 보내면서 / 알라께 엎드려 경배하라."(제53장 59-62절)

필요한 경우 Ali Quli Qara'I trans(2003), *The Qur'an*을 참조하였다.

237 14세기의 저명한 코란, 하디스 학자인 이븐 까이임 알자우지야(1292-1349)는 '악기를 동반한 노래는 사탄의 낭송'이라고 설명했다. 노래는 두꺼운 베일이나 장벽이어서 사람들의 마음을 코란과 차단해 죄와 불복종을 유발한다는 것이다. 그래서 휘파람, 통곡, 손뼉, 금지된 악기를 동반한 노래는 금지되어야 한다고 주장했다(Al-kanadi, 24).

238 '목소리'에 대해 사도의 교우이며 코란 주석가인 이븐 압바스(619-687)는 '창조주를 거역하도록 유도하는 모든 소리'로 보았으며, 이슬람 법학자이며 코란 주석가인 이븐 자리르 알따바리(839-923)는 '퇴폐적인 노래와 유희'도 이에 해당된다고 풀이하고 있다(최영길 1997, 514).

239 이 구절은 여자 가수들을 사들여 그녀들로 하여금 신앙생활을 유혹하고 타락시키려 했던 꾸라이쉬 부족의 한 남자에게 계시된 것으로 풀이되고 있다. 또한 본 절은 사도 무함마드 시절 한 이교도가 알라의 메시지보다는 페르시아 유희를 더 좋아하여 다른 사람을 유혹함으로써 알라의 말씀을 전파하는 데 반대 역할을 한 것으로 전해지고 있다(최영길 1997, 760).

첫째, 코란 제17장 64절은 아담에게 절하라는 명령을 받은 사탄이 부활의 날까지 이를 일시적으로 중지해 달라고 요청한 뒤 아담의 자손들을 유혹하자 계시되었다. 일부 타비운[240]들은 '사탄이 목소리로 인간을 유혹한다.'는 부분을 음악, 노래, 악기를 사용한 것으로 해석하였다. 일부는 그것을 관악기로 보기도 하고, 일부는 알라에게 불복하라고 요청하는 모든 형태의 초대로 보기도 한다. 결국 '사탄의 목소리'는 알라에게 경배하고 복종하는 초대가 아닌 모든 목소리를 의미한다.

둘째, 코란 제31장 6절은 알라의 말씀을 듣는 이득을 거부하는 비참한 사람들의 조건들에 대한 계시이다. 그들은 알라의 길을 이탈하게 만들고 조롱거리로 만드는 게으르고 악취 나는 이야기, 무의미한 놀이, 거짓 일들과 행동들을 탐닉하는 자들이다. 9-10세기에 활동했던 이슬람 법학자이고 코란 주석가인 이븐 자리르 알따바리는 코란 구절에 나오는 '흥미본위의 이야기'라는 부분이 '노래하기와 노래 듣기, 노래를 직업으로 하는 남녀들이나 따블라(드럼)를 사거나, 다신교로의 초대 및 주장 또는 거짓 이야기나 행동'과 같은 범주로 해석되고 있는데, 이 부분은 노래나 다신론자와 같이 특정한 의미보다는 알라

---

240 '뒤 따르는 사람들'이란 의미로 무함마드가 사망한 이후에 태어난 이들을 말한다. 이들은 사도의 교우들인 싸하바들과 동시대의 인물들로서 이슬람 사상과 철학뿐만 아니라 초기 칼리파제의 정치 발전에도 큰 역할을 하였다(http://en.wikipedia.org/wiki/Tabi%E2%80%98un).

와 그의 사도에 의해 금지되었던, 알라의 길로부터 이탈하는 모든 형태의 이야기를 가리킨다고 보았다.

셋째, 코란 제53장 59-62절 중 "당신들은 헛되이 시간을 보낸다."라는 부분에 대한 해석이 관건이다. '사미둔'이란 단어는 '코란 낭송자의 목소리가 들리지 않도록 노래하고 시끄럽게 노는 다신론자들의 관습, 향락적인 놀이, 자랑스럽게 머리를 치켜 세우기, 다신론자들의 부주의하고 태만한 행동, 과도한 분노의 상태' 등 다양한 의미로 해석된다고 보았다.

한편, 일부 학자들은 코란 제17장 55절과 제38장 41-42절을 음악의 합법성을 인정하는 구절로 주장하고 있다.

"그대의 주님은 천지에 있는 모든 일체의 것을 가장 잘 아신다. 알라께서 일부 예언자들에게는 더 큰 은혜를 주셨으며, <u>다윗에게는 시편을 주셨다.</u>"(제17장 55절)

"하나님의 종 욥을 기억하라. 그가 사탄이 고통과 재난으로 저를 괴롭힙니다라고 주님께 강구할 때 / <u>네 발로 땅을 쳐라.</u> 이것이 시원한 세척장이며 음료수이다."(제38장 41-42절)

일부 학자들은 다윗이 시편을 짓고 음악 반주를 곁들여 노래로 불렀으며, 다윗에게 음악과 노래가 선물로 주어졌다고 주장했다.[241] 또한 일부 수피들은 "네 발로 땅을 쳐라."라는 구절을 춤 허용의 증거로 해석하고 있다. 이에 대해 철학, 천문학, 의학, 음악 등에 정통했던 무슬림 학자인 카나디(805-873)는 시편은 예언자 다윗에게 계시된 성서로써 금지와 허용에 관한 규범은 포함되어 있지 않으며, 욥에게 발을 구르라고 한 것은 "여기에 씻을 물과 마시기에 깨끗한 물이 있을 것이라."라는 구절처럼 물을 얻기 위한 것으로 해석하는 것이 옳다는 것을 다양한 근거들을 통해 주장하고 있다.[242]

일부 학자들이 상기 코란 구절들[243]을 음악, 노래, 춤을 금지하는 규범으로 보고 있지만,[244] 각 구절들의 의미가 불명확하거나 구체적이지 않다. 또한 음악의 합법성을 인정하는 코란 구절들[245]에 대한 주장이 제기됨으로 인해 음악, 노래, 춤에 대한 보다 확실한 금지의 근거를 발견하기 위해서는 사도 무함마드의 순나(하디스)에 의존할 수밖에 없게 되었다.

---

241 시편은 150편으로 구성되어 있는데 주된 내용은 찬양, 감사, 탄원 등의 노래이다. 코란에 음악 금지에 대한 구절이 없고 다윗에게 시편이 계시되었다는 것은 노래가 허용이라는 증거이다. 또한 코란 제31장 6절의 "흥미본위의 이야기"를 음악과 노래로 해석한 것은 후대의 해석가들이 잘못 번역한 것이다(music and singing, 2-4).

242 Al-Kanadi 1986, 1-3.

243 제17장 64절, 제31장 6절, 제53장 59-62절.

244 많은 논란이 제기되고 있지만, 사도 무함마드의 순나와 이후의 법학파들, 법학자들에게서 음악과 노래를 금지하는 많은 언급들과 합의들이 발견되고 있다는 점은 상기 코란 구절들이 금지의 근거로 사용되고 있다는 증거라 할 수 있다.

245 제17장 55절, 제38장 41-42절.

3. 순나(하디스)의 음악(노래, 악기) 관련 규범

여기서는 음악과 직접적인 관련이 있는 주제어들(음악, 노래, 악기, 춤)을 순니 하디스 6서에 입력하여 검색하였다.[246] '음악, 춤'과 관련된 구절들은 발견되지 않았으나, 그 외 주제어들에 대한 하디스 구절들은 논리적인 논지 전개를 위해 '노래'와 '악기'로 이분하여 정리하였다.

1) 노래

"노래는 마음에 위선을 생산한다." (아부 다우드본 4927)

"사프완 빈 우마이야가 말하길, '우리가 알라의 사도와 함께 있었는데 아므르 빈 무르라가 와서 말하길, 사도시여 알라께서는 손으로 답프(듭프)를 연주해 생계비를 벌도록 저를 인도하셨습니다. 비도덕적인 일을 절대로 하지 않을 테니 노래를 하도록 허락해 주십시오. 그러자 사도가 말하길, 나는 네가 원하는 것을 허락하지 않을 것이다. 알라의 적이여, 너는

---

246 관련 구절들은 하디스 6서를 다루고 있는 웹사이트(http://sunnah.com/)에 '음악, 춤, 노래, 가수, 악기, 답프, 따블라, 쿠바' 등의 주제어를 입력하여 도출된 구절들을 하디스들 간의 유사한 내용들을 정리하였다. 또한 "الغناء" "9-11", "الغناء والموسيقى الشعبية من منظور إسلامي عند الإمام الغزالي والموسيقى과 والموسيقى: نظرات ومراجعات", "الغناء والمعازف في ضوء الكتاب والسنة وآثار الصحابة 22-33에 제시된 구절들을 참조하였다.

거짓을 말하는구나. 알라께서는 너에게 좋고 합법적인 것을 허락하였으나 너는 허락된 것 대신 금지된 것을 선택하였다. 가서 알라께 회개하라. 이후에 두 번 다시 그것을 행한다면 너를 매로 칠 것이며 머리를 깎아 본보기로 삼아 너의 무리들로부터 추방할 것이다. 또한 메디나의 젊은이들을 불러 너의 재산을 빼앗을 것이다….'라고 말했다."(이븐 마자본 20권 2711)

"내 움마의 사람들이 술을 다른 이름으로 부르면서 마시고, 그들을 위해 악기가 연주되고, 노래하는 여자들이 그들을 위해 노래를 부른다. 알라께서는 땅이 그들을 삼키게 할 것이며 그들을 원숭이나 돼지로 만들 것이다."(이븐 마자본 4020, 티르미디본 2210 · 2211)

"알라께서는 노래하는 여자 노예(까이나)의 주인이 노예의 노래를 듣는 것보다 좋은 목소리를 가진 남성의 코란 낭송 소리를 더 유심히 들으신다."(이븐 마자본 5권 1401)

"사도 무함마드가, 이 움마에 땅이 붕괴되고 변형되고 중상모략이 있을 것이라고 말했다. 그러자 한 명의 무슬림이, 사도시여 그것이 언제인가요?라고 묻자, 노래하는 여자 노예들과 악기들이 나타나고 술이 소비될

때라고 말했다."[247] (티르미디본 2212)

　위의 하디스 구절들은 모두 노래에 대해 부정적인 의미를 표명하기 위해 언급되었다. 노래는 마음에 위선을 생산하는 것이며, 금지된 것이고, 절대적인 금기인 술과 함께 언급되고 있으며, 종말론적인 현상들 중의 하나로 언급되고 있다. 또한 노래에 대한 금기를 어길 시에는 태형과 추방, 재산 몰수와 같은 현실적인 처벌과 함께 원숭이나 돼지로 변형되는 종말론적 처벌이 언급되고 있다.[248]

2) 악기

　"내 움마의 사람들이 술을 다른 이름으로 부르면서 마시고, 그들을 위해 <u>악기</u>가 연주되고, 노래하는 여자들이 그들을 위해 노래를 부른다. 알라께서는 땅이 그들을 삼키게 할 것이며, 그들을 원숭이나 돼지로 만들 것이다."(이븐 마자본 4020/ 티르미디본 2210 · 2211)

247　이와 같은 견해는 『무깟디마』 에도 나타나고 있다. 이븐 칼둔(1332-1406)은 노래를 부르는 기술은 문명사회의 가장 마지막 기술로써, 왕조의 발전과 더불어 나타나는 모든 기술들이 최고에 달한 이후에야 사람들은 오락과 여향을 즐긴다고 보았다(김정아 2012, 145-151).

248　노래를 직업으로 하거나 반복해서 듣는 이에 대한 처벌은 알라의 분노를 받아 불지옥의 가장 밑바닥에 떨어지게 되며, 노래를 듣는 이보다는 노래를 하는 이의 죄가 더 크다("مسائل في حرمة الغناء." 15-16).

"사도 무함마드가 이 움마에 땅이 붕괴되고 변형되고 중상모략이 있을 것이라고 말했다. 그러자 한 명의 무슬림이, 사도시여 그것이 언제인가요? 라고 묻자, 노래하는 여자 노예들과 <u>악기</u>들이 나타나고 술이 소비될 때라고 말했다."(티르미디본 2210 · 2211 · 2212)

"우마르 빈 압둘아지즈가 우마르 빈 알왈리드에게 편지를 써서 말하기를, 당신의 아버지가 당신에게 주었던 몫은 쿰스[249]이지만, 당신 아버지의 몫은 다른 무슬림들과 같이 알라, 사도, 친척들, 고아들, 가난한 이들, 여행자들에게 빚지고 있는 것이다. 부활의 날에 얼마나 많은 이들이 당신의 아버지와 논쟁을 할까! 그렇게 많은 논쟁자들을 가진 사람이 어떻게 구원을 받을 수 있을까? 당신이 공개적으로 허용하는 <u>악기</u>들과 관악기들은 이슬람에선 비드아[250]이다. 나는 당신의 사악한 긴 머리를 잘라버릴 사람을 당신에게 보내려고 생각하고 있다."(나사이본 4135)

"나의 움마 중에는 불법적인 간음, 비단옷 착용, 음주, <u>악기</u> 사용을 합법

---

249 1/5이란 뜻인데, 전리품인 가니마 중 사도 무함마드나 통치자에게 바치는 몫으로, 그들이 가족을 부양하고 지도자의 기능을 수행하는 데 사용되었다. 쿰스는 사업 이익이나 광물에 부과되는 20% 세금을 포함하는데 자카트나 인두세인 지즈야와는 다르다(http://en.wikipedia.org/wiki/Khums).
250 '개혁; 이단'이란 뜻이며, 이슬람에서는 '이설적 행위, 반이슬람적인 변혁, 새로운 것을 지어내는 행위' 등의 의미로 사용된다. 특히 이슬람법학에서는 '선례가 없거나 코란이나 순나에 반하는 새로운 것'이란 의미를 나타낸다(http://en.wikipedia.org/wiki/Bid%E2%80%98ah).

적이라고 생각하는 사람들이 있다. 또 밤에 산 근처에 머물고 있는데, 목동이 양을 몰고 와서 무엇인가를 요청할 때 내일 오라고 말하는 사람들이 있다. 알라께서는 밤에 그들을 파괴하고, 산이 그들 위에 떨어지게 할 것이다. 또 알라께서는 그들 중 나머지를 원숭이와 돼지로 변형시키고, 심판의 날까지 그 상태로 머물게 하실 것이다."(부카리 5590)

"사프완 빈 우마이야가 말하길, '우리가 알라의 사도와 함께 있었는데, 아므르 빈 무르라가 와서 말하길, 사도시여 알라께서는 손으로 달프를 연주해 생계비를 벌도록 저를 인도하셨습니다. 비도덕적인 일을 절대로 하지 않을 테니 노래를 하도록 허락해 주십시오. 그러자 사도가 말하길, 나는 네가 원하는 것을 허락하지 않을 것이다. 알라의 적이여, 너는 거짓을 말하는구나. 알라께서는 너에게 좋고 합법적인 것을 허락하였으나 너는 허락된 것 대신 금지된 것을 선택하였다. 가서 알라께 회개하라. 이후에 두 번 다시 그것을 행한다면 너를 매로 칠 것이며 머리를 깎아 본보기로 삼아 너의 무리들로부터 추방할 것이다. 또한 메디나의 젊은이들을 불러 너의 재산을 빼앗을 것이다….'라고 말했다."(이븐 마자본 20권 2711)

"무자히드가 말하길, 내가 이븐 우마르와 함께 있었는데, 그가 드럼(따블라) 소리를 듣자 손가락으로 귀를 막고는 고개를 돌렸다. 그는 이렇게 세 번을 하더니 '이것은 알라의 사도가 하는 것을 내가 보았던 것이다.'라고

말했다."(이븐 마자본 9권 1976)

"'알라께서는 나에게 술, 도박, 쿠바를 금지하셨습니다. 취하는 모든 것은 불법입니다.'라고 말했다. 수프얀이 알리 빈 바디마에게 쿠바에 관해 묻자, 그것은 드럼이라고 대답했다."(아부 다우드본 3685 · 3696)

"합법적인 것과 비합법적인 것 사이를 구분 짓는 것은 결혼식 때의 답프와 목소리이다."(나사이본 3369, 이븐 마자본 9권 1971, 티르미디본 1088)

"사도 무함마드가 원정을 나갔다가 돌아왔을 때, 한 흑인 노예 소녀가 와서는 말하길, '알라의 사도시여, 만일 사도께서 무사히 돌아오시면 당신 앞에서 답프를 연주하며 노래를 부르겠다고 알라께 맹세를 하였습니다.' 그러자 사도가 그녀에게 '네가 맹세를 하였다면 답프를 연주하고, 맹세를 하지 않았다면 연주하지 말라.'라고 말했다. 그녀는 답프를 연주하기 시작했고, 그때 아부바크르, 알리, 우쓰만이 차례대로 들어왔지만 그녀는 계속해 답프를 연주했다. 그러나 우마르가 들어오자 그녀는 연주를 중단했다. 그러자 사도께서 '나, 아부바크르, 알리, 우쓰만이 있을 때는 답프를 연주하더니 우마르 당신이 들어오자 그녀가 연주를 멈추는 것을 보면, 사탄도 당신을 두려워하는구만.'이라고 말했다."(티르미디본 49권 4054)

"한 여인이 사도에게 와서 '알라의 사도시여, 나는 당신에게 답프 연주를 하겠다고 맹세를 했습니다.'라고 말하자, 사도는 '너의 맹세를 수행하라'라고 말했다. 그리고 또 그녀가 '저는 이슬람 이전 시대의 사람들이 희생제를 지냈던 장소에서 희생제를 지내겠다는 맹세를 했습니다.'라고 하자, 사도는 '우상을 위해?'라고 물었고, 그녀가 '아닙니다.'라고 대답했다. 또 사도가 '다른 우상을 위해?'라고 묻자, 그녀가 '아닙니다.'라고 대답하자, 사도가 '그럼 너의 맹세를 수행하라.'라고 말했다."(아부 다우드본 3312)

"알루바이이 빈트 무아우위다드가 말하길, 사도께서 나의 결혼식이 끝난 다음 침대로 와서 앉았고, 어린 소녀들이 답프를 연주하면서 바드르 전투 때 사망한 나의 아버지를 애도하는 노래를 불렀다. 그때 한 소녀가 '우리 가운데 내일 일어날 일을 아시는 예언자가 계시네.'라고 말하자, 사도는 '그렇게 말하지 말고, 네가 이전에 말했던 것을 말해보거라.'라고 말했다."
(부카리 4001 · 5147, 이븐 마자본 9권 1972)

"아부바크르가 아이샤에게 들어갔을 때 두 명의 여자 노예들이 답프를 연주하면서 노래를 부르고 있었다. 사도께서 옷으로 얼굴을 가렸다가 내리면서 말하길, '아부바크르, 그들을 그냥 내버려두게. 요즈음이 명절 아닌가.'라고 말했다."(나사이본 1597)

위에서 언급된 사도 무함마드의 순나(하디스)는 악기에 대해 금지와 허용의 양면적 태도를 보여주고 있다. 악기를 이슬람의 절대 금기인 술, 간음, 도박 등과 같이 언급함으로써 부정적인 견해를 보여주면서도, 사도 무함마드가 전쟁에서 돌아왔을 때, 결혼식, 명절에는 답프[251] 연주와 노래는 허용한다는 조건부 허용의 태도를 보여주고 있다.[252] 일부 구절들에서는 노래와 마찬가지로 태형과 추방, 재산 몰수와 같은 현실적인 처벌과 함께 원숭이나 돼지로 변형되는 종말론적 처벌이 언급되고 있다.

---

251 모든 종류의 답프를 허용하는 것은 아니다. 일반적으로 사용되는 크기는 가죽의 면이 직경 20-35센티미터가 적당하다고 보았으며, 그보다 크거나 작은 것은 좋지 않다고 보았다. 크기가 너무 작은 것은 결혼식을 알릴 때 소리가 효과적이지 못하다고 보았다(Al-kanadi, 41, 46).

252 이 외에도 음악과 노래가 예외로 인정되는 경우가 있는데, 그것은 전쟁을 격려하는 전쟁 노래, 힘들고 단조로운 노동에 힘과 활력을 주어야 할 때, 오랜 여행 중 외롭고 지루할 때, 부모가 아기를 즐겁게 하거나 잠을 재울 때 등이다(Al-kanadi, 31-34; Lois Lamyaa' al-Farurqii, 32-33). 그 외 생일과 아이가 태어난 지 7일째의 축하 행사인 아끼까에서도 노래는 허용되었다(al-Qardawi 1999, 296). Lois Lamyaa' al-Farurqii는 이슬람세계 음악의 상태를 표를 활용해 간단명료하게 제시하였다. 특이한 점은 코란 낭송, 아단(아잔), 찬양시와 순수한 내용의 시, 가족과 축제 음악(결혼식, 축제, 자장가 등), 직업 음악(대상, 목동, 일꾼들의 노래 등), 군대 음악은 가장 상층부에 위치하며 할랄이고, 감각적인 노래는 가장 하층부에 위치하며 하람이다. 그 중간에 목소리나 음악 연주의 즉흥곡들(타끄심, 라얄리, 까씨다 등)과 진지한 리듬의 노래들(무왓샤하, 다우르, 타스니프 등)이 위치하고 있는데, 내용과 상황에 따라 할랄이 되기도 하고 하람이 되기도 하고 혐오스런 음악이 되기도 하는 논란의 여지가 있는 영역으로 구분했다. 각 영역의 사이에는 보이지 않는 장벽이 있다고 보았다. 이상의 구분에서는 기능이 형태보다 우선하며, 문화의 미적 요구에 일치하는 정도와 공동체의 선호가 음악의 상태를 결정하는데 주요한 요소라는 것을 알 수 있다. 즉 가장 최 상층부에 위치하고 있는 코란 낭송이 기능면에서 가능 우수하며 이슬람문화의 미적 요구에 가장 일치하고 공동체가 가장 선호하는 장르라고 할 수 있다. 또한 하람, 할랄, 마크루흐 등을 결정하는 데 주요하게 고려되는 요인으로는 시간, 장소, 사람들이다(Lois Lamyaa' al-Farurqii, 33-41).

이상을 종합해 보면, 사도 무함마드는 노래와 악기에 관한 순나를 통해 한정적으로 허용하는 경우는 있지만 전반적으로 금지의 견해와 태도를 보여주었다.[253] 결국 순나(하디스)를 통해 음악에 대한 금지 규범은 확정되었다고 할 수 있다. 사도 무함마드 사후 이슬람세계를 이끌었던 네 명의 정통칼리파들과 교우들은 "노래는 비가 약초와 풀을 싹트게 하듯이 마음 속에 위선을 싹트게 한다."라는 압둘라 빈 마스우드의 말처럼 음악의 금지에 합의했지만,[254] 순나에 의해 명시된 특정한 예외 상황에서는 허용하였다.[255]

---

253 쉬아(시아) 하디스의 견해도 "노래의 죄를 지은 이는 심판의 날 눈과 귀가 멀 것이", "노래와 음악은 간음의 마법과 같다.", "천사는 술, 드럼, 탬버린, 플루트가 있는 집에는 들어가지 않는다." 등과 같이 순니 하디스와 유사하다. 차이가 있다면 순니가 음악 전반에 대한 금지인 반면에, 쉬아(시아)는 오락과 유흥을 목적으로 만들어지는 특정한 음악에 대한 금지를 다루고 있다는 것이다. 노래에 대해서는 순니가 답프를 제외한 악기를 동반하지 않는 노래를 허용한 반면, 쉬아(시아)는 음악과 같은 관점으로 노래를 이해하고 있다는 것이다. 춤에 대해선 순니가 제한된 조건에서 여성에게는 허용하고 남성에게는 허용하지 않지만, 쉬아(시아)는 남편과 아내가 서로 앞에서 추는 춤은 허용하고 있다(Abid Hussain, 2-5). 아야톨라인 시라지는 음악은 15번째 대죄(大罪)이며 노래는 16번째 대죄로 보았다. "음악가는 심판의 날 얼굴이 검게 되며… 노래를 많이 들은 이는 천국의 노래를 듣지 못한다."는 순나를 그 근거로 인용했다(Shirazi 2004, 220-229).

254 그러나 이븐 따히르는 "싸하바들과 타비인들이 만장일치로 노래의 허용에 동의했다."고 주장하거나, 유숩 알카르다위가 "많은 싸하바들과 타비인들이 노래를 듣곤 했으면 그것에 대해 어떠한 해(害)도 보지 못했다."라는 주장을 제기했다(al-Kanadi 1986, 18-19).

255 al-Kanadi 1986, 19.

4. 순니 4대 법학파[256]의 음악 관련 견해

여기서는 '음악, 노래, 악기'를 주제별로 구분하지 않고, 학파별로 살펴보았다. 왜냐하면 각 법학파의 견해에서 이러한 주제들을 세세히 구분하기도 어려울뿐더러 일반적으로 포괄적인 언급을 통해 나타나기 때문이다. 한편, 각 법학파들은 코란과 순나(하디스)의 포괄적 규범을 독자적으로 해석함으로써 동일한 사안에 대해서도 각기 다른 견해를 표명하기도 하였다.

1) 하나피 법학파

이맘 아부 하니파(699-767)는 노래를 몹시 싫어했으며 노래를 죄라고 생각했기 때문에 그의 견해를 따랐던 하나피 법학파는 음악에 대해 가장 엄격한 태도를 취했다. 그의 제자들은 관악기들, 모든 종류의 탬버린이나 손 북들과 심지어는 막대기를 두드리는 것과 같은 모든 음악적인 오락이나 취미를 듣는 것도 공개적으로 금지했다. 그들은 그러한 행위들이 알라에 대한 불복종을 만들고, 그러한 행위를 하는

---

256 이 부분은 The Islamic ruling on music and singing, "Music-What did the 4 imams say?", كتاب الفقه على المذاهب الأربعة، الفقه الإسلامي وأدلته، "الغناء والموسيقى الشعبية من منظور إسلامي عند الإمام الغزالي"، الغناء والمعازف في 33-39، ضوء الكتاب والسنة وآثار الصحابة 의 관련 내용들을 요약하여 정리하였다.

이는 죄를 짓는 것이며, 따라서 그의 증언은 채택되어서는 안 된다고 주장했다. 왜냐하면 어떠한 사안이나 범죄에 관한 목격자의 증언은 신뢰 있고 신앙심이 깊은 무슬림들에게서만 채택되기 때문이다.[257] 그들은 더 나아가 무슬림들이 길을 가거나 우연히 곁에 있었다 하더라도 음악을 듣는 것을 방지하기 위해 싸워야 한다고 주장했다. 아부 하니파의 제자인 아부 유숩(735-804)은, 만일 악기와 오락 소리가 어떤 집으로부터 들려왔다면 주인의 허락 없이 그 집으로 들어갈 수 있다고 말했다. 이에 대한 정당성은 혐오스런 것들의 금지에 관한 명령은 의무이기 때문에 집 주인의 허락을 득할 필요가 없다는 것이다.

2) 말리키 법학파

메디나의 지도적인 법학자였던 이맘 말리크(711-795)는 노래에 관한 질문을 받았을 때 "사실 그것은 나쁜 사람들에 의해 행해지는 것이다."라고 대답했다. 이맘 말리크는 노래를 부르거나 듣는 것을 금지했으며, 만일 어떤 사람이 노예 소녀를 샀는데 그녀가 직업 가수(까이나)인 것이 밝혀지면 원래 주인에게 배상을 받을 수 있도록 하였다.

---

257 증인의 조건은, "건전한 성인으로 정직한 무슬림이어야 하며, 아버지쪽의 가까운 친척, 남편, 아내, 어떤 이익을 구하는 자, 관계 당사자에게 적(敵)인 자 등은 제외된다." 그 외 증인의 수, 증언의 규범 및 규정 등은 최영길 1985, 417-419 참조.

그러나 말리크는 여행 중에 낙타를 진정시키기 위해,[258] 힘든 노동을 할 때, 지루할 때, 명절(이드 알아드하, 이드 알피뜨르)이나 결혼식과 같은 축제 동안에 순수한 노래를 부르는 것은 일반적인 금지 규범의 예외라고 보았다. 축제나 결혼식 때는 답프를 연주하며 노래하는 것도 허용하였다. 한편 수피들처럼 플룻, 현악기 등과 같은 리듬 악기들을 동반하는 노래를 듣는 것은 금지했다.

3) 샤피이 법학파

이맘 샤피이(767-820)는 노래를 혐오스런 것이며, 거짓되고 헛된 일이라고 말했다. 그러한 행위에 빈번하게 참가한 사람은 무능력한 바보로 보아 그의 증언은 채택하지 않았다. 그의 제자들은 음악에 대한 샤피이의 태도는 명백한 금지라고 주장했다. "노래는 죽은 동물과 같이 금지이다."라는 견해는 다른 샤피이 법학자들에게서도 명백히 발견되고 있다.

---

258 낙타를 몰 때 부르는 후다는 허용되며, 시는 말과 같이 내용이 좋으면 허용되고 내용이 나쁘면 허용되지 않았다(576-577 ,1985 وهبة الزحيلي).

4) 한발리 법학파

아들이며 제자였던 압둘라에 의하면 이맘 아흐마드(780-855)는 "노래는 마음 속에 위선을 싹 트게 하며, 그것은 나를 기쁘게 만들지 않는다."고 말했다고 한다. 또한 "나는 노래를 경멸한다. 왜냐하면 그것은 비드아(혁신)이기 때문이다. 그러니 그것을 듣기 위해 앉지 마라. 노래하는 것은 비드아이다. 그것은 마음을 민감하고 약하게 만든다. 노래하는 것은 최근 비드아이다." 등과 같은 그의 말들이 여러 제자들을 통해 전해지고 있다.

이상에서 보듯이 순니 4대 법학파는 노래를 "죄, 나쁜 사람들에 의해 행해지는 것, 혐오스럽고 거짓되고 헛된 것, 비드아,[259] 마음에 위선을 싹트게 하는 것"이라는 이유로 금지했다.[260] 또한 악기에 대해

---

259 일부 이슬람 학자들은 춤을 비드아의 일종으로 보았으며, 손뼉을 친다거나 답프를 연주한다거나 노래를 부른다거나 하는 일체의 행위들을 남성답지 못한 행위로 보아 남성들에게는 금지된 행위로 생각했다. 한편, 여성들의 춤도 완전히 허용된 것은 아니며 답프와 목소리가 아닌 다른 음악과 어울리면 금지이며, 단정한 옷을 입어야 하고, 여성들과 아이들만 있는 장소에서만 허용되었다(Al-kanadi, 33, 43).

260 이맘 아부 하니파는 노래를 혐오했으며, 이맘 말리크는 노래를 금지했고, 이맘 샤피이는 노래를 가치 없고 쓸데 없는 것으로 보아 혐오했으며, 이맘 아흐마드는 노래를 허용, 혐오, 금지의 세 가지 경우로 보았다. 이러한 것들을 구별하는 기준은 내용, 멜로디, 수단 및 도구, 의도이다(17-19 حرام أم .. حلال :والموسيقى الغناء). 알까흐타니는 노래의 해악들을 다음 10여 가지로 정리했다. "노래와 악기는 죄의 하나이다. 노래는 마음 속에 위선을 싹트게 한다. 노래는 방황 외에 아무 것도 해주지 않는다. 노래와 악기는 사탄의 시작이다, 노래는 마음을 타락시킨다, 노래는 부도덕함의 으뜸이다, 노래에 대한 사랑은 코란에 대한 사랑을 쫓아낸다, 노래는 현세와 내세의 처벌 원인이다, 노래와 악기는 사탄에게 동기를 제공한다, 노래는 간음을 유혹한다, 노래는 술을 대신한다, 노래와 유흥과 악기는 알라에 대한 기억을 방해한다."(56-61 القحطاني).

서도 하나피 법학파는 모든 종류의 악기 사용을 금지했으며 심지어는 막대기를 두드리는 것도 금지한 반면, 말리키 법학파는 축제나 결혼식 때 답프를 연주하는 것은 허용하였다.[261] 결국 하나피 법학파는 모든 음악과 노래 행위를 전면적으로 금지한 반면에, 말리키 법학파는 부분적인 허용의 태도를 취했으며, 샤피이와 한발리 법학파는 혐오스럽고 경멸스러운 것으로 보는 중간 입장을 취했다.[262] 한편, 하나피와 샤피이 법학파는 음악 행위를 하는 이들의 증언을 채택하지 않았는데, 이는 무슬림들에게는 상당히 부담스러운 일이었다. 왜냐하면 어떠한 사안의 증인이 되지 못한다는 것은 신앙심이 깊은 무슬림이 아니라는 의미이므로 이슬람공동체 내에서는 상당한 수준의 처벌에 해당하기 때문이다.[263]

---

261 악기 사용은 극소수의 예외를 제외하곤 금지인데, 만일 도둑이 악기를 훔쳤을 경우에 그의 손을 절단하지 않을 정도였다. 악기가 죄가 되는 도구라는 것이 그 이유였다(Lois Lamyaa' al-Farurqii, 45). 악기를 부수는 것은 술을 쏟아버리는 것과 같이 무슬림들의 의무이다. 또한 숨겨진 악기를 발견했을 때는 술이 든 것을 알게 된 항아리를 부수어야 하듯이 악기를 부수어야 한다(Michael Cook 2003, 32, 59). 음악을 치료 목적으로 사용하는 것 또한 금지이며, 음악을 위해 악기나 사람들을 사는 것은 투석형이고, 노래가 있는 연회에 참석하는 것은 허용되지 않는다(54-55, القحطاني).

262 4대 법학파가 왕성한 활동을 했던 시기의 인물들인 이븐 하즘(994-1064), 이븐 알아라비(1090-1156), 가잘리(1058-1111)와 같은 무으타질라 수피 학자들이 음악과 노래를 허용한 것으로 자주 언급되는데, 이는 오해이다. 그들은 순수한 노래는 허용했지만(جبر خضير البيتاوي 8-9.5-6.2009) 악기나 음악을 동반한 노래를 허용하는 언급을 한 적은 없다(Al-kanadi, 22-23). 한편, 저명한 수피인 루즈바한 발끼 쉬라지(1128-1209)는 음악이 알라를 망각하게 만들고 무슬림들을 영적인 세계로부터 이탈하게 만들어 세속화하기 때문에 금지되었다고 보았다. 그런데 수피의 영적 음악, 즉 사마으는 인간을 알라에게로 초대하는 알라의 목소리이며, 인간을 알라의 영적 근원으로 이끄는 수단이라고 보았다(Seyyed Hossein Nasr, 8).

263 이러한 경우는 돈을 받고 음악을 직업으로 하는 전문 음악가에게 해당하며, 고용인이나

5. 현대 이슬람 법학자들의 파트와

여기서는 주제와 관련되어 수집이 가능한 이슬람국가들의 파트와를 발췌하여 정리하였다.[264] 이를 통해 현대를 살아가는 무슬림들의 관심사를 엿볼 수 있을 뿐만 아니라, 7세기에 제정되고 9-10세기 순니 4대 법학파들에 의해 구체화되었던 음악 금지법이 현대에 알맞게 확장되고 심화되어 나가는 샤리아의 유연성을 확인하고자 하였다.

질문 : 쿠웨이트에 있는 학교들이 4살부터 14살까지의 남녀 어린이들에게 음악, 미술, 체육을 가르치고 있다. 이러한 과목들이 의무 교육과정인데, 샤리아의 견해는 어떠한가?

대답 : 음악을 가르치거나 배우는 것 또는 생물을 묘사하는 것은 허용되지 않는다. 또한 모든 교육 단계에서 남녀 어린이들을 공학하는 하는 것은 허용되지 않는다. 왜냐하면 이것은 커다란 위험과 타락을 수반하며, 악기와 생물의 묘사, 남녀공학을 금지한 코란과 하디스(순나)를 부정하는 것이다. (사우디아라비아 파트와 7802)

후원자 또는 아마추어 음악가인 경우에는 증언이 채택되었다. 전문 음악가에 대한 증인 채택 거부는 순니 4대 법학파 모두의 공통된 견해였다(Lois Lamyaa' al-Farurqii, 43).

264 이슬람국가의 파트와를 발췌한 출처는 다음과 같다: 사우디아라비아 (http://www.alifta. net/), 요르단(http://aliftaa.jo/), 아랍에미리트(http://www.awqaf.ae/), 카타르(http:// fatwa.is lamweb.net/fatwa/ index. php?page=aboutfatwa), 쿠웨이트(http://islam.gov. kw/Pages/ ar/ Fatwa.aspx).

질문 : 노래와 음악을 듣는 것에 대한 샤리아 규범은 무엇인가? 어떤 학자들은 노래와 음악을 듣는 이들의 예배는 무효이며 수용되지 않는다고 하는데 어떠한가?

대답 : 음악과 노래를 듣는 이의 예배는 기본 의무 사항을 준수하였다면 무효화되거나 수용되지 않는 것은 아니다. 그러나 무슬림은 노래를 부르거나 노래와 음악을 듣는 것을 단념해야만 한다.(사우디아라비아 파트와 1900)

질문 : 이자(리바)를 취급하는 은행을 위한 명패, 도장, 홍보물을 디자인하는 것은 허용되는가? 또한 사진 가게와 음악테이프를 판매하는 상점을 위해 그러한 항목들을 디자인하는 것은 허용되는가?

대답 : 이자를 다루거나 사진을 찍는 것을 직업으로나 돈을 벌기 위해 하는 것과 같이 이슬람에서 금지하는 행위들을 수행하는 이들과 협조하는 것은 허용되지 않는다. 이와 마찬가지 규범이 금지한 음악 테이프를 판매하는 이들에게도 적용된다.(사우디아라비아 파트와 5254)

질문 : 우리는 건물을 유지하고 보수하는 계약업체인데, 이발소, 은행, 사진 스튜디오, 음악 녹음 스튜디오, 담배를 파는 상점, 대중 커피숍과 같은 장소들이 들어 있는 건물을 제안받았다. 이에 대한 샤리아 규범을 어떠한가?

대답 : 언급한 것이 사실이라면 그러한 건물을 건설, 유지 보수, 수리하는 계약을 체결하는 것을 허용되지 않는다. 왜냐하면 그러한 것

들은 알라에 의해 금지된 것들을 사용하고 있는 곳들이기 때문이다.(사우디아라비아 파트와 20347)

질문 : 나는 오디오 스테레오 테이프를 팔아 생계를 유지하고 있다. 나는 음악을 좋아하지 않으며, 단지 생계를 위해 테이프를 판매하고 있다. 일부 학자들은 이 일이 하람이며, 허용되지 않는 일이라고 한다. 그럼 나는 죄인이며 이 일은 하람인가?

대답 : 당신의 직업은 하람이며, 당신이 번 수입 역시 하람이다. 따라서 이 일을 중단해야 하며, 부정하게 번 돈은 버려야 한다.(사우디아라비아 파트와 15408)

질문 : 여자들이 남자들 앞에서 춤을 추는 것은 허용되나?

대답 : 무슬림 여성은 정숙함을 갖추어야 하며 마흐람[265] 이 아닌 남자들 앞에서는 히잡으로 자신을 가려야 한다. 그녀는 유혹의 원인들을 피해야 하며, 피해야 할 가장 큰 일 중의 하나가 바로 외간 남자들 앞에서 춤을 추는 것이다. 이것은 하람이며 허용되지 않는데, 그것은 정숙함을 위반하는 것이며 유혹을 불러일으키는 것이고 부도덕함에 빠지는 것이기 때문이다.(사우디아라비아 파트와 16638)

---

265 '금지된; 신성한; 결혼할 수 없는'이란 뜻으로 결혼이 금지된 대상을 말한다. 마흐람의 구체적인 대상으로는 다신교도, 무슬림 여성이 성서의 백성들 중의 남성과 하는 결혼, 부모(친부모, 수양부모), 자식, 딸, 자매, 아버지의 여자 형제, 어머니의 여자 형제, 남동생의 딸, 여동생의 딸, 유모, 같은 젖을 먹고 자란 소녀, 수양딸, 아내의 어머니, 의붓딸, 두 자매와의 동시 결혼 등을 들 수 있다(Parwez, 53-54).

질문 : 무슬림이 춤을 추고 답프를 연주하는 것은 허용되는가?

대답 : 여성들이 결혼식 날 남자들이 없을 때 춤을 추고 답프를 연주하는 것은 하람이 아니다. 그런데 남자들이 답프를 연주하든 안 하든 춤을 추는 것을 허용하는 근거가 있는지에 대해서는 알 수 없다. (사우디아라비아 파트와 4230)

질문 : 결혼식, 장례식, 또 다른 의식 때 가수를 부르고 답프를 연주하고 확성기를 사용하기도 한다. 그때 그들은 이슬람 노래를 부르고 춤을 춘다. 그런데 이러한 것들이 허용되는가, 아니면 죄가 되는가?

대답 : 결혼식을 열고 여성들이 답프를 연주하고 노래를 하는 경우 남성들과 격리되어 있다면 죄가 아니다. 그러나 남자들이 노래를 하거나 답프를 연주하는 것은 허용되지 않는다. (사우디아라비아 파트와 18853)

질문 : 알라의 이름을 계속해 읊조리는 디크르는 어떠하며, 알라와 예언자들이 언급되는 테이프를 들으면서 춤추는 것은 어떠한가?

대답 : 알라의 이름을 읊조릴 때 답프를 제외한 음악을 동반하지 않는다면 괜찮다. 코란을 리듬감 있게 낭송하는 것이 허용되었다면 알라의 이름을 리듬감 있게 노래하는 것은 허용된다. 결혼식의 춤인 경우에는 남녀가 섞이지 않고 금지된 음악이 동반되지 않는다면 허용된다. 이맘 샤피이는 "춤은 하람이 아니다. 왜냐하면 그것은 단지 움직임이기 때문이다."라고 말했다. (요르단 파트와 1985)

예언자의 순나(하디스)는 악기를 이슬람의 절대 금기인 술, 간음, 도박과 같
이 언급함으로써 부정적인 견해를 보여주면서도 사도 무함마드가 전쟁에
서 돌아왔을 때, 결혼식, 명절 때는 답프 연주와 노래를 허용하는 양면적인
태도를 취하고 있다.(사진: 결혼식, 이집트 카이로)

질문 : 이슬람 축제들에서 따블라가 연주되고, 남녀가 서로 만나고, 여성만을 위한 독립된 출입구가 없고, 사진을 찍는다면 어떠한가?

대답 : 도덕과 이슬람 규범들이 준수되지 않는다면 이러한 축제들은 실현될 수 없다. 금지된 악기와 음악이 있어서는 안 되며, 남녀가 같이 섞여서도 안 된다. (요르단 파트와 1961)

질문 : 내가 국가(國歌)를 듣는 것은 허용되나?

대답 : 음악이 동반되지 않는다면 허용된다. (요르단 파트와 1591)

질문 : 음악을 듣는 것은 어떠한가?

대답 : 만일 노래가 좋은 가사이고 여성의 목소리가 없다면 괜찮다. 만일 음악을 동반하고 있으면 하람이며, 답프를 제외하고서는 허용되지 않는다. (요르단 파트와 1587)

질문 : 호텔이나 예식장의 친척 파티에 참석하는 것은 어떠한가?

대답 : 예식장에 남녀가 섞여 있고 음악처럼 거부되는 것이 있다면 참석이 허용되지 않는다. (요르단 파트와 1159)

질문 : 이슬람 송가가 있는 음악은 어떠한가?

대답 : 결혼에서는 답프, 전쟁에서는 따블라를 제외한 모든 악기는 금지이다. (요르단 파트와 240)

질문 : 음악이 없는 사랑 노래를 듣는 것은 어떠한가?

대답 : 음악이 없는 노래는 리듬을 가진 말이며 라자즈나 후다[266] 처럼 부드러운 목소리로 노래하는 시이다. 따라서 그것을 듣는 것은 단어들이 가지고 있는 내용들과 관계가 있다. 그 내용이 좋은 것이면 좋은 것이고, 내용이 나쁜 것이면 나쁜 것이다. (아랍에미리트 파트와 8849)

질문 : 국가는 하람인가 할랄인가?

대답 : 국가는 허용된다. 왜냐하면 그것은 영광과 명예를 지속시키고 우리 마음 속에 조국에 대한 사랑을 심어주고 마음을 편안하게 만들기 때문이다. (아랍에미리트 파트와 7322)

질문 : 마음과 사랑을 보여줄 의도로 나와 아내만 있는 집에서 춤을 추는 것은 어떠한가?

대답 : 남편이 다른 마흐람이 아닌 사람들 앞에서 이러한 모습을 보이지 않는다면 아내와 함께 춤을 추는 것은 허용된다. (아랍에미리트 파트와 3670)

질문 : 일부 이슬람 동요 제작자들이 여자 가수의 목소리로 녹음을 한 다음 컴퓨터를 통해 여자 아이의 목소리로 변환을 한다. 이 노래들을 듣는 것과 시장에 판매하는 것은 어떠한가?

대답 : 남자가 외간 여자의 노래를 듣는 것은 허용되지 않는다. 만일 그 노래들에서 유혹을 발견한다거나 두려움이 생긴다면 듣는 것

---

266 '라자즈'는 규칙적인 리듬을 가진 초기 단계의 아랍시를 말하며, '후다'는 베두인들이 부르는 비교적 단순한 형태의 노래를 말한다.

음악은 샤리아의 주체들(코란, 순나, 순니 4대 법학파)에 의해 금지로 지정 되어 있다. 악기는 손 북인 답프가 결혼식이나 축제 때, 따블라가 군대에서 허용되고 있으며, 노래는 시와 같이 이슬람의 대의에 반하지 않고 순수한 것일 때는 허용된다. 그러나 도박, 음주 등 이슬람의 절대 금기와 동반될 때에는 순수한 노래라 할 지라도 금지된다.(사진: 한류 콘서트, 아랍에미리 트 두바이)

과 판매하는 것을 금해야 하는데, 그렇지 않다면 금지가 아니다.(카타르 파트와 7640)

질문 : 나에게는 어린이 프로그램에서 아나운서로 일하는 여자 친구가 있다. 그녀는 어린이들을 교육하는 교통수단, 과일, 채소에 관한 노래를 부르는데 어떠한가?

대답 : 노래가 음악을 포함하고 있다면 아이들에게 도움이 되지 않기 때문에 금지이다. 만일 노래가 음악을 포함하고 있지 않다고 하더라도 외간 남자들이 그것을 듣는다면 허용되지 않는다. 왜냐하면 여성이 남편, 마흐람, 아이들이 아닌 사람들 앞에서 노래를 부르는 것은 허용되지 않기 때문이다. 또한 아이들을 위해서라도 사람들이 보고 듣는 방송이나 텔레비전에서 교통수단, 과일, 채소에 관한 노래를 하는 것은 옳지 않다.(카타르 파트와 9599)

질문 : 코란(낭송)의 마지막에 노래를 하는 것은 허용되나?

대답 : 코란도 예외가 아니다. 음악에 대한 샤리아 규정들을 준수한다면 허용이지만 그렇지 않다면 허용되지 않는다.[267] (카타르 파트와 62317)

질문 : 무슬림 남성이 자신의 아내에게 사랑 노래를 부르는 것은 허용되나?

---

267 코란 낭송과 마찬가지로 아단(아잔)이나 시 낭송도 음악적 표현의 허용 형태로 인정되어 왔다(Lois Lamyaa' al-Farurqii, 32).

대답 : 외설적이거나 음란하지 않으며, 누군가를 비난하지 않는 가사로 노래하고, 그의 아내만이 그것을 듣고, 악기를 연주하지 않으며, 그의 아내를 기쁘고 만족하게 만들기 위해 노래하는 것은 금지되지 않는다.(카타르 파트와 16159)

질문 : 여성이 까씨다[268]나 종교적이고 민족적인 시를 노래하는 것은 금지인가?

대답 : 노래가 악기를 포함하고 있다면 금지이며, 금지된 악기를 포함하지 않았다고 하더라도 외간 남자들이 듣는다면 허용되지 않는다. 왜냐하면 여성이 남편과 마흐람이 아닌 사람들에게 노래하는 것은 허용되지 않기 때문이다. 노래가 혐오스런 민족주의와 민족주의 슬로건, 야만적인 오만함, 파괴적인 원칙들을 촉구한다면 허용되지 않는다. 여성의 노래가 이러한 것들로부터 벗어나 있고 믿는 여성들 사이에서 또는 남편, 아이들, 마흐람에게 하는 것이라면 금지되지 않는다.(카타르 파트와 16159)

질문 : 결혼식 파티에 악단을 데려오는 것은 허용되나?

대답 : 답프를 제외한 모든 악기는 금지이며, 결혼식에 악단을 데려오는 것은 허용되지 않는다. 그러나 여성들이 답프를 연주하면서 노래를 하는 것은 금지가 아니다.(카타르 파트와 31573)

---

268 고전 아랍시로써 '복합 정형 장시'라고 할 수 있으며, 주요 주제로는 연애, 찬양, 풍자, 자랑, 애도, 교훈, 묘사 등이 있다(송경숙 외 1992, 12-25).

질문 : 사람들에게 유익하며 금지된 것들 대부분이 제거된 다큐멘터리가 음악을 포함하고 있다면 이를 시청하는 것은 어떤가?

대답 : 음악에 대한 학자들의 견해는 금지, 혐오, 허용으로 다른데, 금지가 더 옳다고 생각한다.(쿠웨이트 파트와 11832)

질문 : 음악을 듣는 것은 어떤가?

대답 : 대부분의 학자들이 답프와 따블라를 제외한 악기를 포함하고 있는 음악을 듣는 것은 금지라고 본다. 일부 학자들은 남녀가 뒤섞여 있지 않는 것처럼 금지된 것들을 동반하지 않는다면 허용이라고 보며, 음악이 없는 순수한 노래는 여성의 노래를 외간 남성들이 듣지 않거나 술과 동반되지 않는 등 금지된 것들과 동반되지 않는다면 금지가 아니라고 본다.(쿠웨이트 파트와 10631)

질문 : 악기, 음악, 리듬, 답프 등과 함께 하는 우리 시대의 이슬람 노래는 어떠한가?

대답 : 노래가 음악이나 욕망을 자극하는 더러운 가사들로부터 벗어났다면 금지가 아니지만, 그렇지 않다면 금지이다.(쿠웨이트 파트와 8955)

질문 : 이슬람에서 악기는 어떠한가?

대답 : 악기는 일반적으로 오락과 유흥의 도구이므로 결혼식에서의 답프와 따블라를 제외하고는 금지이다.(쿠웨이트 파트와 12643)

이상에서 본 현대 이슬람세계의 파트와들은 음악과 노래에 관한 새로운 법 해석이라기보다는 순나(하디스)와 순니 4대 법학파들의 합의와 유추에 의해 규정된 법규들을 현대적 상황과 사안에 맞추어 재해석하는 경우라 볼 수 있다. 왜냐하면 현대는 관련 법규가 제정되었던 시대와는 너무도 동떨어져 있어, 그 당시 경험하지 못했던 새로운 상황과 사안들에 직면해 있기 때문이다. 또한 현대 이슬람 법학자들의 파트와는 이슬람 샤리아를 잘 모르는 현대인들에게 관련 규범을 교육하고 홍보하는 역할을 담당하고 있다.[269]

따라서 이상의 파트와들을 새로운 상황들과 사안들에 대한 재해석과 관련 규범의 교육과 홍보라는 측면에서 살펴볼 수 있다. 우선 학교에서의 음악 교육, 음악테이프 판매, 음악 녹음 스튜디오가 입주한 건물의 보수, 알라와 예언자의 이름이 언급된 음악테이프를 듣고 춤을 추는 것, 국가(國歌), 동요 제작, 어린이 프로그램 아나운서, 다큐멘터리 등과 같은 새로운 상황들과 사안들에 대해 기존의 법규에 의거한 파트와를 제시하고 있다. 즉 음악은 금지이며, 따라서 음악 교육

---

269 الفقه للمغتربين 에서는 비무슬림들을 위한 다양한 정보를 파트와 형식으로 전달하고 있다: "유흥이나 오락장에 적합한 음악은 금지이나, 공공장소에서 연주되는 경우 의도적으로 들으려고 하지 않으면 허용된다. 군대 음악과 장례식 음악은 허용되며, 결혼식과 종교행사, 축제 등에서 남녀가 박수를 치는 것은 허용된다. 유흥이나 오락을 직업으로 하는 이들의 노래는 금지이며, 코란 낭송의 리듬이 노래와 같이 되면 금지이다. 악기를 사거나 팔거나 대여하는 것은 금지이며, 학교에서 음악을 배우는 경우 이슬람에 부정적일 경우에는 허용되지 않는다 등"(311-322, 1998 عبد الهادي محمد تقي الحكيم).

도 금지이고, 음악테이프를 판매하거나 음악을 녹음하고 스튜디오가 입주한 건물의 보수를 하는 것도 금지이다. 알라와 예언자의 이름이 언급된다고 하더라도 답프 이외의 음악이 동반되지 않아야 허용되며, 국가는 허용(아랍에미리트)되지만 음악이 동반되지 않아야 하며(요르단)[270], 동요를 제작할 경우에도 노래에서 유혹적인 것이 있다면 금지된다. 어린이 프로그램의 아나운서가 교통수단, 과일, 채소와 같이 교육적인 목적으로 노래를 불렀다 하더라도 음악이 포함되어 있거나 외간 남자들이 듣는다면 금지이다. 또한 유익한 다큐멘터리를 제작할 경우에도 음악이 포함되어 있다면 허용되지 않는다.

다음으로 노래와 음악을 듣는 것과 예배의 유효성, 여자들이 남자들 앞에서 춤을 추는 것, 무슬림이 춤을 추고 답프를 연주하는 것, 결혼식이나 장례식 때 가수를 부르고 답프를 연주하는 것, 이슬람 송가, 사랑노래, 남편이 아내를 위해 춤을 추고 노래를 부르는 것, 종교적이고 민족적인 시 낭송, 악기 등에 대한 사안들은 이미 순나(하디스)와 순니 4대 법학파들에 의해 전면 금지나 부분적인 금지 또는 부분적인 허용이라는 법규로 제정된 것들이다. 이와 같은 사안들에 대해서는 이미 제정된 법규들을 상세히 언급하고 설명함으로써 현대 무슬림들

---

270 사우디아라비아를 제외한 아랍·이슬람국가들(모로코, 알제리, 튀니지, 리비아, 이집트, 수단, 예멘, 오만, 아랍에미리트, 카타르, 바레인, 쿠웨이트, 요르단, 시리아, 이라크)의 국가 노래와 연주가 동반되고 있다. 이는 국가(國歌)가 국민들에게 긍정적인 효과를 준다는 점에서 허용이라고 이해되고 있는 듯하다.

에게 샤리아의 관련 규범들을 교육하고 홍보하는 역할을 담당하고 있다.

노래와 음악을 듣는 것이 의무사항을 준수한 예배를 무효로 만들지는 않지만 무슬림들에게 노래와 음악은 금지이며, 여자들이 외간 남자들 앞에서 춤을 추는 것은 하람이다. 여성들이 결혼식 때 춤을 추고 답프를 연주하는 것은 허용되지만 남성들에게는 금지이며, 초청된 가수의 경우에도 여성은 허용이지만 남성은 금지이다. 이슬람 송가가 있는 경우라고 하더라도 답프와 따블라를 제외한 모든 악기는 금지이며, 남편이 아내만을 위해 노래를 하거나 춤을 추는 것은 허용되지만 마흐람이 아닌 다른 사람이 있다면 금지이다. 여성이 종교적이고 민족적인 시를 낭송하는 경우에도 노래와 악기를 포함하고 있거나 외간 남자들이 듣는다면 금지이며, 악기는 결혼식 때의 답프와 전쟁 때의 따블라를 제외하고는 모두 금지이다.

결국 현대 이슬람세계의 파트와들은 새로운 상황과 사안들에 대한 샤리아의 유연성을 적극적으로 보여주는 사례이며, 동시에 이슬람 샤리아에 대한 지식이 부족한 무슬림들과 외국인들에 대한 교육과 홍보의 수단 역할을 하고 있다는 점에 의미를 부여할 수 있다.

6. 맺음말

코란에 음악과 노래를 금지하는 직접적인 구절들은 없지만 일부 구절[271]들을 근거로 하여 순나(하디스)와 순니 4대 법학파는 음악과 노래는 금지라는 법규를 제정하였다. 그러나 순나는 명절, 결혼식, 예언자가 전쟁에서 돌아왔을 때는 예외임을 인정함으로써 순니 4대 법학파와 이후의 현대 이슬람 법학자들도 대부분 이를 예외로 인정하여 왔다.

이를 좀 더 구체적으로 정리해보면, 음악은 모든 샤리아의 주체들에 의해 금지로 지정되고 있으며, 악기는 작은 손북인 답프(결혼식, 축제)와 따블라(군대)는 허용되고 있다. 노래는 시와 같이 이슬람의 대의에 반하지 않고 순수한 것일 때는 허용하지만, 도박, 음주 등 이슬람의 절대 금기와 동반될 경우에는 순수한 노래라고 할지라도 금지된다.[272] 한편 춤에 대해서는 코란, 순나, 순니 4대 법학파들에 의해 언급되지 않았지만 현대 이슬람 법학자들은 여자와 아이들에게는 허용되지만 남자들에게는 허용되지 않는 것으로 보았다.

이상 샤리아의 음악 금지 규정은 이슬람세계의 음악과 악기들이 발

---

271 제17장 64절, 제31장 6절, 제53장 59-62절.
272 Al-kanadi, 42.

전해 유럽에 커다란 영향을 끼쳤다[273]는 역사적 사실과 매우 모순이다. 샤리아의 무용론이라 해도 과언이 아니다. 그럼에도 불구하고 샤리아는 '올바른 길'을 제시함으로써 이슬람공동체가 건전해지기를 바라며, 할 수 있다면 음악과 노래를 피하고 코란 낭송, 이슬람 노래, 운동과 같은 합법적인 대안을 찾을 것을 요구하고 있다.[274] 한편 음악에 대한 욕구는 천성 중의 하나이므로 음악의 완전한 제거나 과용을 경계하면서 음악 자체의 금지보다는 나쁜 환경과 나쁜 사용자를 억제하는 조건부 허용을 주장한 아즈하르대학교의 이맘 마흐무드 샬투트(1893-1963)의 주장[275]은 현실과 샤리아의 모순을 통합하는 적절한 대안이라 보인다.

---

273 최초의 군악대가 오스만제국 군대에 의해 창설되고 이후 유럽에서 모방되었다는 점도 주목할 점이다(Seyyed Hossein Nasr, 1). 그 외 "아랍 음악의 발전 과정에 관한 연구"와 "중세 안달루시아의 아랍 문명이 유럽에 끼친 영향" 참조. 『무깟디마』는 이슬람 도래 이후 아랍인들이 음악을 멀리한 이유를 이슬람의 질박함과 베두인 정신 때문이었으며, 이후 음악이 발전하게 된 것은 많은 왕조와 왕국을 정복하면서 획득한 전리품 때문으로 보았다(김정아 2012, 149).

274 Al-kanadi, 44-45.

275 Lois Lamyaa' al-Farurqii, 46-47.

시(詩)는 곧 사탄의 말이니라
- 샤리아의 시 금지 이유와 근거

بانت سعاد فقلبي اليوم متبول   متيّم إثرها لم يفد مكبول

وما سعاد غداة البين إذ رحلوا   إلّا أغنّ غضيض الطرف مكحول

هيفاء مقبلة عجزاء مدبرة   لا يشتكى قصر منها ولا طول

تجلو عوارض ذي ظلم إذا ابتسمت   كأنّه منهل بالراح معلول

شجّت بذي شبم من ماء محنية   صاف بأبطح أضحى وهو مشمول

تجلو الرياح القذى عنه وأفرطه   من صوب سارية بيض يعاليل

يا ويحها خلّة لو أنّها صدقت   ما وعدت أو لو أنّ النصح مقبول

لكنّها خلّة قد سيط من دمها   فجع وولع وإخلاف وتبديل

فما تدوم على حال تكون بها   كما تلوّن في أثوابها الغول

وما تمسّك بالوصل الّذي زعمت   إلّا كما تمسك الماء الغرابيل

كانت مواعيد عرقوب لها مثلا   وما مواعيدها إلّا الأباطيل

이슬람은 코란과 순나를 통해 시 그 자체를 부정하는 것은 아니며, 시와 시인에 대해 양면적인 태도를 취하고 있음을 보여주고 있다. 위의 시(까씨다)는 "부르다의 시인" 이라고 알려진 카읍 빈 주하이르의 작품 『쑤아드는 멀어졌다』이다. 시는 애인 쑤 아드와 이별하는 화자의 아픈 마음을 토로하는 도입부로 시작하며 이후 여행, 무함 마드에 대한 찬양의 주제로 옮겨 간다.

* 이 글은 『아랍어와 아랍문학』 제19집 1호에 "시와 시인에 대한 이슬람의 견해: 코란과 순나 를 중심으로"라는 제목으로 게재된 논문의 내용과 형식을 일부 수정, 보완한 것이다.

1. 머리말

"길을 잃고 방황하는 자들은 시인을 따르는 이들이라 / 그들이 모든 계곡에서 방황하는 것을 너희는 보지 못했느냐? / 그리고 그들은 행하지도 아니한 것을 말하고 있도다. …"(코란 제26장 224-226절)

위의 코란 구절들로 볼 때 시와 시인에 대한 이슬람의 태도는 부정적이었던 것으로 보인다.[276] 그럼에도 불구하고 역사적으로 고전 아랍시 까씨다[277]는 이슬람 이전 시대(자힐리야 시대, 450년경-622년경)뿐만

---

276 이슬람이 시에 대해 적대적이었다는 증거는 코란, 하디스뿐만 아니라 우마르 등의 일부 교우들에게서 발견된다. 한편, 아부바크르 등의 일부 교우들에게서는 시에 대한 우호적인 언급 또한 발견되고 있다("2-5. موقف الإسلام من الشعر").

277 고전 아랍시로써 '복합 정형 장시'라고 할 수 있으며, 6세기 말경에 확고한 위치를 갖게 되었다. 서정시로 분류하기도 하나 까씨다 그 자체를 하나의 독립된 문학 양식으로 보기도 한다. 16개의 율격이 있으며, 세 개의 구성 영역(도입부인 '나시브', 이행부인 '타칼루스', 본 주제인 '가라드')으로 나뉜다. 주요 주제로는 연애, 찬양, 풍자, 자랑, 애도, 교훈, 묘사 등이 있으며, 7편 내지 10편의 작품을 수록하고 있는 『무알라까트』가 유명하다(송경숙 외 1992, 12-25).

하디스는 이슬람법 제2법원으로서 코란 다음가는 권위를 가진다. 순니에는 6개의 하디스(부카리, 무슬림, 나사이, 아부 다우드, 티르미디, 이븐 마자)가 있으며, 쉬아(시아)에는 4개의 하디스가 있다. 사도 무함마드는 여러 개의 순나를 통해 시인을 사탄에 비유하고, 시를 사탄의 말이나 침에 비유하였다. (사진: 부카리 하디스 스캔)

아니라 그 이후의 이슬람 시대에도 아랍인들의 삶의 기록으로써 상당한 발전을 이룩하였다.[278]

한편 일부에서는 시와 시인에 대해 부정적인 견해를 표현한 코란 구절들이 시 그 자체를 공격한 것이 아니라, 예언자를 비방하고 그의 설교를 방해했던 다신론자 시인들을 공격한 것[279]이라고 주장했다. 이상의 사실들로 볼 때 시와 시인의 역할과 지위에 대해 학자들 간에 상당한 논쟁이 있다는 것을 알 수 있다.[280]

278 다수의 아랍 학자들은 아랍시의 황금기를 사도 무함마드의 바로 직전 시대와 동시대이며, 그 이후에는 점차 쇠퇴하였다고 본다. 왜냐하면 무함마드는 시를 완전히 금지한 것이 아니라 이슬람을 위해 적극적으로 이용함으로써 시작 활동이 활발하게 유지되었다는 것이다("Islam and poetry", 4-5).
279 송경숙 외 1992, 55.
280 이집트의 저명한 작가이며 비평가인 따하 후사인(1889-1973)과 영국의 동양학자인 데

이 글에서는 이슬람과 사도 무함마드의 견해를 가장 분명하게 보여주는 코란과 하디스(순나)의 구절들을 토대로 하여 시와 시인에 대한 이슬람의 태도와 입장을 정리하였다.[281] 이와 같은 방법을 택한 이유는 모든 무슬림들의 일상생활과 삶의 방식을 지배하는 것이 이슬람법 샤리아이며, 샤리아의 가장 주된 원천이 바로 코란과 순나[282]이기 때문이다. 특히 순나는 코란 구절과의 관계 속에서 살펴보았다.

이비드 마르골리우스(David Margolius, 1858-1954)는 코란의 신화를 지지하기 위해 이슬람 도래 이후에 그 이전의 아랍시를 조작했다는 음모설을 제기하였다. 그러나 대부분의 아랍학자들과 동양학자들은 이들의 주장을 부정하였다("On Pre-Islamic poetry & the Quran" 참조).

281 이 글과 관련된 대표적인 국내·외 선행연구들은 다음과 같다. 국내 선행연구로는 "자힐리야-이슬람 전환기의 아랍시 연구"(김능우, 2004)와 "고전아랍문학과 이슬람의 영향 관계 연구: 통합의 기제로서의 이슬람"(장세원, 2013)이 있다. 첫 번째 연구는 "시에 대한 이슬람의 입장"이라는 독립된 절을 통해 자힐리야-이슬람 전환기, 즉 이슬람 초창기에 나타났던 사도 무함마드의 아랍시에 대한 부정적인 시각과 근거를 코란과 하디스 일부 구절, 그 외 다양한 문헌을 통해 살펴보았다. 두 번째 연구는 예언자가 아랍시와 시인에 대해 호의적이지 않았지만 그들을 이슬람 전파에 이용함으로써 아랍문학의 통합기제로 작용했다는 점을 다루었다. 주목할 만한 해외 연구로는 دعوى ضعف الشعر في عصر صدر الإسلام عند القدامى و "الإسلام والشعر والمحدثين" 가 있다. 첫 번째 연구는 석사학위논문으로써 시에 대한 이슬람의 입장과 이슬람 초기에 시가 약화된 원인을 상세히 다루고 있다. 특히 제1장(시에 대한 이슬람의 태도)에서는 코란, 순나, 교우들(정통칼리파들)의 시와 시인에 대한 태도를 다루고 있다. 두 번째 연구 또한 시와 시인에 대한 이슬람의 태도를 코란과 순나에 근거에 설명하고 있으며, 특히 "시가 불신자들과의 전투에서 한 역할"에 대해 구체적인 예를 통해 설명하고 있다. 위의 국내·외 선행연구들은 본 연구의 기초 자료뿐만 아니라 연구의 근거와 정당성을 제공하고 있다. 한편, 본 연구는 특정한 주장을 뒷받침하기 위해 코란과 하디스에 나타난 시와 시인에 대한 구절들을 발췌한 것이 아니라, 문헌에 나타난 모든 관련 구절들을 조사하여 비교·검토하였다는 점에서 선행연구들과의 차별성과 연구의 타당성을 확보하고 있다.

282 순나는 많은 하디스 학자들에 의해 "예언자 무함마드의 말과 행동 그리고 결정(결심)"으로 정의되었다. 여기서 '결정'은 말이나 행동으로 표현하거나 불승인의 암시 없이 침묵을 지키는 것을 가리키는데, 이때 침묵은 승인을 암시한다(Usmani, 5). 관련 사항들은 임병필(2014), "순나가 샤리아 제2법원으로 인정된 근거에 관한 연구" 참조.

---

2. 시와 시인에 대한 코란의 견해

코란은 이슬람법 샤리아의 제1법원으로서 모든 무슬림들의 신앙과 삶의 근원이라 할 수 있다. 따라서 코란에 제시된 시와 시인에 대한 구절들은 이슬람과 모든 무슬림들의 태도와 입장을 분명하게 보여주고 있다고 할 수 있다. 우선 시와 시인에 관해 다루고 있는 코란의 구절들을 계시 순서[283] 대로 정리해보면 다음과 같다.[284]

"우리는 그(예언자)에게 시를 가르치지 아니했으며, 그것은 그에게 적합하지 않노라. 이것은 분명한 훈계이며 명백한 코란이다."(제36장 69절)

"길을 잃고 방황하는 자들은 시인을 따르는 이들이라 / 그들이 모든 계곡에서 방황하는 것을 너희는 보지 못했느냐? / 그리고 그들은 행하지도 아니한 것을 말하고 있도다 / 그러나 믿음을 갖고 선을 행하며 항상 알라를 염원하고 박해를 받은 후에도 서로를 돕는 이들은 제외라. 사악한 행위를 저지른 자들은 그들이 돌아갈 최후의 운명이 무엇인지 알게 되리라."[285]

---

283 시와 시인에 대한 코란 구절의 계시 순서는 공일주(2008), 158-161 참조.
284 코란 구절의 한글 번역은 최영길역(1997), 『성 꾸란: 의미의 한국어 번역』과 김용선 역 (2002), 『코란』을 참조하였으며, 필요한 경우 Ali Quli Qara'I trans(2003), *The Qur'an*을 참조하였음.
285 '시인들의 장'은 메카의 불신자들이 예언자 무함마드를 시를 좋아하는 부족에서 온 한 시인에 불과하다고 조롱하자, 계시된 것으로 풀이되고 있다.

(제26장 224-227절)

"그들은, '우리가 미친 시인을 위하여 우리의 신들을 포기해야 되느뇨.'라고 말한다."(제37장 36절)

"그들은, '그것이 꿈의 착란에서 온 것이고 그가 날조한 것이며, 그는 시인이라. 옛날 사람들에게 보냈었던 이들처럼 증거를 가져오게 하라'고 말했다."(제21장 5절)

"그러므로 훈계하라. 그대는 주님의 은혜를 받은 자로 점쟁이도 아니고 미치지도 않았다 / 그들이, '우리는 시인에게 불행이 있기를 기다린다.'라고 말하였느냐."(제52장 29-30절)

"실로 이것은 고귀한 사도의 말씀이며 / 시인의 말이 아니다. 너희들의 믿는 바가 얼마나 적은가!"(제69장 40-41절)

  시와 시인에 대한 코란 구절들은 6개의 장, 11개의 구절에 걸쳐 나타났으며, 모두 이슬람의 기본 신앙(알라의 유일성, 무함마드의 예언자성,

마지막 심판)을 강조하는 메카 시기(610-622)의 장들이다.[286] 즉 시와 시인에 관한 태도는 알라의 유일성과 무함마드의 예언자성과 밀접한 관계가 있다고 할 수 있다.

이렇듯 시와 시인에 관한 구절들이 메카 계시에 집중된 이유로는 사도 무함마드가 이슬람을 포교하던 당시의 메카 상황과 밀접한 관련이 있다. 당시 메카는 종교와 무역의 중심지로써 우상숭배자들이 다스리는 상인공화국이었다. 이슬람이 전파되기 시작한 이후 점차 대중들의 지지를 얻어 가고 있는 무함마드가 메카의 지배계층에게 자신들의 종교는 물론 세속적인 이해에도 위협이 될 수밖에 없었다. 그들은 늘어만 가는 추종자들을 무함마드로부터 떼어놓기 위해 물리적인 폭력을 포함한 다양한 압박을 시도하였으며, 하나의 방법으로 무함마드를 시인, 점쟁이, 미친 이로, 코란을 시인의 시로,[287] 점쟁이의 점술로, 미친 이의 말로 비방하기에 이르렀다.[288] 따라서 위의 코란 구절들은 코란과 무함마드에 대한 메카 우상숭배자들의 비난을

---

286 공일주 2008, 13.

287 사도 무함마드도, 당시 시인들이 시를 카으바신전에 걸었던 것처럼, 코란 제108장을 카으바신전에 걸었고, 이를 본 우상숭배자들이 그를 시인이라고 비난하였다("Islamic concept of poetry", 3).

288 메카의 지도자들 중의 한 명이었다가 후에 이슬람으로 개종한 칼리드 빈 알왈리드(592-642)는 연설을 통해 무함마드를 마법사로, 코란을 그의 마법으로 선전할 것을 요청하기도 하였다("The state of poetry in Islam", 1). 당시 아랍인들은 시인을 초자연적인 인식 능력을 타고난 사람이거나 진이나 사탄의 힘을 빌려 마력을 과시하려는 마법사로 생각하였다. 당시의 시인은 부족민들 사이에서 부족의 제사장이며 평상시에는 그들의 안내자였고 전시에는 투사였다(사희만역 1995, 129).

부정하기 위해 계시된 것이다. 즉 무함마드는 시인, 점쟁이, 미친이가 아니며, 코란은 마신(진)의 영감을 받은 시인의 말이 아니라 유일신 알라의 계시를 받은 예언자의 말이라는 것을 분명히 밝히고 있다.

위의 코란 구절들은 화자의 시각에 따라 '이슬람의 시각'과 '우상숭배자들의 시각'으로 구분해볼 수 있다. 이슬람의 시각에서 보았을 때 코란의 세 장(제26장, 제36장, 제69장)의 시인은 우상숭배자들을 대변하는 시인을 가리키며, 코란의 나머지 세 장(제21장, 제37장, 제52장)의 시인은 사도 무함마드를 가리킨다. 대상은 다르지만 위의 코란 구절들에 나타난 시와 시인은 부정적인 의미를 담고 있다는 것이 공통점이다. 그러나 위의 구절들이 시 그 자체를 금지하고 있는 것은 아니다.[289]

특히 제26장 227절("믿음을 갖고 선을 행하며 항상 알라를 염원하고 박해를 받은 후에도 서로를 돕는 이들은 제외라.")을 보면 코란이 모든 시를 비방하거나 부정적인 입장을 갖는 것이 아니라는 것을 분명하게 보여주고 있다. 즉 이슬람이 시를 칭송하거나 시를 쓰고 시를 듣고 시인들과 같은 자리에 있는 사람들에 대해 부정적인 태도를 가지고는 있지만, 허용하는 예외가 있음을 말해주고 있다. 그 예외는 바로 '믿음을 갖고

---

[289] 코란은 외설, 음주, 부족적 혐오, 선조의 영광, 복수와 같은 내용을 담고 있는 자힐리야 시, 특히 이슬람 정신과 함께하지 않는 시를 반대했다. 그러나 시 그 자체를 부정한 것은 아니며, 시의 주제와 의미가 판단의 관건이었다("1 .الشعراء والشعر من الإسلام موقف")("poetry in Islam", 2; "The state of poetry in Islam", 2).

선을 행하며 알라를 염원하는' 무슬림 시인의 교훈시, 칭송시, 애도시
와 같은 경우이다.[290]

이상의 코란 구절들로 볼 때, 고전 아랍시 까씨다는 금지라기보다
는 기피행위라고 볼 수 있다. 단 무슬림 시인들이 이슬람과 예언자
를 방어하거나 칭송하는 까씨다는 장려행위로서 격려의 대상이 되었
다.[291]

한편 이슬람의 대의(大意)에 반하는 시와 시인들에 대해 코란 제26
장 227절에 "사악한 행위를 저지른 자들은 그들이 돌아갈 최후의 운
명이 무엇인지 알게 되리라."와 같이 언급되어 있지만, 이를 금지 위
반에 대한 구체적인 처벌로 보기는 어렵다.

---

290 "poetry", 3; "The state of poetry in Islam", 2.
291 중세 때의 법학자인 아흐마드 빈 알나깁 알미스리(1302-1367)에 의하면, 샤리아는 인간
삶의 모든 양상에 대한 규범과 명령을 포함하고 있다고 주장했으며, 그는 지식을 '금지,
혐오, 허용'으로 나누고 있다. 시의 경우에는 시의 내용에 의해 범주가 결정이 되는데, 시
가 알라와 사도를 칭송하는 것이면 허용이고, 로맨스나 소용 없는 것을 포함하면 혐오이
며, 철학, 사랑, 애국심, 민족주의, 자유사상, 세속적 사고 등을 포함하고 있는 시는 어떤
것이든 금지이다("Islam and poetry", 7-9; *Reliance of the Traveller and Tools for the
Worshipper*, 2-6). 한편, 샤피이 법학파의 법학자인 이븐 하자르 알하이타미(1503-1506)
에 의하면 좋은 행동, 지혜, 고상한 특징들, 세속적인 일의 삼가, 알라에게 복종하고 순나
를 따르는 것과 같은 경건한 특성들을 격려하는 모든 시는 허용이다(Abul Kasem 2009,
63).

3. 시와 시인에 대한 순나(하디스)의 견해

코란은 6개의 장 11개의 구절에 걸쳐 시와 시인에 대한 부정적인 태도를 보여주었다. 그러나 시와 시인 그 자체를 부정하였다기보다는 이슬람에 반(反)하는 시와 시인으로 한정하는 부분적인 부정의 입장을 견지하였다. 또한 무슬림 시인이 선(善)을 행하고 알라를 염원하는 경우에 대해서는 예외로 인정함으로써 무슬림 시인들의 활동 범위를 확보하였다.

그러나 코란의 분명하지 못한 내용과 태도로 인해 당대와 후대의 무슬림들은 보다 분명하고 구체적인 내용을 발견하기 위해 사도 무함마드의 순나(하디스)에 의지할 수밖에 없었다. 사도 무함마드의 순나를 기록한 하디스에는 시와 시인에 대한 상당 수의 구절들이 발견되고 있다. 이미 코란에서 예외를 인정하였기 때문에 사도 무함마드 또한 순나(하디스)를 통해 코란의 부정적인 시각을 확인하면서도 시와 시인의 긍정적인 부분에 대해서도 충분한 관심을 보여주고 있다.[292] 따라서 순나(하디스)에 나타난 시와 시인에 대한 태도를 부정적인 견해와 긍정적인 견해로 나누어 살펴보았다.[293]

---

292 순나는 시와 시인에 대한 코란의 부정적인 입장을 지지하면서도 예외를 인정하는 양면적인 입장을 취하였다("2-3.", ‏موقف الإسلام من الشعر والشعراء‏).
293 관련 구절들은 하디스 6서를 다루고 있는 웹사이트(http://sunnah.com/)에 ‘시 또는 시인’이라는 주제어를 입력하여 도출된 구절들을 하디스들 간의 유사한 내용들을 통합하여 정

1) 시와 시인에 대한 부정적인 견해[294]

"몸에 시를 채우는 것보다 고름을 채우는 것이 더 낫다."(부카리본 6154 · 6155, 티르미디본 3088 · 3089, 무슬림본 2257 · 2258, 이븐 마자본 3759 · 3760, 아부 다우드본 2009)

"우리가 알라의 사도와 함께 길을 가다가 아르즈라는 곳에 도착했을 때 시를 낭송하고 있는 한 시인을 만났다. 그러자 알라의 사도가 '사탄을 붙 잡아라. 몸에 시를 채우는 것보다 고름을 채우는 것이 더 낫다.'라고 말했 다."(무슬림본 2259)

"이슬람 이전 아랍시에 의해 언급된 가장 믿을 수 있는 말은 '보라! 알라 외에 모든 것은 헛되다.'라는 라비드[295]의 말이다."(무슬림본 2256a)

리하였다.

294 이 글에서는 순니의 하디스 6서를 중심으로 논의를 전개하고 있지만, 쉬아 하디스 4서 (الكافي، من لا يحضره الفقيه، تهذيب الأحكام، الاستبصار)에서도 시와 시인에 대한 부정적인 구절들이 발견되 고 있다: "밤에 시를 낭송하지 마라. 라마단 달에는 밤에도 낮에도 시를 낭송하지 마라", " 이슬람사원에서 시를 낭송하거나 염원을 낭송하는 것은 금지이고, 이슬람사원에서 칼을 뽑는 것은 금지이며, 동물의 얼굴을 때리는 것도 금지이다."

295 라비드 빈 라비아(560-661)는 자힐리야 시대의 가장 유명한 '무알라까트 시인들' 중의 한 명인 무슬림 시인이다. 『무알라까트』는 당시 카으바신전에 걸렸던 유명한 작품들을 모 아 놓은 시 선집으로써 7명 또는 10명의 시인들(이므룰 까이스, 따라파, 주하이르, 라비 드, 아므르, 안타라, 알하리스, 알나비가, 알아으샤, 아미드)의 작품들이 수록되었다(송경 숙외 1992, 24-30).

전승에 의하면, 사우디아라비아 메카의 카으바신전은 아브라함과 이스마일이 알라의 명을 받고 건설했다고 한다. 무슬림들이 매일 5차례 이곳을 향해 기도를 하고, 죽은 사람을 묻을 때도 얼굴을 이곳으로 향하게 하고 매장한다. 이슬람 이전 시대에는 시인들이 이곳에 모여 자신들의 시를 경연하였고, 대중들의 인정을 받은 시를 적어 이곳에 걸어두었다고 한다. 이후 최고의 시들을 묶었으며 이를 '무알라까트'(걸려진 것들)라고 불렀다. (사진: 카으바신전, 사우디아라비아 리야드 국립박물관)

"사도 무함마드는 이슬람사원에서 시를 낭송하는 것을 금지하였다."(나사 이본 715, 이븐 마자본 749, 티르미디본 322)

"사도 무함마드가 '알라시여, 저는 저주받은 사탄으로부터, 그의 광기, 그의 긍지, 그의 시로부터 피난처를 찾고 있습니다.'라고 말했다."(이븐 마자 본 857)

"사도께서 '알라는 가장 위대하시다. … 알라에게 영광이 있기를. … 알라 시여, 사탄으로부터 그의 숨결로부터 그의 침으로부터 그의 유혹으로부 터 보호해주소서.'라고 말했다. 그래서 그(아므르)가 '그의 침은 시요, 그 의 숨결은 긍지요, 그의 유혹은 광기다.'라고 말했다."(아부 다우드 764)

"알라의 사도는 예배를 시작할 때 '알라는 가장 위대하시다. … 전지전능하 신 알라시여 사탄으로부터 그의 광기로부터 그의 오만으로부터 그의 시로 부터 피난처를 찾습니다.'라고 말하곤 했다."(티르미디본 242, 이븐 마자본 807)

사도 무함마드는 여러 개의 순나(하디스)를 통해 시인을 사탄에 비 유하고 시를 사탄의 말이나 침으로 비유하였다.[296] "몸에 시를 채우

---

296 아랍 시인들은 각자 사탄의 이름을 지었고, 그것을 공공연하게 불렀다. 시인 마이문 빈 까 이스 알아으샤(570-625)는 자신이 '무사힐'이라는 사탄의 지배를 받는다고 공언했고, 시

는 것보다 고름을 채우는 것이 더 낫다.”라는 순나에는 시에 대한 극도의 혐오감이 드러나 있다. 또한 무알라까트 무슬림 시인인 라비드의 이 말(“보라! 알라 외에 모든 것은 헛되다.”) 외의 모든 아랍시 표현들을 믿을 수 없는 말장난으로 치부하였다. 결국 시와 시인에 대한 부정적인 순나(하디스)는 코란에 명시된 시에 대한 부정적인 견해를 확인하거나 ‘사탄과 사탄의 침’이라는 구체적인 표현으로 해설 · 제약 · 한정하는 규범으로 볼 수 있다.

2) 시와 시인에 대한 긍정적인 견해[297]

“시 속에는 지혜가 있다.”[298] (티르미디본 3080 · 3081, 이븐 마자본 3755 · 3756, 부카리본 6145, 아부 다우다본 5010)

“사도 무함마드가 ‘웅변 속에는 마법이 있고, 지식 속에는 무지가 있고, 시 속에는 지혜가 있고, 연설 속에는 무거움이 있다.’라고 하였다. 그런데 ‘시 속에 지혜가 있다’는 말은 ‘사람들이 경고를 받아들이는 설교이며 본

인 파라즈다크(641-730)에게는 ‘암루’라는 이름의 사탄이 영감을 불어넣어 준다고 전해졌다(장세원 2013, 420).

297 이 부분은 기본적으로 순니 하디스 6서의 관련 구절들을 발췌하여 정리하였으며, 그 외 “The ruling and history on poetry and singing in Islam”의 부분들을 참조하였다.

298 이 구절은 쉬아(시아) 하디스 4서 중의 하나인 من لا يحضره الفقيه، الجزء الرابع에서도 발견된다.

보기들이다.'"(아부 다우드본 5011·5012)

"핫산 빈 싸비트가 신앙심이 없는 자들을 풍자할 수 있게 해달라고 사도
에게 허락을 구했다. 그러자 사도가 '내가 그들과 공통의 조상을 가지고
있다는 사실은 어떻게 하나요?'라고 하자, 싸비트가 '제가 빵 반죽에서 뽑
아낸 머리카락처럼 사도님을 그들로부터 건져 낼 것입니다.'라고 대답했
다. 이러한 말을 전한 아이샤에게 우르와가 싸비트를 비난하자, 아이샤가
'그를 비난하지 마세요. 왜냐하면 그(싸비트)는 시로 사도를 방어하곤 했
답니다.'라고 말했다."(부카리본 3531)

"우리가 아이샤에게 갔을 때 핫산 빈 싸비트가 그녀에게 시를 낭송하고
있었다. 그러자 아이샤가 그에게 '당신은 그렇지 않아요.'라고 말했다. 그
래서 내(마스루끄)가 그녀에게 '어째서 그가 들어오는 것을 허락하시나
요? 알라께서 그 가운데의 우두머리는 더 큰 벌을 받으리라(코란 제24장
11절)라고 하셨습니다.'라고 말했다. 그러자 아이샤가 '눈을 멀게 하신 것
보다 더 큰 것은 어떤 벌인가요? 핫산은 이슬람을 방어하고 알라의 사도
를 위해 시를 말하곤 했답니다.'라고 말했다."(부카리본 4146, 티르미디본 280)

"내(자비르 빈 사무라)가 수백 번 이상이나 사도와 앉아 있었는데, 교우들
이 시를 낭송하고 자힐리야 시대 때 일어났던 일들에 관해 말하곤 했다.

그러면 사도는 침묵을 하시거나 가끔씩 그들과 함께 미소를 짓기도 하였다."(티르미디본 2850)

"내(시마크 빈 하룹)가 자비르 빈 사무라에게 '당신은 알라의 사도와 함께 앉아 있곤 했습니까?'라고 묻자, 그가 '예, 알라의 사도가 새벽 예배를 했을 때 그는 해가 뜰 때까지 예배를 드렸던 그 장소에 앉아 있었고, 그의 교우들은 이야기를 하고 자힐리야 시대로부터 내려온 것들을 기억하며 시를 낭송하곤 했습니다. 그러면서 그들은 웃었고, 알라의 사도도 미소를 지었습니다.'라고 대답했다."(나사이본 1358)

"아므루 빈 알샤리드의 아버지가 말하기를, 내가 우마이야 빈 아비 알살트의 시 백여 개를 사도 무함마드에게 낭송했다. 매 구절이 끝날 때마다 그는 '더 하게'라고 하면서 '그는 거의 이슬람을 수용한 것 같다.'라고 말했다."(이븐 마자본 3758, 무슬림본 2255a · b)

"아나스가 전하길, 예언자가 메카에 들어갔을 때 압둘라 빈 라와하가 시를 낭송하면서 예언자의 앞을 걸어가고 있었다: '불신자들의 부족들은 길을 벗어났다. 오늘 우리는 계시로 너희들을 공격할 것이다. 목을 어깨에서 제거할 것이며, 친구가 친구에게 관심을 갖지 못하게 만들 것이다.' 그러자 우마르[299]가 그에게 '이븐 라와하여, 사도 무함마드와 알라의 성소 앞에서 시를 말하는가?'라고 말하자, 사도 무함마드가 '우마르, 그를 내버려두게. 왜냐하면 그것(시)은 비처럼 쏟아지는 화살보다 그들에게 더 빨리 영향을 미친다네.'라고 말했다."(티르미디본 3084, 나사이본 2893, 나사이본 2873)

"우마르가 이슬람사원에 갔는데 그때 핫산 빈 싸비트가 시를 낭송하고 있었다. 핫산은 '나는 당신(우마르)보다 더 나은 사도가 있는 이 사원에서 시를 낭송하곤 했습니다.' 그리고는 아부 후라이라를 향해 돌아서서 '당신은 알라의 사도가 나에게 나를 위해 반박하라. 알라시여 성령으로 그를 지원하소서라고 말하는 것을 들었는가?'라고 묻자, 아부 후라이라가 '그렇습니다.'라고 대답했다."(부카리본 3212, 나사이본 716)

"우리가 카이바르를 향해 가고 있을 때 밤이 되었고, 한 사람이 아미르에게 '우리에게 당신의 시를 들려주시지 않으시겠어요?'라고 말했다. 그러

---

299 정통칼리파들(아부바크르, 우마르, 우쓰만, 알리)과 교우들은 시와 시인에 대해 사도 무함마드와 같은 입장을 취했다. 즉 좋은 내용의 시는 허락했으며, 나쁜 내용의 시나 무슬림을 분리시키는 것 또는 자힐리야 시대의 특징(부족주의, 영아 살해, 음주, 살인 등)들을 불러일으키는 시는 금지하였다. 이후 9-10세기에 본격적으로 활동했던 샤피이(767-820)와 그 외 법학자들 또한 시 자체를 금지하기 보다는 이슬람의 대의에 반하는 내용을 포함하는 시들을 금지하였다(47-68 .2007 الزهراني). 특히 이맘 샤피이는 당대의 유명한 시인이기도 했으며, 그의 작품들은 별도의 시집으로 출판되기도 하였다(http://www.iamammar.com/ThePoetryofImamAlShafi.pdf 참조).

자 그는 낙타의 발굽에 장단을 맞추어 시를 낭송하기 시작했다: '알라시여, 당신이 없으면 우리는 올바른 길로 인도될 수도 없고, 자비를 받을 수도 기도를 할 수도 없습니다. 그러니 우리가 행했던 죄를 용서하소서. 당신의 원인을 위해 우리를 희생하게 하시고, 적을 만났을 때 우리의 발걸음을 굳건히 할 수 있도록 평온을 보내주소서. 그들이 우리에게 부정한 일을 요구한다면 거절하게 하소서….' 이때 예언자가 '시를 낭송하는 낙타 몰이꾼은 누군가요?'라고 묻자, 사람들이 '그는 아미르 빈 알아크와입니다.'라고 대답했다. 그러자 사도는 '알라시여 그에게 자비를 베푸소서.'라고 말했다."(부카리본 4196)

사도 무함마드가 시와 시인에 대해 긍정적인 태도를 보이고 있는 경우를 위의 구절들에서 요약하여 정리해보면 '지혜가 있는 경우,[300] 이슬람과 알라의 사도를 방어하는 경우, 이슬람을 수용한 경우, 불신자들을 비방하는 경우, 알라에게 간구하는 경우' 등이다. 이와 같은 경우들은 코란 제26장 227절("그러나 믿음을 갖고 선을 행하며 항상 알라를 염원하고 박해를 받은 후에도 서로를 돕는 이들은 제외라.")에 대한 확인이면

---

300 이 내용으로 볼 때, 이슬람에서 허용하는 시는 단지 종교적인 주제의 시에만 국한된 것이 아니라 진리에 대한 격려와 나쁜 행동에 대한 경고와 같이 순수하고 훌륭한 마음을 담은 모든 경우에 해당된다고 할 수 있다. 한편 지혜가 있다고 하더라도 이득 없이 시간을 낭비하는 경우라면 금지라고 보았다("Did the Prophet or the Companions partake in poetry?", 1, 4).

서 해설 · 제약 · 한정하는 규범으로 볼 수 있다.

특히 사도 무함마드는 핫산 빈 싸비트(?-674), 카읍 빈 말리크(?-672), 압둘라 빈 라와하(?-665)와 같은 '사도의 시인(샤이르 알라술)'들을 이슬람과 알라의 사도를 비방하고 조롱하는 메카의 시인들에게 대항하기 위해[301] 고용했다.[302] 사도는 그들의 시를 칭찬하고 격려[303]했을 뿐만 아니라 카읍 빈 주하이르(?-662)가 예언자를 칭송하는 시를 낭송했을 때는 자신의 외투(부르다)를 벗어줌으로써 그의 시가 「부르다」[304]라고 불리게 만들었다.[305]

한편 순나(하디스)에서도 코란에서와 마찬가지로 이슬람에서 허용하지 않는 내용을 다루는 시와 시인에 대한 구체적인 처벌은 발견되

---

301 사도는 이슬람과 예언자를 신랄하게 비방하거나 모욕하는 시인들을 살해할 것을 명령했으며, 일부 시인들이 무슬림들에 의해 살해되었다("Islam and poetry", 2).

302 "Islam and poetry", 2-3.

303 사도 무함마드는 이슬람과 자신을 방어하는 데 참여했던 시인들을 옹호하였으며, 특히 핫산 빈 싸비트가 꾸라이쉬 부족을 풍자했을 때는 "그들을 풍자하라. 가브리엘 천사가 너와 함께 할 것이다."라는 말과 함께 적극적인 격려를 보내기도 하였다("موقف القرآن والرسول من الشعر" 4.).

304 이 시의 원래 제목은 「수아드는 멀어졌네」이고, 애인 수아드와 이별하는 화자의 아픈 마음을 토로하는 도입부로 시작하며 이후 여행, 예언자 무함마드에 대한 찬양의 주제로 옮겨간다. "하나님의 허락하심으로 사도님의 은총을 받을 때까지는 / 마침내 나는 내 오른손으로 그 분의 손을 놓고는 빼지 않았지 / 복수심을 지닌 그 분의 말씀은 곧 세상의 법이지"(김능우 2004, 123-124).

305 "The ruling and history on poetry and singing in Islam", 4. 사도 무함마드는 다른 사람의 시를 직접 인용하기도 했는데, 627년에 발생했던 한닥 전투에서 참호를 파면서 압둘라 빈 라와하의 시("알라시여, 그것이 당신을 위한 것이 아니라면 / 우리는 인도되지 못했을 것입니다 / 자비를 받지도, 예배를 하지도 못했을 것입니다 / 그러니 우리에게 평온을 주시옵소서.")를 직접 낭송하기도 했다("Did the Prophet or the Companions partake in poetry?", 2/ "Islam and poetry", 5).

지 않는다.

4. 맺음말

이슬람은 코란과 순나(하디스)를 통해 시 그 자체를 부정하는 것은
아니며, 시와 시인에 대해 양면적인 태도를 취하고 있음을 분명히 보
여주고 있다. 코란은 시에 대해 하람은 아니지만 기피행위 수준의 부
정적인 태도를 취하면서도, 무슬림이 선을 행하고 알라를 칭송하는
경우에는 예외임을 밝히고 있다. 또한 사도 무함마드의 순나를 기록
한 하디스를 통해서도 시와 시인에 대한 태도가 부정적인 부분과 긍
정적인 부분이 공존하고 있음을 보여주었다. 순나는 시인을 사탄으로
시를 사탄의 침으로 비유하거나, "몸에 시보다 고름을 채우는 것이 더
낫다."라는 말로 시에 대한 극도의 혐오감을 표현하였다. 한편 지혜가
있는 시, 이슬람과 알라의 사도를 방어하는 시, 무슬림 시인의 시, 불
신자들을 비방하는 시, 알라에게 간구하는 시에 대해서는 예외로 인
정하여 긍정적인 태도와 입장을 보여주고 있다.

이렇듯 이슬람은 시와 시인에 대해 대체로 부정적인 견해를 가지
고 있지만, 이슬람을 방어하고 예언자를 옹호하는 경우는 예외임을
명시하고 있다. 결국 이슬람이 도래한 이후의 아랍시는 자힐리야 시
대의 '부족과 부족장을 대변하던 시'에서 '이슬람과 사도 무함마드를

대변하는 시'로 변모함으로써 활로를 모색하게 되었다.[306] 그 결과 이슬람 시대의 아랍시는 일부 비평가들이 지적한 대로[307] 자힐리야 시대나 사도 무함마드 시대만큼은 아닐지라도 방대한 이슬람세계로 확대되어 아랍문학의 주요 장르로 자리 잡게 되었다. 이슬람에 대해 적대적인 시와 시인은 설 자리를 잃었으며, 예외로 인정되었던 우호적이고 순종적인 이슬람 시와 무슬림 시인이 방대한 이슬람세계의 대세가 되었다.[308]

---

306 이와 같은 변화에 대해 '이슬람 사상 최고의 역사가, 중세 최고의 지성'이라고 불리는 이븐 칼둔(1332-1406)은 다음과 같이 서술하고 있다: "이슬람 시대가 시작되자 아랍인들은 그들의 관습을 포기했다. 그들은 무슬림의 예언과 계시에 더 큰 관심을 기울였고 코란의 언어학적 기법에 경외심을 표했다. 아랍인들은 한동안 침묵을 유지했고 시와 산문에 대한 언급을 꺼렸다. 이러한 상황이 지속되었으며 올바른 지도법은 무슬림들에게 익숙해지기 시작했다. 더 이상 시를 금지한다는 계시가 들리지 않게 되었으며, 예언자는 시를 경청했고 시인들에게 시에 대한 보상을 내렸다. 이러한 상황이 지속되자 아랍인들은 시에 대한 자신들의 오랜 관습을 되찾기 시작했다."(김정아 2012, 2권 476).

307 일부 비평가들은 이슬람 초기 시대에 아랍시가 양적으로 감소했는데, 전달과 기록의 어려움과 함께 이슬람에 대한 열정, 무슬림들의 시에 대한 부정적 인식 등으로 인해 작품 활동이 위축된 것을 그 원인으로 꼽았다(7-11 الأدب الإسلامي). 그러나 이집트의 비평가인 샤우끼 다이프(1910-2005)는 이 시대에도 아랍시가 지속되고 있었다는 근거를 제공하고 있다: 첫째 고전 아랍문헌들이 초기 이슬람 시대의 시인들을 언급하고 있다. 둘째, 초기 이슬람 시대의 시가 다양한 주제 유형을 보여주고 있다. 셋째, 사도 무함마드가 이슬람 대의를 옹호하는 시인들을 곁에 두었다. 넷째, 정통칼리파들도 시를 장려했다(김능우 2004, 113-114).

308 한편, 압바스 시대의 시인 아부 누와스(762-813)의 주시나 동성애시, 밧샤르 빈 부르드(714-784)의 적나라한 연시와 같은 일탈이 용납될 수 있었던 부분에 대해서는 좀 더 심도 있는 연구가 필요하다. 코란과 순나 어디에서도 허용되지 않는 내용을 다루는 시와 시인에 대한 구체적인 처벌이 발견되지 않고 있다는 점도 한 원인으로 작용했을 것으로 보인다.

참고문헌

1. 한국어

공일주(2008). 『코란의 이해』, 한국외국어대학교출판부

김능우(2004). "자힐리야·이슬람 전환기의 아랍시 연구", 『아랍어와 아랍문학』 8-2호: 한국아랍어·아랍문학회

김능우(2004). 『아랍시의 세계』, 서울: 명지출판사

김능우주해(2012). 『무알라까트』, 서울: 한길사

김용선(2002). 『코란』, 서울: 명문당

김정아(2012). 『무깟디마』 1-2권, 서울: 소명출판

김정위편(2002). 『이슬람 사전』, 서울: 학문사

김종도외(2014). "신앙과 음식: 이슬람 음식법에 관한 연구-꾸란을 중심으로", 『한국중동학회논총』 제34권 제4호

김종도·최영길(2014). "신앙과 음식: 이슬람 음식법에 관한 연구", 『한국중동학회논총』 제34권 제4호

김호동(2003). 『역사서설』, 서울: 까치

김호동역, 버나드 루이스엮음(2003). 『이슬람 1400년』, 까치글방

박현도(2015). "이즈티하드의 문 폐쇄에 대하여: 할락의 비판이 주는 의미와 파장", 『한국이슬람학회논총』 제25-2집, 한국이슬람학회

사희만역(1995). 『아랍문학사』, 서울: 민음사

송경숙외(1992). 『아랍문학사』, 서울: 송산출판사

안정국(2013). "이슬람과 성적 소수자", 『중동연구』 제31권 3호, 한국외국어대학교 중동연구소

엄남호(2000). "이슬람 형법에 관한 연구: 꾸란에 언급된 죄목과 형량을 중심으로", 명지대학교 대학원 아랍지역학과 석사학위논문

엄익란(2011). 『할랄, 신이 허락한 음식만 먹는다』, 한울

유숩 카르다위저, 최영길역(2012). 『이슬람의 허용과 금기』, 까치

윤은경(2008). "아랍 음악의 발전과정에 관한 연구", 『중동연구』 제27권 3호, 한국외국어대학교 중동연구소

이원삼(2001). 『이슬람법사상』, 서울: 아카넷

이원삼(2010). "초기 이슬람 윤리사상 연구", 『중동문제연구』 제9권 1호, 명지대 중동문제연구소

이종택(2000). "이슬람법에 관한 소고", 『중동정치·사회연구』 창간호, 명지대학교중

동정치 · 사회연구센터

이종화(1996). "세비야의 왕 '알무으타미드'의 불행한 삶에 대한 연구", 한국이슬람학
   회:『한국이슬람학회논총』6권

임병필(2008).『아랍인의 사랑』, 서울: 한국학술정보

임병필(2014). "순나가 샤리아 제2법원으로 인정된 근거에 관한 연구",『지중해지역연
   구』제16권 제4호, 부산외대지중해지역원

임병필(2014). "코란과 순나를 통해 본 샤리아의 금주 근거와 법 제정 논리",『중동문
   제연구』제13권 1호, 명지대중동문제연구소

임병필(2015). "8개 이슬람 법학파의 특성과 이크틸라프 원칙",『아랍어와 아랍문학』
   제19집 4호, 한국아랍어아랍문학회

장세원(2013). "고전아랍문학과 이슬람의 영향 관계 연구",『한국중동학회논총』제33
   권 제3호: 한국중동학회

장세원(2013). "이슬람이전 아랍시인의 문학적 자유와 관습적 제약",『중동문제연구』
   제12권 3호, 명지대중동문제연구소

정규영(2006). "중세 안달루시아의 아랍 문명이 유럽에 끼친 영향",『지중해지역연구』
   제8권 제1호, 부산외국어대학교 지중해지역원

조희선(2015).『변화하는 무슬림 여성』, 서울: 세창출판사

채홍식역주(2008).『고대 근동 법전과 구약성경의 법』, 의정부:한님성서연구소

최영길(1985).『이슬람의 생활 규범』, 명지대학교 출판부

최영길(1989).『이슬람문화사』, 송산출판사

최영길(1995).『꾸란의 이해』, 성천문화재단

최영길(1997).『성 꾸란, 의미의 한국어 번역』, 메디나 파하드국왕 성 꾸라 출판청

최영길(2001).『무함마드 어록 200선』, 알림

최영길(2009).『꾸란과 성서의 예언자들』, 서울: 살림출판사

최영길역(2010).『예언자 무함마드의 언행록』, 알림

최영길외(2005).『꾸란 어휘 사전』, 도서출판 알림

최창모외(2008).『유대교와 이슬람, 금기에서 법으로』, 한울아카데미

하이다 모기시저, 문은영역(2009).『이슬람과 페미니즘』, 서울: 프로네시스

한국외국어대학교 외국학종합연구센터(2005).『세계의 성문화』, 한국외국어대학교
   출판부

황병하(2007). "이슬람의 관용과 차별에 관한 연구: 딤미를 중심으로",『한국이슬람학
   회논총』제17-1집, 한국이슬람학회

황보종우 편저(2003).『세계사사전』, 서울: 청아출판사

황의갑(2011). "딤미 제도와 이슬람의 관용",『지중해지역연구』13권 3호, 지중해지역원

2. 영어

Abdelwahab Bouhdiba(1998). Sexuality in Islam, Saqi Books

Abul Kasem(2009). A complete guide to Allah, E-Book

Abuul Husayn Dastaghaib Shirazi(2004). Greater Sins, Mumbai:Islamic Study Circle

Ali, Quli Qara'I(2003). The Quran, ICAS Press

Al-Misri, Ahmad ibn Naqib. Nuh Ha Mim Keller trans.(1999). Reliance of the Traveller and Tools for the Worshipper, Maryland USA: Amana Publications

al-Qardawi, Yusuf(1999). The lawful and prohibited in Islam, al-Falah Foundation

Coleman Barks(2002). Rumi: The book of love, Harper Collins e-books

Denis MacEoin(2009). Music, Chess and other Sins: egregation, Integration, and Muslim Schools in Britain, Civitas: Institute for the Study of Civil Society London

Emerick, Yahiya(2000). The complete idiot's guide to understanding Islam, A Pearson Education Company

Espostito, John L. edited.(2009). The Oxford encyclopedia of the Islamic world, Oxford University press

Glasse, Cyril (2002). The new encyclopedia of Islam, A division of Rowman & Littlefield publishers, INC

Hallaq W. B.(2009). Sharī'a: theory, practice, transformation, Cambridge University Press

Hamid Khan(2013). Islamic Law, International network to promote the rule of law

Hassan El Menyawi(2012). "Same-sex marriage in Islam", Wake Forest Journal of law & policy Vol. 2:2

Jane Dammen McAulife(2002). Encyclopaedia of the Qurān, Leiden-Bosten: Brill

Jelena Čvorovič(2006). "Islamic homosexuality", Antropologija 1, Antro Serbia

John L. Esposito(2009). The Oxford encyclopedia of the Islamic World Vol. 2, Oxford University Press

Juynboll G.H.A.(2007). Encyclopedia of Canonical Hadīth, Leiden · Boston: Brill

Kamali Mohammad Hashim(2010). Shari'ah law, an introduction, Oxford, Oneworld

Kecia Ali(2010). Sexual Ethics and Islam, Oxford: Oneworld Publications

Khaled El-Rouayheb(2005). "The love of boys in Arabic poetry of the early Ottoman period, 1500-1800", Middle Eastern Literature Vol. 8, No. 1

Leaman Oliver(2007). The Qur'an: an encyclopedia, London and New York, Routledge

Leila Ahmed(1992). Women and gender in Islam: Historical roots of a modern debate,

New Haven & London: Yale University Press

Martin Richard C. 외(2004). Encyclopedia of Islam and the Muslim world, Macmillan Reference

Martin, Stefanie Lee(1997). "The Role of Homosexuality in Classical Islam", University of Tennessee Honor Thesis Project, http://trace.tennessee.edu/utk_chanhonoproj/231

Matthew Lippman(1989). "Islamic criminal law and procedure: religious fundamentalism v. modern law", Boston College.

Michael Cook(2003). Forbiding wrong in Islam, Cambridge University Press

Muhammad ibn Adam al-Kawthari(2008). Islamic guide to sexual relations, Huma Press

Peters, Rudolph(2005). Crime and punishment in Islamic law: Theory and practice from the sixteenth to the twenty-first century, Cambridge University Press

R. Cigdem(2007). "Corporal punishment(Amputation of a hand): the concept of sariqa(theft) in theory and in practice", Ankara Law Review, Vol. 4 No. 1

Schacht Joseph(1993). An introduction to Islamic law, London, Clarendon Press

Scott Siraj al-Haqq Kugle(2010). Homosexuality in Islam: Critical Reflection on Gay, Lesbian and Transgender Muslims, Oxford: Oneworld Publications

Sherif, Faruq(1995). A guide to the contents of the Qur'an, Ithaca Press

Shirazi, Sayyid Sadiq Husayni(2008). Islamic Law, Washington: Fountain Books

Stephen Murray and Will Roscoe(1997). Islamic Homosexualities: Culture, History, and Literature, New York: NYU Press

Wensinck A. J.(1960). A Handbook of Early Muhammadan Tradition, Leiden: E. J. Brill

Zarabozo, Jamaal al-Din M.(2000). The authority and importance of the Sunnah, Al-Basheer Publications & Translation

3. 아랍어

أبو المجد أحمد حرك. فتاوى الخمر والمخدرات لشيخ الإسلام أحمد بن تيمية، الكوثر للطباعة والنشر

أحمد الشيباني(2012). الفتاوى الفقهية المعاملات، الجزء الثالث، بيروت: مؤسسة الثقلين للثقافة والإعلام

الحوي، أسامة بن محمد منصور(2003). «سرقة المال العام: دراسة مقارنة»، مجلة جامعة دمشق. عبد ابن القيم(1415).الحدود والتعزيرات، دار العاصمة للنشر والتوزيع

الزهراني، عبد الله بن علي بن محمد القدادي (2007)ز، دعوى ضعف الشعر في عصر صدر الإسلام عند القداي

والمحدثين، رسالة الماجستير في جامعة مؤتة

القحطاني، سعيد بن علي بن وهف. الغناء والمعازف في ضوء الكتاب والسنة وآثار الصحابة، الرياض: مؤسسة الجريسي للتوزيع والإعلان.

جبرخضير البيتاوي(2009). «الغناء والموسيق الشعبية من منظور إسلامي عند الإمام الغزالي، فلسطين: جامعة النجاح الوطنية

رمضان حمدون علي(2013). «استحالة الأشياء في ميزان الفقه الإسلامي»، مجلة كلية العلوم الإسلامية العدد 2-14، العراق: جامعة الموصل

ساي مي العاني(1996)، الإسلام والشعر، الكويت: المجلس الوطني للثقافة الفنون والآدب

شهناز ظهير(2012). «موقف الإسلام عن الشعر»، مجلة القسم العربي، العدد التاسع عشر، لاهور: جامعة بنجاب

عبد الرحمن الجزيري(1999). كتاب الفقه على المذاهب الأربعة، الجزء الخامس، دار المنار للطبع والنشر التوزيع

عبد الله بن عبد العزيز الدرعان(2008). الفتوى في الإسلام، الرياض: مكتبة التوية

عبد الله بن سعد البوسري(2007). «جريمة سرقة التيار الكهربائي والعقاب عليها»، شهادة الماجستير: جامعة نايف العربية للعلوم الأمنية

عبد الله ناصح علوان(1990). محاضرة في الشريعة الإسلامية وفقهها ومصادرها، القاهرة: دار السلام للطباعة والنشر والتوزيع والترجمة

عبد الهادي محمد تقي الحكيم(1998). الفقه للمغتربين، مكتب آية الله عظمى السيد السيستاني

علي المقري(2007). الخمر والنبيذ في الإسلام، لبنان: رياض الرئيس للكتب والنشر

فراس سعدون فاضل(2013). «تكرار السرقة والأحكام المترتبة في الفقه الإسلامي»، مجلة كلية العلوم الإسلامية، العدد الثالث عشر

محمد أحمد جاوالمولى(1985). قصص القرآن، بيروت: دار ومكتبة الهلال

محمد بن بابويه، من لا يحضره الفقيه، الجوء الثاني أو الرابع

محمد حسين آل كاشف الغطاء(1990). أصل الشيعة وأصولها مقارنة مع المذاهب الأربعة، بيروت: دار الأضواء للطباعة والنشر والتوزيع

محمد عمارة(1999). الغناء والموسيق: حلال .. أم حرام، نهضة مصر للطباعة والنشر والتوزيع.

محمد محي الدين الأصفر، تحريم لحم الخنزير: حكمة وأسباب في العلم والدين، القاهرة: دار البشير للطباعة والنشر والتوزيع

محمد متولي الشعراوي(1991). الحلال والحرام، أخبار اليوم

محمود ومحمود مصطفى(1970). أصول قانون العقويات في الدول العربي ، القاهرة: دار النهضة العربي

مصطفى عبد القادر عطا(1985). العمدة في الأحكام في معالم الحلال والحرام للإمام الحافظ عبد الغني الواحد المقدسي الجماعيلي 541ه-600ه، بيروت، دار الكتب العلمية

وهبة الزحيلي(1985). الفقه الإسلامي وأدلته، دار الفكر للطباعة والتوزيع ونشر بدمشق

4. 인터넷

"4대 법학파" http://en.wikipedia.org/wiki/Madhhab(검색: 2014.04.03)

"따와프" http://terms.naver.com/entry.nhn?docId=2050891&cid
=43011&categoryId=43011(검색: 2015.03.26)

"비드아" http://en.wikipedia.org/wiki/Bid%E2%80%98ah(검색: 2015.02.02)

"사우디아라비아 사상 최초 여성감독이 만든 최초 영화, '와즈다'"
http://www.vop.co.kr/A00000763589.html(검색: 2014.12.24)

"쿰스" http://en.wikipedia.org/wiki/Khums(검색: 2015.02.02)

"타비운" http://en.wikipedia.org/wiki/Tabi%E2%80%98un(검색: 2015.01.26)

"파트와" http://en.wikipedia.org/wiki/Fatwa(검색: 2014.04.04)

"소문의 사회학",http://www.econotalking.kr/xe/index.php?
document_srl=17006&mid=nation(검색: 2016.01.21)

"IS, 점령지역에 '이슬람 원리주의' 교육 지시" http://www.yonhapnews.co.kr/bulle
tin/2014/10/22/0200000000AKR20141022143900070.HTML?from=search(검색:
2014.12.24)

Abid Hussain. "An Islamic perspective on the performing arts", http://
faithandthearts.com/wp-content/uploads/2010/05/Islam-Performing-Arts.
pdf(검색: 2015.01.27)

Al-Kanadi, Abu Bilal Mustafa(1986). *The Islamic ruling on music and singing*, file:///
C:/Users/user/AppData/Local/Microsoft/Windows/Temporary%20Internet%20
Files/Content.IE5/0BC50B2A/music-and-singing.pdf(검색: 2014.12.22)

David, F. Forte(1985). "Islamic law and the crime of theft", http://works.bepress.
com/david_forte/20/(검색: 2015.03.30)

Lois Lamyaa' al-Faruuqii. "The Shari'ah on music and musicians", http://
i-epistemology.net/attachments/498_Chapter%204%20The%20Shariah%20
on%20Music%20and%20Musicians.pdf(검색: 2015.01.27)

Parwez G. A., Abdul Wadud trans.. *Quranic laws*, https://deenrc.files.wordpress.
com/2008/03/quranic-laws-by-ga-parwez.pdf(검색: 2015.01.27)

Samuel Shahid. "Rights of Non-Muslims in an Islamic State", http://www.answering-
islam.org/NonMuslims/rights.htm(검색: 2015.04.07)

"4 sunni shchools of law", http://islamic-laws.com/articles/sunnischools.htm(검색:
2015.04.06)

"Abu Nuwas, the first and foremost Islamic gay poet", http://www.gay-art-history.
org/gay-history/gay-literature/gay-poetry/abu-nuwas-gay/abu-nuwas-gay-

poet.html(검색: 2014.01.07)

"Alcohol and Islam: an overview", http://ipac.kacst.edu.sa /eDoc/eBook/2476.pdf
(검색: 2014.02.05)

"Alcohol in the Qur'an", http://www.free-minds.org/alcohol-quran(검색: 2014.01.16)

"Did the Prophet or the Companions partake in poetry" http://seekersguidance.org/
ans-blog/2010/01/23/did-the-prophet-or-the-companions-partake-in-poetry/(검
색: 2014.09.30)

"Evidences from the Quran that music is Haram" http://www.islamiq.sg/2011/04/
quranic-evidence-music-haram.html(검색: 2014.12.22)

"Islam and music"http://www.studiesincomparativereligion.com/public/articles/
Islam_and_Music-by_Seyyed_Hossein_Nasr.aspx(검색: 2015.01.23)

"Islam and poetry" http://faithfreedom.org/Articles/abulkazem/Islam_and_poverty.
htm(검색: 2014.09.03)

"Islamic concept of poetry" http://www.irfi.org/articles/articles_201_250/islamic_
concept_of_poetry.htm(검색: 2014.09.03)

"Hadith", http://sunnah.com(검색 2015.03.26)

"Homosexual practices in individual schools in Islam", http://www.faithology.com/
topics/homosexual-practices-in- individual-schools-of-islam(검색: 2014.01.07)

"Islamic law Sharia and Fiqh", http://www.saint-claire.org/ resources/Islamic%20
Law%2020SHARIA%20AND%20FIQH.pdf(검색: 2014.01.20)

"LGBT in Islam", http://en.wikipedia.org/wiki/LGBT_in_Islam #Homosexuality_
laws_in_majority_Muslim_countries(검색: 2016.01.21)

"money in Islam", http://www.assaif.org/index.php/eng(검색 2015.03.26)

"music and singing" http://quransmessage.com/articles/music%20FM3.htm(검색:
2015.01.23)

"Music-What did the 4 Imams say?" http://islamnewsroom.com/news-we-
need/493(검색: 2015.01.27)

"On Pre-Islamic poetry & the Quran" http://www.islamic-awareness.org/Polemics/
poetry.html(검색: 2014.09.03)

"poetry" http://www.quranandhadith.com/poetry/(검색: 2014.09.03)

"Poetry & Islam" http://www.religiousleftlaw.com/2010/08/poetry-islam-an-
introduction-part-1.html(검색: 2014.09.10)

"poetry in Islam" http://what-when-how.com/love-in-world-religions/poetry-in-
islam/(검색: 2014.09.03)

"Qisas", http://en.wikipedia.org/wiki/Qisas(검색 2015.03.26)

"Quranic Laws", http://www.tolueislam.org/Parwez/QL/QL _10.htm(검색: 2014.01.27)

"Revelation Order of the Qur'an", http://www.missionislam.com/quran/
revealationorder.htm (검색: 2014.01.20)

"Rumi: Poet and Sufi mystic inspired by same-sex love", http://jesusinlove.blogspot.
kr/search?q=rumi(검색: 2013.01.07)

"Select poems of Imam lShafi'ee", http://www.iamammar.com/
ThePoetryofImamAlShafi.pdf(검색: 2014.12.08)

"Sharia sure ain't gay Muhammad and the homosexual", http://www.answering-
islam.org/Authors/Arlandson/ homosexual.htm(검색: 2013.12.17)

"The authority of Sunnah", Usmani, Muhammad Taqi, http://www,central-mosque.
com/(검색: 2014.07.09)

"The Blessings of Vinegar, (the Seasoning of Prophets) and health benefits", http://www.
deenislam.co.uk/food3.html (검색: 2014.01.23)

"The five schools of Islamic thought", http://www.al-islam.org/inquiries-about-shia-
islam-sayyid-moustafa-al-qazwini/five-schools-islamic-thought(검색: 2015.09.29)

"The importance of alcohol in medicine", http://www.healthy.net/Health/Article/
The_Importance_of_Alcohol_in_Medicine/772 (검색: 2014.01.23)

"The lawful and prohibited in Islam", http://www. darthmouth.edu/~dcare/pdfs/
yusuf.pdf (검색: 2014.01.15)

"The punishment of theft", http://www.quran-islam.org/articles/part_4/punishment_
of_theft_(P1465).html(검색 2015.04.04)

"The ruling and history on poetry and singing in Islam" http://www.shaamgroup.
com/banners-view/poetry-singing-islam/(검색: 2016.01.21)

"The ruling of theft in Islam", http://www.islamweb.net/emainpage/articles/136791/
The-ruling-of-theft-in-Islam(검색: 2015.04.04)

"The status of poetry in Islam" http://www.imamreza.net/eng/imamreza.
php?id=4867(검색: 2014.09.03)

"The Sunnah: the second source of legislation", http://islamweb.net/emainpage/
index.php?page=articles&id=151024(검색: 2014.07.08)

"Why intoxicants are forbidden in Islam", http://khalifatullahmehdi.info/Articles/
English/Why-Intoxicants-are-Forbidden.pdf (검색: 2014.02.05)

* 기타 아랍어 인터넷 자료는 원논문 참조.

찾아보기

키타불히크마HK총서 04

이슬람의 금기, 샤리아로 풀다

등록 1994.7.1 제1-1071
1쇄 발행 2016년 8월 31일

지은이 임병필
펴낸이 박길수
편집인 소경희
편 집 조영준
관 리 위현정
디자인 이주향
펴낸곳 도서출판 모시는사람들
       110-775 서울시 종로구 삼일대로 457(경운동 88번지) 수운회관 1207호
전 화 02-735-7173, 02-737-7173 / 팩스 02-730-7173
홈페이지 http://modl.tistory.com/

인 쇄 상지사P&B(031-955-3636)
배 본 문화유통북스(031-937-6100)

이 도서의 국립중앙도서관 출판예정도서목록(CIP)은 서지정보유통지원시스템 홈페이지(http://
seoji.nl.go.kr)와 국가자료공동목록시스템(http://www.nl.go.kr/kolisnet)에서 이용하실 수 있습
니다.(CIP제어번호: 2016018969)

** 이 저서는 2010년 정부(교육과학기술부)의 재원으로 한국연구재단의 지원을 받아
   수행된 연구임(NRF-2010-362-A00004).